CW01654067

GOLDMANN
Lesen erleben

Buch

Bücher über Augentraining gibt es Dutzende. Aber wie viele Käufer dieser Bücher sie auch gelesen haben und wie viele davon jetzt auf ihre Brille verzichten können, darüber gibt es keine Zahlen.

Vor diesem Hintergrund klingen die Versprechungen von Mirsakarim Norbekov fantastisch. Er behauptet, in seinen Kursen würde er eine Heilungsquote von annähernd 100 Prozent erreichen, und Ähnliches soll auch möglich sein, wenn man seine »Eselsweisheit« durcharbeitet. Den Schlüssel zum Durchblick findet der Autor im Kampf gegen den inneren Schweinehund. Und da das ein mächtiger Gegner ist, sind seine Maßnahmen nicht gerade zimperlich. Er provoziert den Leser, bis er lacht oder flucht, je nachdem. Erst wenn er den Leser richtig durchgeschüttelt hat, gestattet er ihm, die erste Übung für die Augen zu machen, und erreicht damit auf alle Fälle eines: Auch jemand, er sich nicht ernstlich mit dem Gedanken trägt, seine Brille loszuwerden, hat schon gewonnen. Denn er wird entschädigt mit Lesevergnügen pur.

Der riesige Erfolg, den Norbekovs Bücher in Russland haben, dürfte nicht zuletzt auf der einzigartigen Kombination von Unterhaltung und potenter Sachinformation beruhen.

Autor

Mirsakarim Norbekov ist Doktor der Psychologie, der Pädagogik und der Medizinphilosophie. Er ist Professor und Mitglied bzw. korrespondierendes Mitglied mehrerer russischer und ausländischer Akademien der Wissenschaften. Er hat in Moskau ein Zentrum für Augenregeneration gegründet und inzwischen mit einem riesigen Netz von Filialen in Russland und den angrenzenden Ländern ausgebaut. Er ist ehemaliger Vizemeister der UdSSR in Karate.

Von Mirsakarim Norbekov sind bei Arkana außerdem erschienen:

Wie findet man ohne großen Aufwand eine Million Lösungen? (21897)
Meine russische Energiedusche (21935)
Eselsweisheit (Hörbuch, 5 CDs; 33961)

Mirsakarim Norbekov

Esels weisheit

Der Schlüssel zum Durchblick
oder
wie Sie Ihre Brille loswerden

Aus dem Russischen von Felix Eder

GOLDMANN

Die russische Originalausgabe erschien 2000 unter dem Titel
»Opyt duraka« im AST Verlag, Moskau

Abbildungen von M.W. Lenskaja

Die in diesem Buch beschriebenen Heilmethoden sollten mit Vorsicht und niemals unter Zeitnot ausgeführt werden. Autor und Verlag übernehmen keinerlei Haftung für Schäden irgendeiner Art, die sich direkt oder indirekt aus dem Gebrauch der hier vorgestellten Anwendungen ergeben. Bitte nehmen Sie bei unklarer Diagnose oder gesundheitlichen Störungen ärztliche oder naturheilkundliche Hilfe in Anspruch.

MIX
Papier aus verantwortungsvollen Quellen
FSC® C014496

Verlagsgruppe Random House FSC-DEU-0100
Das für dieses Buch verwendete FSC®-zertifizierte Papier
Super Snowbright liefert Hellefoss AS, Hokksund, Norwegen.

10. Auflage

Deutsche Erstausgabe Dezember 2006

www.nibbe-wiedling.de
Umschlaggestaltung: Design Team München
Redaktion: Gerhard Juckoff
WL · Herstellung: CZ
Satz: Uhl + Massopust, Aalen
Druck und Bindung: GGP Media GmbH, Pößneck
Printed in Germany
ISBN 978-3-442-21776-2

www.goldmann-verlag.de

ÜBER DAS BUCH, DAS SIE IN HÄNDEN HALTEN

Ich bitte inständig alle Menschen mit einem verkümmerten Humor, einem verdorrten Optimismus, einem verkrampften Hang zum Gekränktsein, alle, die die Wissenschaft der Lüge, genannt Etikette, studiert haben, alle, die immer schon gewusst haben, dass die Menschen Schweine sind, alle, die von ihren Arbeitgebern entlassen wurden oder demnächst entlassen werden, die im Begriff sind zu altern oder über das Älterwerden nachdenken, die geschieden sind oder im Begriff sind, sich scheiden zu lassen, alle Asexuellen und Superschlauen und Aufgeblasenen und *insbesondere alle Brillenaffen*, die auf ihrer Nase diese moderne Augenprothese tragen, zu beachten, dass ich ihnen
das Berühren
dieses Buches,
seine Lektüre
oder gar die Arbeit mit ihm
nicht empfehle!
Und obwohl wir in diesem Buch all diese Probleme lösen, ist es nichts für sie!

Mirsakarim Norbekov
Doktor der Psychologie, Doktor der Pädagogik,
Doktor der Medizinphilosophie, Professor,
Mitglied und korrespondierendes Mitglied mehrerer
russischer und ausländischer Akademien der Wissenschaften,
Urheber zahlreicher patentierter Erfindungen und
wissenschaftlicher Entdeckungen.
Doch davon später.

Über den Autor

In seinen Seminaren wiederholt Mirsakarim Norbekov häufig: »Ich bin ein gewöhnlicher Mensch, genauso wie Sie alle. Ich bin in nichts besser und, wie ich hoffe, in nichts schlechter als Sie. Alles, was ich im Leben erreicht habe, können Sie auch erreichen, wichtig ist nur, dass Sie es wollen!«

Und er hat tatsächlich vieles erreicht. Heute ist Norbekov Doktor der Psychologie, Doktor der Pädagogik, Doktor der Medizinphilosophie, Professor, Mitglied und korrespondierendes Mitglied mehrerer russischer und ausländischer Akademien der Wissenschaften, Urheber zahlreicher patentierter Erfindungen und wissenschaftlichen Entdeckungen. Im Übrigen nennt er all diese Titel »Hundemarken«, weil er ja nicht wegen der Titel arbeitet.

Norbekov ist ein wahrhafter Gelehrter und Forscher.

Der Horizont seiner Interessen ist sehr weit gespannt. Viele wundern sich, wie so vieles in einem einzigen Menschen zusammengehen kann: Künstler, Komponist, Schriftsteller, Filmregisseur, Schauspieler, Sportler, Trainer mit dem schwarzen Gürtel in Karate (3. Dan) und dem schwarzen Gürtel in Sam Chon Do (9. Dan). Aber was das Wichtigste ist – der Autor des Buchs ist Experte für Sufi-Medizin und Sufi-Praxis, eine der ältesten existierenden religiösen Schulen.

Der Sufismus ist eine Weisheitslehre, er gehört zur klassischen philosophischen Tradition des Ostens. Er gab der Welt die Algebra, die Schrift, und die drei Hauptreligionen fußen auf ihm.

Die Sufis sind tiefgläubige Menschen. Aber sie haben keine heiligen Städte, keine Kathedralen, Hierarchien und Insignien. Der Tempel Gottes befindet sich im Herzen. Sie lehnen keine

Religion ab, aber Theologie gilt bei ihnen als pharisäisch. Jeder kann über das Gute sprechen!

Diese Leute ziehen den Worten Taten vor. Durch Praxis, Taten und das Leben selbst säen sie Liebe und bewachen das göttliche Licht in allem, was sie umgibt. Die Sufis sind Krieger des Lichts, Hüter des Guten, der Liebe, der Harmonie, der Schönheit und der Weisheit.

Äußerlich unterscheiden sie sich in nichts von gewöhnlichen Menschen, sie leben ein ganz normales Leben: Sie arbeiten, ziehen Kinder groß und sorgen für ihre Nächsten. Ihre wichtigste Regel: »Das Herz mit Gott – und die Hände bei der Arbeit.«

Norbekov ist ein Sufi oder ein wandernder Derwisch. Er wählte den Weg des Dienens, des Schaffens, des Hütens und der Weitergabe von Wissen in der Kette von Lehrer zu Schüler, damit die Weisheit, die in Jahrtausenden gesammelt wurde, zu den Menschen kommt, die bereit sind, sie zu erkennen.

Auf jedem Tätigkeitsfeld hat Norbekov Schüler, welche seine Sache fortsetzen. Das gibt ihm die Möglichkeit, nicht auf der Stelle zu treten, sondern sich weiterzubewegen und neue Ufer zu erreichen.

In der Nähe eines solchen Menschen zu leben ist gar nicht einfach. Wenn man mit ihm Seite an Seite arbeitet, muss man sich ständig vervollkommnen, sich innerlich wandeln, um mit ihm zusammen vorwärtszuschreiten.

Er ist fordernd, hart, entschlossen, wenn es um das Erreichen eines Zieles geht. Jedem Menschen gibt er die Möglichkeit, seine göttliche Natur zu entdecken und zu entfalten. Für Sie, verehrter Leser, ergibt sich diese Möglichkeit durch dieses Buch.

Unsere Ahnen hielten den Himmel für ein Symbol der Einheit und der Ewigkeit. Wenn die Menschen in den Himmel blicken, sind sie in diesem Augenblick vereint, selbst wenn sie scheinbar weit voneinander entfernt sind. Mögen die Seiten dieses Buches ein kleines Symbol für das sein, was uns alle auf dem Weg zu Gesundheit und Erfolg vereint. Und jedes Mal, wenn Sie das Buch zur Hand nehmen, denken Sie daran – wir gehören zusammen!

Der Herausgeber

Von einem Schreibwütigen,

das heißt von mir

Verehrter Leser!

Sie halten ein Buch in Händen, welches mit dem Ziel geschrieben wurde, Ihnen behilflich zu sein bei der Erneuerung Ihrer Sehkraft, bei der Weckung der in der Seele verborgenen Fähigkeiten und bei Ihrer Selbstverwirklichung als Persönlichkeit.

Aber seien Sie darauf gefasst, dass Sie das Buch von den ersten Seiten an schockieren wird und einen Sturm negativer Emotionen in Ihnen wecken wird: Unzufriedenheit, Ärger, Wut, Kränkung und Aggressionen gegen den Autor.

Ich bin bereit, das alles anzunehmen. Mehr noch, ich sage Ihnen, wenn es so sein wird, halte ich meine Mission für erfüllt.

Ich weiß im Voraus, dass Sie sagen werden, dass man ein Buch so nicht schreibt. Dass in gedruckter Form nicht zulässig ist, was in der mündlichen Rede erlaubt ist. Dass all diese Beleidigungen und Grobheiten vulgär sind und dem Autor keine Ehre erweisen.

Dass es bestimmte Grenzen und ethische und moralische Normen gibt, die es unter keinen Umständen zu überschreiten gilt, in keiner Form, und dass eine Überschreitung durch nichts zu rechtfertigen ist.

Dass man genau das Gleiche in einer delikaten Sprache und intelligent erläutern kann und dass es dann genauso verständlich wäre usw.

Ich hätte auch selbst noch vor gut zwanzig Jahren ebenso gedacht, als ich von den Ärzten abhängig war, von Behandlungen, Medikamenten, als ich im Leben meinen Platz nicht gefunden hatte, ein Mensch ohne Zukunft war, der sogar an Selbstmord dachte.

Ja! Es gab auch so etwas in meinem Leben.

Aber was wollen Sie von einem Schwerkranken, der an einen Apparat zur künstlichen Blutreinigung gefesselt war, erwarten? So oder so ein Todeskandidat! Und das mit nicht viel mehr als zwanzig Jahren!

Die Schulmedizin kann solch eine Krankheit nicht heilen. Einen Kranken, dessen Lebenszeit zu Ende geht, beobachtet sie nur, unterstützt ihn mit den verfügbaren Mitteln und sieht zu, wie er langsam erlischt.

Ist das nicht schrecklich?

Ich schätze das Leben viel zu sehr, um demütig zu bitten und zu katzbuckeln, wenn einfach keine Zeit ist, wenn man Ihnen schnell helfen muss, Ihre physische und geistige Brille loszuwerden, die Sie im Sumpf der Krankheiten und der nicht verwirklichten Möglichkeiten hält.

Sie sind ständig beschäftigt, machen irgendetwas, eilen andauernd irgendwohin, aber Sie erlauben sich nicht einmal, für eine Minute innezuhalten und sich zu fragen: »Wozu das Ganze? Wohin gehe ich und was bleibt nach mir übrig?« Obwohl aus der Tiefe Ihrer Seele, von irgendwo ganz tief drin, ein schmerzhaftes Echo kommt, dass da etwas nicht stimmt…

Aber Sie haben keine Zeit! Man muss, man muss ständig irgendwohin eilen. Die Frage ist: wohin und wozu? In Wirklichkeit treten wir auf der Stelle, gehen im Kreis und bemerken es nicht. Und alle Bemühungen enden am Ausgangspunkt.

Damit Sie diese sinnlose Bewegung im Teufelskreis der Probleme und Misserfolge unterbrechen, ziehe ich Ihnen ganz bewusst den Boden unter den Füßen weg. Das ist das Wesen meiner Methode.

Es ist eine Methode der beschleunigten Wiederherstellung der Sehkraft über die willentliche emotionale Selbstnötigung.

Die Mehrheit der Menschen ist emotional behindert, genauer gesagt, emotional kastriert. Man geht zur Arbeit und wieder heim, zur Arbeit und wieder heim, wie eine aufgezogene Puppe. Und alle Erlebnisse bleiben drin, und wenn etwas nach außen dringt, sind es in der Regel Aggressionen.

Meine Aufgabe ist es, das Böse an die Oberfläche zu holen, das tief in Ihnen sitzt und Sie von innen auffrisst. Sie tragen diese Eiterbeule in der Seele, aber man muss sie aufreißen und den Eiter herauslassen, sich reinigen! Dann eröffnen sich die kreativen Möglichkeiten, die Möglichkeiten, zu träumen und das Ausgedachte zu realisieren, dann eröffnen sich alle Wege.

Vor allem will ich nicht, dass Sie nach der Lektüre dieses Buches gleichgültig bleiben – und weiter hinter derselben Brille bleiben, die Sie im Augenblick tragen. Das in dem Buch bewusst konstruierte emotionale Gefälle ist mein chirurgisches Instrument.

Es gibt eine einfache Formel:

Charakter und Schicksal sind identisch mit der Krankheit.

Also: Wenn ein Mensch Hämorrhoiden hat, was hat er für einen Charakter?

Das hat die Erfahrung am praktischen Beispiel bewiesen, nicht zuletzt an meinem eigenen Beispiel.

Um seine Gesundheit und das Leben insgesamt zum Besseren zu wenden, muss man seinen Charakter verändern, aber mit bloßer Überredung klappt das nicht.

Der Charakter wird von innen umgewandelt unter Ihrer unmittelbaren Mithilfe, ich spiele dabei nur den Katalysator. Stellen Sie sich deshalb auf die unerwartetsten, normalerweise nicht druckreifen Attacken an Ihre Adresse ein.

Sie hüten einen riesigen Diamanten. Sie müssen ihn nur noch finden, schleifen und so ins Licht rücken, dass er mit sämtlichen Flächen glänzt. Dann können Sie alles mit anderen

Augen betrachten und im Leben neue Horizonte eröffnen. Und ich bin bereit, Ihnen auf diesem Weg zu dienen!

Das Leben ist gar nicht so ein schlechter und komplizierter Witz. Es ist, wie es ist.

Mit aufrichtiger Hochachtung und von ganzem Herzen,

Mirsakarim Norbekov

An Stelle eines Vorworts

oder
Haben Sie schon die Guillotine für Ihren Kopf bestellt?

ACHTUNG!
Die wichtigen Informationen dieses Buches werden nach der »beschleunigten Lehrmethode« dargelegt. Um eine mögliche Kränkung auszuschließen, bitte ich Sie dringend, sich mit dem folgenden Kapitel »Knuspriger Braten aus der beschleunigten Lehrmethode und wie man ihn verwendet« bekannt zu machen.

In Ihren Händen haben Sie ein klitzekleines Lehrbuch, und seine Genialität besteht darin, dass es für Faule geschrieben wurde. Also genau für Sie!

Die Sehkraft zu verbessern ist sehr leicht und einfach. Von Ihrer Seite erfordert es ein bisschen Wollen, ein winziges Zucken der Gehirnwindungen und ganz wenig Arbeit. Wenn Ihnen das zu viel erscheint, dann legen Sie das Buch gleich zur Seite! Und die minimale Gehirnmenge für einen Erfolg liegt nach unseren Berechnungen bei 50 Gramm. Ich hoffe, dass Sie das auf die Waage bringen.

In Kürze wird ein Buch für Experten erscheinen, ein Wälzer mit 600 Seiten. Dort ist alles nach Fachbereichen aufgegliedert: nach psychophysiologischen und Ursache-Wirkungs-Faktoren.

Brauchen Sie das? Ich glaube nicht.

Im Augenblick besteht die Aufgabe darin, Ihre Sehkraft wiederherzustellen.

Das Lehrbuch ist für jene geschrieben, die sich im Leben als MENSCHEN mit Großbuchstaben fühlen und mit eigenen Kräften und Anstrengungen bemüht sind, ihre Sehkraft zu verbessern oder zurückzugewinnen.

Deshalb wird der Hauptjoker in diesem Buch die Aufrichtigkeit sein, die Kürze, die Klarheit, die allgemeine Verständlichkeit, das heißt, es muss hausbacken sein und Sie stellenweise mit dem Wortschatz von stark betrunkenen Bürgern aus der Provinz konfrontieren.

Also, sehen Sie sich vor!

Die beschleunigte Lehrmethode setzt eine gewisse Grobheit und unverblümte Redeweise voraus. Erschrecken Sie nicht, ich werde meine Grobheiten nicht übertreiben. Ich nenne Sie nur das, was Sie sind, zumal Sie schon so viele Jahre Ihre ungelösten Probleme mit sich herumschleppen!

Während der Arbeit an dem Buch wurde der Versuch unternommen, es so dünn wie möglich zu halten. Und um auch noch sehr faulen Menschen entgegenzukommen, kann ich es noch weiter treiben und die Anleitung zur Wiedergewinnung der Sehkraft auf drei Worte verkürzen!

Für besonders Begabte und ausgewählte Faulenzer, denen auch das noch zu viel erscheint, kürze ich diese drei Wörter auf vier Buchstaben ab und bitte Sie, sobald wie möglich mit dem Schnellzug auf Nimmerwiedersehn abzuhauen!

Und? Was fühlen Sie, wenn Sie diese Beleidigungen lesen?

Sind Sie gekränkt? Dann haben Sie es auch nötig!

Erstens deshalb, weil es schon lange Zeit war, dass Sie sich mit sich selbst beschäftigen. Und zweitens eile ich, Ihnen auch was Positives zu berichten: Sie sind hier richtig!

Wenn meine Beleidigung Sie getroffen hat, heißt das, Sie halten sich selbst für diesen begabten Faulenzer. Der Mensch bezieht nur das auf sich, was er in sich hat.

Wenn ich eine Grobheit in einer Ihnen unbekannten Sprache ausspreche, werden Sie diese nicht verstehen. Das heißt, es gibt keine Grundlage, auf welcher Sie den Beleidigten spielen können. Das ist ein Gesetz. Also: Wenn ich Ihnen meine Grobheiten serviere, ist das sowieso nicht Ihre Sprache. Wozu also beleidigt sein?

Der Sultan erkrankte. Das Gefolge war entsetzt, das Gefolge frohlockte. Sein Leiden fesselte ihn ans Bett. Die Ärzte begannen ihn zu behandeln. Tag für Tag versuchten sie, etwas zu tun, aber besser wurde es nicht.

Es vergingen Tage, es vergingen Monate, es vergingen Jahre, aber völlig gelähmt, wie er war, lag er immer noch darnieder. So viele Staaten hatte er unterworfen, was für Völker hatte er nicht in die Knie gezwungen! Nachdem er die halbe Welt erobert hatte, war er machtlos vor der eigenen Krankheit.

Einmal geriet er vor Hilflosigkeit in Wut:

Schlagt allen Ärzten, die mir nicht helfen konnten, die Köpfe ab und legt sie an der Stadtmauer nieder.

Die Zeit verging. Und die kilometerlange Stadtmauer erbleichte von der Unzahl eingetrockneter Schädel gelehrter Männer. Einmal rief der Sultan seinen Großwesir:

»Wesir! Wo sind deine Ärzte?«

»Mein Gebieter! Es sind keine mehr da. Ihr habt ja selbst befohlen, sie hinzurichten.«

»Ist denn wirklich kein einziger mehr da?«

»Nein. Im ganzen Reich ist kein einziger Arzt geblieben, der Eures Blickes würdig ist.«

»Geschieht ihnen recht...«

Und es folgten wieder lange freudlose Tage. Einmal fragte der Sultan wieder:

»Wesir, erinnerst du dich, es ist kein Arzt geblieben, der meines Blickes würdig ist? Erklär mir, was das bedeutet.«

»Mein Gebieter, in unserem Reich ist doch ein einziger Arzt geblieben. Er lebt nicht weit von hier.«

»Kann er denn heilen?«

»Er kann es. Ich war bei ihm, doch er ist unerzogen und unkultiviert, er ist ein Grobian! Wenn er den Mund aufmacht, kommt nur Unflat heraus. Aber kürzlich hat er gesagt, er kennt das Geheimnis der Heilung des Herrschers.«

»Warum hast du mir nichts gesagt?«

»Wenn ich ihn bringe, werdet Ihr, mein Gebieter, mich hinrichten lassen wegen seines Benehmens.«

»Ich verspreche, dass ich das nicht machen werde. Schaff ihn her!«

Nach einiger Zeit brachte der Wesir den Arzt.

»Man sagt, du kannst heilen?«

Keine Antwort.

»Warum schweigst du? Antworte!«, befahl der Sultan.

»Mein Gebieter, ich hab ihm verboten, den Mund zu öffnen«, sagte der Wesir.

»Sprich, ich erlaube es! Und? Sag bloß, deine Fähigkeiten genügen, um mich zu heilen?«

»Geht dich einen feuchten Dreck an! Du kannst an meinen Fähigkeiten zweifeln, den Staat zu lenken, weil du der Herrscher bist. Aber was hast du mit deinem Staatsverstand in der Medizin zu suchen? Wie willst du dich da zurechtfinden? Du bist groß in deiner Arbeit, aber in der Medizin bist du nicht besser als ein Schuster.«

»Wache!«, brüllte der Sultan vor Wut. »Haut ihm den Kopf ab... Nein... Erst setzt ihn auf einen Pfahl, dann schüttet siedendes Öl über ihn, und dann schlagt ihn in kleine Stücke.«

Die Wache packte den Arzt, band ihm die Hände und schleppte ihn zum Ausgang, er aber blickte über die Schulter und sagte spöttisch:

»Hör zu! Ich bin deine letzte Hoffnung! Du kannst mich töten, doch außer mir ist niemand mehr hier, der dich heilen könnte. Ich aber könnte dich heute noch auf die Beine stellen.«

Der Sultan besänftigte sich augenblicklich:

»Wesir! Bring ihn zurück!«

Sie brachten den Arzt zurück.

»Beginne mit der Behandlung. Du hast gesagt, dass du mich heute noch auf die Beine stellst.«

»Aber vorher musst du meine drei Bedingungen annehmen, danach erst fange ich mit der Behandlung an.«

Der Sultan unterdrückte den nächsten Wutanfall, biss wütend die Zähne zusammen und zischte:

»Sprich!«

»Befiehl, dass man vor dem Stadttor das schnellste Rennpferd des ganzen Reiches und einen kleinen Sack Gold bereitstellt.«

»Wozu?«

»Als Geschenk für mich, ich liebe Pferde.«

»Wenn du mich heilst, schenke ich dir eine Herde von vierzig Pferden, die mit Goldsäcken beladen sind.«

»Das kommt später. Die kannst du mir nachschicken. Meine zweite Bedingung ist, dass während der Behandlung niemand im Palast bleibt.«

»Wozu das?«

»Bei der Behandlung könntest du Schmerzen haben, du wirst schreien, und niemand soll dich schwach sehen.«

»Gut! Was noch?«

»Drittens, dass deine Diener bei Strafe des Todes nicht auf deinen Ruf hören und erst nach einer Stunde deinen Befehlen folgen.«

»Erklär mir das!«

»Sie könnten mich behindern, und die Behandlung könnte nicht zu Ende geführt werden.«

Der Sultan akzeptierte die Bedingungen und schickte alle aus dem Palast. Sie blieben allein.

»Fang an!«

»Womit soll ich anfangen, du alter Esel? Wer hat dir gesagt, dass ich heilen kann? Du bist mir in die Falle gegangen. Ich habe eine Stunde Zeit. Ich hab so lange auf einen passenden Augenblick gewartet, um dich zu bestrafen, du widerlicher Blutsauger! Ich habe drei alte Träume, drei heilige Wünsche. Der erste – dir in deine Sultansfresse zu spucken!«

Und der Heiler spuckte dem Sultan von ganzem Herzen, mit vollem Genuss mitten ins Gesicht.

Da erblasste der Herrscher vor Entrüstung und Hilflosigkeit, als er begriff, in welche Lage er geraten war. Er begann den Kopf zu bewegen, um irgendwie dieser unerhörten Niedertracht zu widerstehen.

»Ach, du fauler Klotz, du alter stinkender Rüde, du rührst dich noch? Pfui und wieder pfui sag ich dir! Mein zweiter Traum war es … Ach, wie lange schon wollte ich in deine Sultansfratze pissen!«

Und er begann, seinen zweiten heiligen Wunsch zu verwirklichen.

»Wache! Her zu mir!«, brüllte der Sultan, aber er verschluckte sich an dem Urin. Er versuchte, mit seinem Kopf dem Strahl auszuweichen, begann die Schultern hochzuziehen, um sich mit den Zähnen in den Beinen seines Beleidigers zu verbeißen. Die Wache hörte den Ruf, aber wagte es nicht, sich seiner Anordnung zu widersetzen.

»O du elendes Vieh«, sagte der Heiler und trat ihn mit dem Fuß. Der Sultan empfing den Schlag und fühlte den Schmerz. Er erinnerte sich plötzlich, dass neben seinem Kissen ein Tisch mit Waffen stand. Gleich würde er sein Schwert ergreifen und dem Majestätsbeleidiger die Beine abhacken. Getrieben von dem einzigen Wunsch, den Unhold zu bestrafen, begann er nach der Waffe zu greifen.

»Du regst dich also noch immer?«, bemerkte der Heiler verächtlich. »Mein dritter Wunsch …«

Aber als der Sultan den dritten Wunsch dieses Usurpators hörte, brüllte er los wie ein verletztes Tier und knirschte mit den Zähnen! Mit titanischer Anstrengung bewegte er sich vom Platz, stützte sich mit den Ellbogen auf den Boden und robbte zu der Waffe.

»Ich stech dich ab!«, brüllte er, »höchstpersönlich schneide ich dich in Stücke!!«

An die Wand gestützt, erhob er sich auf seine tauben Füße und erreichte den Waffentisch. Mit zitternden Händen zog er das Schwert, aber als er sich umdrehte, war keiner mehr im Palast. Mit letzter Kraft schaffte er es bis zur Veranda.

Ach, wie bedauerte er, dass er diesem Feigling in die Falle gegangen war und ihm das schnellste Rennpferd gegeben hatte. Er sah die Hoffnungslosigkeit seiner Lage, schleppte sich zu dem erstbesten Pferd und versuchte, in den Sattel zu steigen. Aber die Kraft reichte nicht! Die Kraft reichte nicht! Er klammerte sich mit den Zähnen an die Mähne, zog sich mit seinen schwachen Händen hoch und setzte sich in den Sattel.

Der Geist des großen Kriegers war erwacht, der Geist des großen Herrschers war erwacht, der Geist des großen Feldherrn war erwacht.

»Wo ist er?«, schrie er die umstehenden Diener an.

Die aber hatten Angst, auch nur ein Wort zu sagen, und zeigten nur mit ihren Köpfen in die Richtung, wohin der Flüchtling geritten war.

Der Sultan machte sich an die Verfolgung. Mit jeder Minute fühlte er, wie er mehr und mehr an Kraft gewann. Er ritt durch das Stadttor und strebte weiter, Meile um Meile.

Und plötzlich erinnerte er sich: »O Gott! Zwanzig Jahre

habe ich nicht im Sattel gesessen! Zwanzig Jahre habe ich keine Pferdemähne vor mir gesehen! Zwanzig Jahre hab ich kein Schwert in der Hand gehalten! Zwanzig Jahre hab ich keinen Wind im Gesicht gespürt!«

Plötzlich hörte er hinter seinem Rücken längst vergessene Geräusche. Das Getrappel von Hufen und begeisterte Schreie näherten sich. Hunderte seiner Heerführer ritten hinter ihm her, zogen die Schwerter und riefen: »Es lebe der Sultan!«

Als sie ihn erreicht hatten, sahen sie, dass er sich im Straßenstaub wälzte, mit Armen und Beinen zuckte und kaum Luft bekam vor Lachen:

»Du Saukerl! Du Hundesohn! Du hast dir deine Goldkarawane verdient!«

Verstehen Sie jetzt, worum es geht?

Um Ihren wahren Geist als Herrscher zu wecken und zu mobilisieren, spucke ich auf Sie, aber Sie können nicht behaupten, dass ich auf Sie pisse oder gar…

Aber jetzt holen wir die Krone des Herrschers und Schöpfers vom Himmel und pflanzen sie mit großer Geste auf Ihren Kopf bis an die Ohren.

Wir korrigieren ganz bewusst die Schulterhaltung, damit Sie von diesem Augenblick an die Welt wie ein Herrscher und Schöpfer betrachten.

Ärgern Sie sich nicht über mich. Denn um Ihre Stimmung zu ändern, fällt es mir leichter, Aggressionen in Ihnen hervorzurufen, als Sie zum Lachen zu bringen. Meine Aufgabe ist es nur, Sie aus dem Gleichgewicht zu bringen.

Wenn auf einem blütenweißen Hemd ein Schmutzfleck ist, achten Sie in erster Linie auf den Fleck, nicht wahr? Gleich und Gleich gesellt sich gern!

Deshalb ist es am einfachsten, in Ihnen ein Gefühl der Kränkung hervorzurufen. Wenn ich Ihnen erkläre, dass Sie ursprünglich ein Diamant sind, verstehen Sie es so, dass ich künstlich Ihre Stimmung heben will und Ihnen bloß Komplimente mache, und Sie werden an mir zweifeln und mir nicht glauben.

Aber wenn ich Sie einen Hundesohn nenne, reagieren Sie augenblicklich, und Sie haben gar keine Zeit für Zweifel! So erreichen wir für ein Minütchen den erforderlichen Zustand.

Was ist das für ein Zustand? Das ist ein Geheimnis des Trainers nach der beschleunigten Lehrmethode!

Knuspriger Braten

aus der beschleunigten Lehrmethode und wie man ihn verwendet

Beantworten Sie mir bitte die Frage, in welcher Zeit man eine fremde Sprache erlernen kann. In einem Jahr? In zwei? Vielleicht dauert es noch länger?

Hier meine Antwort:

Mithilfe Ihrer verborgenen genialen Fähigkeiten erlernen Sie in einem Monat sogar die Sprache der Pinguine! Das ganze Problem besteht darin, wie man diese Fähigkeiten freilegt und nutzbar macht.

Genau damit werden wir uns hier beschäftigen.

Dieses Lehrbuch ist unter besonderer Berücksichtigung des Verfahrens der beschleunigten Unterweisung verfasst, damit der Leser sich leicht und für immer alle Schlüsselmomente des Systems aneignet und sie unter Kontrolle hält, sie richtig und zum eigenen Nutzen anwendet und sich die erforderliche Information gut einprägt.

Wenn Ihnen also grobe Wörter und starke Ausdrücke begegnen (und sie sind Ihnen schon begegnet!) oder Dinge, die Sie schockieren, so ist das absichtlich so gemacht!

Jaja, ich lasse die Etikette gezielt weg und nenne alle Dinge bei ihrem Namen.

Wenn Sie wollen, kriegen Sie hier Ihre erste Hausaufgabe. Die sollten Sie unbedingt machen, wenn Sie keinen Sinn für Humor haben.

Erinnern Sie sich detailliert an jeden Menschen, den Sie gestern gesehen haben. Im Auto, auf der Straße – wo auch immer. Wie waren diese Menschen gekleidet? Welche Farbe hatte ihr

Gesicht? Welche Farbe hatten ihre Augen? Was für Haare hatten sie? Worüber sprachen sie? Und so weiter.

Ich versichere Ihnen, Ihr löchriges Gedächtnis wird für jedes Loch eine Ausrede finden! Ich aber schlage Ihnen ein Experiment vor, dessen Ergebnisse zu analysieren wären.

Setzen Sie sich in einen Bus oder ein beliebiges anderes Verkehrsmittel mit automatischen Türen. Gehen Sie ins Wageninnere und warten Sie. Wenn die Türen anfangen, sich zu schließen, halten Sie augenblicklich Ihren Kopf hinaus, sodass Ihnen der Hals eingeklemmt wird.

So sollten Sie eine ganze Station fahren. Frage: Werden Sie diese Fahrt jemals vergessen?

Nein! Weil das ein außergewöhnliches Ereignis war, das sich von anderen abhebt. Und auch an jeden, der Ihnen helfen wollte, werden Sie sich erinnern, an sämtliche Komplimente für Ihre Dummheit, an den verräucherten Geruch einiger Passagiere, an jedes vorbeifahrende Auto, mit einem Wort, alle Details der Reise werden Sie sich präzise und für immer einprägen.

In der beschleunigten Lehrmethode wird genau dieser Mechanismus angewandt. Natürlich nicht buchstäblich, keine Angst, aber Sie kriegen genug dabei ab!

Es wurde festgestellt, dass schon bei einem geringfügigen Stress die Aufnahme von Information und die Merkfähigkeit sich etwa um das Tausendfache erhöhen!

Das bedeutet, dass man jeden Menschen für einen kurzen Augenblick zu einer genialen Persönlichkeit mit hervorragendem Gedächtnis und fantastischer Aufnahmefähigkeit machen kann. Und Sie werden auf der ganzen Welt kein zweites vergleichbares Genie finden! Also, halten Sie Ihren Kopf bereit, ich werde ihn in Metall gießen …

Und wenn Sie aufhören, sich selbst zu betrügen, und wenn Sie, Hand aufs Herz, Ihre Ambitionen und Kränkungen abgelegt haben und den Mut gefunden haben, sich von der Seite zu betrachten, dann werden Sie mir recht geben, dass es da noch was zu tun gibt, und das ist bereits der erste Schritt zum Erfolg.

Bevor man mit dem Bau eines neuen Hauses anfängt, muss man erst die alte Hütte abreißen, den Platz frei räumen und den ganzen Müll beseitigen. Erst dann kann man den Platz für das Fundament vorbereiten.

Aber wenn Sie gekränkt sind, lieber Leser, sage ich Ihnen eins: Mit einem Menschen, der nach einem Vorwand sucht, sich über irgendjemand zu beschweren, oder nach einem Grund, nicht zu arbeiten und nicht seinen … zu bewegen – ja was eigentlich?

Sie dachten: seinen Kopf, aber ich spreche mit wahrhaftigen Worten: seinen Arsch. Ich sehe schon, wir haben nichts mehr zu besprechen. Gehen Sie Ihren Weg, gute Reise!

Also, erlauben Sie, welches Buch auch immer dabei herauskommt, ich werde mich immer so ausdrücken wie in meinen Seminaren.

Und für jene, die nicht den anderen Weg gegangen sind, sondern entschlossen sind, voranzukommen, fahre ich fort!

Mein Lehrer hat oftmals wiederholt: »Füttere mich nicht mit Gift, indem du fremde Aussagen wiederholst.« In Europa ist es üblich, »unter dem Schutz großer Weiser« zu sprechen, das heißt, sie zu zitieren.

Im Osten gilt das als unfein, weil ein Zitat, das durch das Bewusstsein des Sprechers geschleust wurde, eine Second-Hand-Information ist. Jede Speise, die durch den Magen verdaut wird, hat die Tendenz, ihr Wesen zu verändern.

Sollten Sie nicht meiner Meinung sein, essen Sie ein Stück einer köstlichen Torte, warten Sie, bis sie verdaut ist, und versuchen Sie, das Stück nochmals zu essen. Genau das ist ein Zitat.

Und, haben Ihnen Geruch und Geschmack zugesagt?

Mein Guter! Der Seelenflug in den Vierzeilern Omar Chajjams über Liebe und Ewigkeit und seine Gefühle sind nur wahr, wenn sie aus seinem eigenen Mund stammen.

Ist das klar?

Wenn es noch nicht reicht, so präsentiere ich Ihrer Aufmerksamkeit eine Fangfrage: Woran hat Desdemona im letzten Augenblick ihres Lebens gedacht? Was meinen Sie?

Natürlich werden Sie jetzt allerhand Schwachsinn daherbrabbeln: »An das Leben.« »An die Regierung.« »An das Wetter.«

Wenn Sie nicht von Othello persönlich gewürgt wurden, so wird jede Antwort auf diese Frage eine Erfindung sein. Aber wenn er Sie gewürgt hat, dann sollte er Sie auch erwürgt haben. Wie ist es dann möglich, dass Sie noch in diesem Buch lesen?

Oder eine andere Frage: Woran denkt ein Mensch, der wie ein Stein vom zehnten Stock herunterfällt?

Wenn ich im Hörsaal diese Frage stelle, kommen von den Zuhörern unterschiedliche Antworten: Das ganze Leben fliegt vor seinen Augen vorbei, Angst und Entsetzen…

Und noch kein einziges Mal hat irgendeine Meinung mit meinen Empfindungen zusammengepasst. Meine persönliche Erfahrung mit dem Fallen aus dem dritten Stock zu meiner Studentenzeit erlaubt mir zu sagen, woran ich in diesem Moment gedacht habe. Ich schaffte es, ein Wort auszusprechen, nicht mehr, und dann wartete ich eine Ewigkeit.

Obwohl ich überhaupt keine Kultur habe, weigert sich meine Zunge, dieses Wort zu wiederholen, ganz zu schweigen von der Möglichkeit, es aufzuschreiben.

Ich mache Ihnen eine winzige Andeutung! Sch…

Deshalb sind in dem Buch Überzeugungen niedergeschrieben, die ausschließlich aus meiner persönlichen Erfahrung und den Erfahrungen meiner Hörer und Patienten stammen!

Eine kleine Geschichte, die hier nicht hergehört

Ich beginne mit dem Porträt eines meiner ersten Lehrer. Er schlug großzügig mit seinen Fäusten auf mich ein, und dann auch noch mit seinen Kenntnissen, dank derer ich es im Leben zu etwas gebracht habe.

Und dieser Said Muhammed Hassan – Frieden seiner Seele – ging im Alter von 112 Jahren aus dem Leben.

Er wurde in Usbekistan geboren, und schon im Kindesalter war er mit seinen Diplomateneltern in England. Dort erwarb er eine hervorragende Bildung. Er machte Karriere, aber im Alter von 46 verließ er aus Gesundheitsgründen die Diplomatenwelt Großbritanniens. Er beschäftigte sich ernsthaft mit östlicher Philosophie, war 47 Jahre in den Klöstern Nepals und Indiens, davon 19 Jahre als nackter Einsiedler hoch oben in den Bergen.

Mit 95 kehrte er in seine Heimat zurück, zu den Gräbern seiner Vorfahren.

Er war eine herausragende Persönlichkeit. Für ihn war der Mensch wie ein offenes Buch. Manchmal sagte er seufzend: »Was für einen feierlichen Einband hat dieser Mensch. Schade, dass drinnen nicht mehr ist als ein Dickdarm.«

In meiner Jugend, als ich ihm zum ersten Mal begegnete, sagte er einmal einen Satz, an den ich mich noch heute erinnere:

»Geh mit Gott, mein Sohn. Ich behandle keine Leichen. Du bist gekommen, um deine Wampe an meinen alten Hals zu hängen, damit ich auf der Suche nach Wegen zu deiner Heilung was zu leiden habe. Nein – so nicht! Wenn du wieder zu leben begonnen hast, dann komm!«

Was blieb mir zu tun? Ich ging, nachdem ich zu guter Letzt kräftig geflucht hatte. Aber meine Krankheit zwang mich, mich wieder mit meinem grausamen Lehrer zu treffen.

Ich tauchte zwar nach einem Monat wieder bei ihm auf, aber der Sinn seiner Aussage erreichte mich erst etwa zehn Jahre später. Als ich selbst anfing, den Charakter von chronisch kranken Menschen zu verstehen, begriff ich, dass sie immer nur auf Hilfe von außen warten und damit sich selbst als schöpferische Persönlichkeit blockieren.

Wie schwer es auch immer für mich war, meine eigene Bequemlichkeit zu überwinden, wie schwer es mir auch fiel, all seine einfachen Ratschläge und Aufgaben zu erfüllen, Tatsache ist, er hat mich mit seiner riesigen Seele und Liebe gezwungen, an die eigenen Kräfte zu glauben, und zusammen haben wir bereits nach einem Jahr meine Invalidität besiegt, und nach weiteren sechs Jahren war ich vollständig gesund.

Dann wollte ich mich bei ihm als Schüler bewerben – und er hat mich natürlich mit großem Vergnügen – zum Teufel gejagt.

Doch ich kam wieder und wieder, was merklich zur Verschlechterung seiner Laune beigetragen hat. Endlich gab er einmal nach und widmete mir 15 Minuten, um mir zu erklären, er könne vor Gott nicht die Verantwortung über mich übernehmen, er sei schon 106 Jahre und werde früher oder später sterben und mich im halb fertigen Zustand zurücklassen – und ich würde dann meine Schüler zu Krüppeln machen. Nach diesen Worten setzte mich der Greis wieder vor die Tür.

Wenn Sie denken, ich hätte aufgegeben, so irren Sie sich. Ich klebte mich an ihn wie eine Klette an ihr Opfer, weil ich ihm kein Wort glaubte. Von welchem Sterben redet der, er war kräftig und frisch, und wenn ich seinen ältesten Sohn nicht gekannt hätte, der 86 war, hätte ich meinem Peiniger nicht mehr als sechzig Jahre gegeben.

Aber ich hab ihn gekriegt! Nachdem er vor meiner Hartnäckigkeit ein Stück zurückgewichen war, änderte er seine Taktik. Er stellte mich seinen Freunden vor und verkündete feierlich, dass er mich zum Schüler nehmen wolle, und bat sie, Zeugen dafür zu sein. Die alten Herren grinsten selbstgefällig, nickten, und meine Freude war grenzenlos! Na endlich!

Inzwischen holte mein zukünftiger Lehrer ein dickes Buch des arabischen Universalgelehrten Abu-Raihan Al-Biruni aus der Tasche und befahl mir, es zu studieren. Vor den Weißbärten musste ich mein Wort geben, nie wieder bei ihm zu erscheinen, wenn ich es nicht schaffte.

Arglos gab ich mein Einverständnis, was hätte ich auch tun können? Was hier Sache war, kapierte ich bereits eine halbe Minute später, als er mir mit süßem Lächeln die Hand reichte und mir riet, keine kostbare Zeit zu verlieren, denn die Prüfung sei… morgen.

»W-a-a-a-s?« Meine Kinnlade fiel mir bis zum Nabel hinunter. Ich hatte naiverweise angenommen, dass mir zumindest eine Frist von einem Jahr zugestanden würde. Aber was kann man an einem Tag lernen? Vielleicht ein paar Gedichte, aber nicht so ein riesiges Traktat. Absurd ist das! Er achtete nicht auf meine Empörung und sagte in aller Deutlichkeit:

»Wenn's dir nicht passt, dann geh!«

Und damit ich mir nicht für morgen irgendeine wichtige Ausrede ausdenken konnte wie das Begräbnis meiner vor einem halben Jahr verstorbenen Großmutter, befahl er mir, mich in seinem Haus auf die Prüfung vorzubereiten!

Er setzte mich in der Mitte des Hofs unter einen Weinstock an einen sehr niedrigen Tisch und kehrte zu seinen Freunden zurück, um zu plaudern, als wäre nichts gewesen.

Und ich machte mich ans Büffeln. Ich überwand die erste Seite, die zweite, die dritte, die zehnte...

Die Nacht brach ein. Die anderen hatten schon längst zu Abend gegessen – mich hatten sie nicht eingeladen. Einer hatte sich schlafen gelegt, und die beiden anderen begannen Tee zu kochen und mich aufmerksam zu beobachten. Wenn ich aufstehen wollte, um mich zu strecken, unterbrachen sie meine Versuche mit ihren ätzenden Bemerkungen: »Was, ist der Geduldsfaden schon zu Ende?«

Gut, dann bleibe ich eben sitzen, dachte ich, und wenn ihr platzt von eurem Tee.

Morgen, Mittag. Ich schaue mit meinen halb blinden Augen ins Buch und fange unwillkürlich Gerüche aus der Küche auf: erst nach Milch, dann nach Pilaw. Mein Kopf beginnt sich zu drehen...

Die Weißbärte aßen, tranken ohne mich und legten sich zur Ruhe, während sie fröhlich in meine Richtung blickten. Nichts von einer Prüfung. Meine Augen wurden immer schwächer, einer von den Alten passte auf mich auf, die anderen schnarchten friedlich.

In meinem Kopf reifte der Wunsch, noch bis zum nächsten Morgen sitzen zu bleiben und mich dann in ihre Bärte zu verkrallen. Und ich stellte mir schon deutlich vor, wie ich sie der Reihe nach an ihren dicken Bärten hinter mir her ziehe, dann die Hände sinken lasse und hier unter dem Weinstock einschlafe.

Ich weiß nicht, wie ich diese zweite Nacht durchgestanden, nein, durchgesessen habe. In meiner Brust brodelte der Hass. Und in den Strahlen der aufgehenden Sonne ging ich – mein Buch hatte ich längst vergessen – mit dem Blick eines Stiers auf meine Peiniger los und überlegte, wen ich als Ersten würgen sollte, meinen Quälgeist von Lehrer oder seinen spitzzüngigen Freund, der ständig seinen einzigen Zahn zur Schau stellte, so breit war sein Grinsen.

Jemand rüttelte an meiner Schulter, und ich begriff nicht gleich, dass das die Einladung zur Prüfung war. Im Hof hatten sich bereits die Söhne des Meisters versammelt, die Enkel, sogar die Nachbarn waren gekommen, um die kostenlose Vorstellung anzuschauen.

Ich wollte mit Würde aufstehen, da fiel ich auch schon wie ein alter Sack zu Boden. In meinem Kopf der entsetzliche Gedanke, dass ich keine Beine habe. Ängstlich begann ich mich zu betasten: Die Beine waren am Platz, aber sie bewegten sich nicht. Wie denn auch – sitzen Sie einmal zwei Tage, ohne sich zu bewegen.

Ich erhob mich, fiel auf die Knie, stand dann auf allen vieren und fiel wieder unter dem Lachen der Zuschauer hin. Ich biss meine Zähne vor Schmerz und Scham zusammen, ich verfluchte meine Peiniger und den Tag, als ich die Schwelle dieses Hauses überschritten hatte.

Ohne mich unter Kontrolle zu haben, kroch ich zu diesen

Greisen und schleppte das verdammte Buch mit. Sie lächelten, richteten mich auf und begannen zu fragen.

Wie viele Fragen sie mir stellten, weiß ich nicht. Ich konnte mich an nichts von dem Gelesenen erinnern. Schließlich bat mich der Meister:

»Nenne mir wenigstens den Titel des Buches, dann nehme ich dich als Schüler.«

Ich versuchte mich anzustrengen und mich wenigstens an irgendetwas zu erinnern – vergeblich!

»Du Hirnloser«, schloss der Hauptblutsauger, und die anderen nickten freundlich dazu.

Es war mir schon völlig wurscht, ob er mich nahm oder nicht. Ich wollte möglichst weit weg von diesem Ort der Schande und der Qualen. Aber der Lehrer beriet sich mit seinen Freunden und verkündete plötzlich, dass er mich nehme, weil ich ein seltenes Exemplar blinder Sturheit sei. Es würde interessant für ihn sein, wie Hodscha Nasreddin zu versuchen, einen Esel auf zwei Beinen zu unterrichten.

In den Jahren der Unterweisung lobte er mich kein einziges Mal und rügte mich auch nicht – er schlug mich. Sein Stecken war öfter auf meinem Rücken als an seinem Bein.

Ich entsinne mich, als ich einmal zu ihm kam mit einem Bericht. Ich hatte mich so gefreut, weil es mir gelungen war, von hundert Menschen vierzig zu heilen. Er hörte mich an und resümierte:

»Mörder! Du brüstest dich, dass du vierzig gerettet hast, aber was wird aus den anderen? Du hast in ihnen vielleicht die letzte Hoffnung auf Genesung ausgelöscht!«

Ich wollte einwenden, dass die Schulmedizin diese Patienten schon abgeschrieben hatte:

»Und sogar bei Ihnen kommt es vor, dass zwei oder drei von Hundert hoffnungslos sind …«

Er diskutierte nicht lange – das ist Weibersache. Der Stock

war schon wieder auf meinem Rücken. Damals hasste ich diese Erziehungsmethode, aber alsbald sollte ich begreifen, dass sie durchaus gerechtfertigt war.

In den Jahren meiner Praxis meldete sich immer wieder der Wunsch, nach dem Stock zu greifen, auch heute noch.

Jaaaa! So einem Klugscheißer ein paar über den Scheitel zu ziehen, wenn er über die Exklusivität seiner Krankheit philosophiert und nicht bereit ist, auch nur einen Finger zu rühren für seine Gesundung.

Arbeiten wollen sie nicht – zu bequem! Eine Tablette schlucken oder eine Spritze in den Hintern – das ist einfacher. Aber Gesundheit lässt sich nicht kaufen, und umsonst ist sie auch nicht. Man muss sie sich entweder im Schweiße seines Angesichts verdienen, oder sie ist ein Schnäppchen von Mutter Natur oder von deiner geliebten Krankenkasse.

Ich sage das mit vollem Recht, weil ich selbst den Weg vom invaliden Nörgler zum Akademiemitglied gegangen bin, und ich glaube nicht an Ihre Unheilbarkeit! Ich glaube nicht daran!

Nur der Gehende bewältigt den Weg!

Dank meinem Lehrer und meiner hartnäckigen Arbeit an mir selbst bin ich den Krallen des Todes entkommen. Und dann, als ich begonnen hatte, selbstständig zu arbeiten, führte ich mehrere Jahre lang Untersuchungen durch. Ich beobachtete und verglich und analysierte die Ergebnisse von Zehntausenden Kranken mit den ausgefallensten Diagnosen, mit unterschiedlicher Dauer des Leidens und mit unterschiedlicher Schwere der Erkrankung.

Die Aufgabe bestand darin, die Charakterzüge der Menschen herauszufinden, welchen es gelungen war, die Krankheit zu besiegen. Wodurch unterscheiden sie sich von allen anderen?

Mit anderen Worten, ich brauchte das detaillierte Bild eines Siegers.

Wenn man die typischen Fehler eines chronisch Kranken auf seinem Weg zur Heilung kennt, ist es auch nicht mehr schwer, die Gründe für die Erkrankung zu finden und die Möglichkeit, sie loszuwerden.

Wer suchet, der findet! Ich habe elf Gesetzmäßigkeiten festgestellt, aufgrund derer die unterschiedlichsten Lern- und Gesundungssysteme in die Welt gesetzt wurden.

Porträt

eines chronisch Kranken bzw. eines Brillenaffen oder Miesepeters

Besser ein Einfaltspinsel, aber lebendig, gesund und glücklich, als ein Schlaukopf, aber unglücklich, krank und ein bisschen tot! Diesen Aphorismus hab ich mir selbst ausgedacht!

Zu welchem Typ Kranken zählen Sie sich, zu den Schlauköpfen oder zu den Einfaltspinseln? Zu den Einfaltspinseln? Da wären Sie schon längst gesund.

Sie gehören also zu den besonders klugen, gebildeten Selbstmördern.

Aber wenn Sie dennoch beschlossen haben, in Ihrem Körper für einen Frühling zu sorgen, in Ihrer Seele einen Feiertag zu veranstalten – und Ihre Sehkraft wiederherzustellen, dann werden wir diesen Weg gemeinsam gehen.

Wenn nicht – es ist Ihre Wahl, die respektiere ich, vorausgesetzt, Sie treffen die Wahl bewusst. Mit geringen Verlusten setzen wir unseren Weg fort, und Sie sind nicht mehr dabei, hoffe ich!

Es gibt eine Skala, nach der man die kranken Menschen einteilt.

Gruppe eins: die Einfaltspinsel

Das sind jene, die zufällig ins Krankenhaus kommen und von dort sehr schnell gesund wieder rauskommen. Wir werden sie vorläufig einfältige Optimisten nennen. Warum?

Weil bei ihnen die Stimmung immer besser ist als ihr körperlicher Zustand.

Stellen Sie sich vor, eine Straßenwalze fährt über einen Menschen. Man kratzt ihn vom Asphalt und bringt ihn zur Aufnahme. Er liegt auf der Trage und fragt: »Herr Doktor, wann darf ich nach Hause?«

Die Diagnose zeigt: Er wird den Morgen nicht überleben. Aber er macht schon Pläne für die »Buschtherapie« und überlegt, welchem Mädchen er morgen hinter welchem Gebüsch den Hof machen wird, wenn er heute gesundgeschrieben wird.

Das heißt, der körperliche Zustand der Einfaltspinsel ist wirklich immer viel schlechter als ihre Stimmung. In dieser Gruppe ist es fast ausgeschlossen, chronisch Kranke zu finden. Entweder sie genesen, oder sie sterben, aber an Altersschwäche!

Gruppe zwei: die Schlauköpfe – die Armee der zweibeinigen Kopffüßler

Die sind wirklich se-ehr klug und belesen, und sie kennen einfach alles. Immerhin sind sie schon zwanzig Jahre krank, stinken vor Wissen und vergiften die Umwelt. Sie bringen ihre Verwandten zum Infarkt und die Ärzte zur Weißglut.

Wenn Sie einem Einfaltspinsel sagen: »Du brauchst noch einen Monat Behandlung«, melden sich Zweifel in seinem Gesicht, ob er es so lange aushält. Er kann nicht glauben, dass er wegen eines abgerissenen Kopfes eine so lange Behandlung braucht.

Aber die Schlauköpfe …

Ein Blick auf ihr Gesicht reicht, um zu begreifen, dass sie gekommen sind, um die Seele des Arztes zu holen …

Bei diesen Menschen ist die Stimmung immer viiiiel schlechter als der körperliche Zustand.

Zum Beispiel: Auf seiner Nase sprießt ein Pickel. Der Schlaukopf kommt zum Arzt: »Herr Doktor, ich sterbe, ja?«

Oder er beginnt eine kluge Fratze zu schneiden und fragt (beachten Sie, wie schön dieser Satz klingt):

»Herr Doktor, gab es in Ihrer Praxis Fälle der Genesung von ...«, und er fügt sein Wehwehchen hinzu.

Hier steht zwischen den Zeilen: »Es gab in Ihrer Praxis und in der Praxis der Weltmedizin wohl keinen Fall, wo jemand von meiner Krankheit geheilt wurde.«

Was immer Sie sagen, welche Beweise Sie auch anführen, dass seine Krankheit lächerlich ist, dass sie sehr einfach geheilt werden kann und dass schon viele vor ihm davon genesen sind, er erklärt:

»Ich will gerne hoffen, aber ich habe so meine Zweifel.«

Die Welt der Schlauköpfe ist vielfältig.

Und die erste Untergruppe der Schlauköpfe ist ein Irrtum der Natur, der sich vervielfältigt hat.

Das sind die Kranken, bei denen die Genesung das einzige Ziel im Leben ist. Stellen Sie sich vor, dass die Genesung das eigentliche Ziel der Existenz ist. Was passiert, wenn Sie es erreicht haben?

Morgens stehen Sie auf. Nichts tut weh. Zum Arzt brauchen Sie nicht zu gehen. Es gibt nichts, worüber Sie sich bei der Nachbarin beschweren können. Es gibt nichts zu tun.

Es wird irgendwie leer, denn die Krankheit war das Zentrum, aus dem alle Lebensprozesse entsprangen. Sie haben Ihr Ziel verloren – das ist doch eine Tragödie!

Man muss sich also selbst ändern, den gewohnten, in Jahren verfestigten Lebensstil verändern. Und auch noch den Hunger nach Aufmerksamkeit für sich selbst überwinden.

Niemandem das Blut aussaugen. Denn der Hunger ist keine Tante, die dir Kekse bringt, er zwingt einen, selber Nahrung zu suchen.

Nein! Besser Hämorrhoiden haben, an die man sich wohl oder übel gewöhnt hat, als gesund werden und kein Ziel mehr zu haben.

Solche armen Teufel sind jahrzehntelang unterwegs und sammeln Beweisstücke, dass sie klüger als alle sind, und zeigen den Ärzten, wo's langgeht.

So viele Jahre Dienst an der Krankheit – das ist nicht zum Lachen!

»Und alle Ärzte sind Hornochsen!«

Stellen Sie sich vor, wie bedeutend und klug die sich fühlen! Nach der Genesung verlieren sie ihre Lebensfreude.

Das Äußere dieser Kranken ist spezifisch, man kann sie leicht von der Masse unterscheiden. Auch in ihrem Verhalten bemühen sie sich, dem Arzt und der ganzen Welt die Exklusivität ihrer Erkrankung zu beweisen und damit den Namen jedes Arztes, der das zu widerlegen versucht, zu der Liste der Dummköpfe hinzuzufügen.

Und dann werden sie ein wenig glücklicher. Wenn es auch nicht für lange Zeit ist, aber es fällt ihnen schon ein Thema zum Gespräch mit Verwandten, Nachbarn und Freunden ein: »Ich war bei ihm. Nichts Neues! All das ist längst bekannt! Die denken nur daran, wie sie aus den armen unglücklichen Kranken Geld herausziehen können!«, usw.

Diese Kategorie von chronisch Kranken ist keine Seltenheit in meinen Seminaren. Sind Sie vielleicht anderer Meinung?! Dann teile ich Ihnen freudig mit, dass Sie zu ebendieser Gruppe von Kranken gehören. Sind Sie beleidigt? Regen Sie sich nicht auf, das ist kein Scherz!

Das Unterbewusstsein funktioniert nämlich wie folgt: Seine Machenschaften entziehen sich unserer Kontrolle. Nur durch die Bewusstmachung dieser Dinge, die sorgfältig verschleiert und tief vergraben sind im Unterbewusstsein, können wir das Leiden besiegen und glückliche, schöne, lebenstüchtige Menschen werden.

Die zweite Herde von Schlauköpfen mit gummierten, sterilisierten Gehirnwindungen – das sind jene, die aus ihrer Krankheit Lust gewinnen, mit einem Wort, Psychomasochisten und -onanisten. Sie schieben es auf das Schicksal, beschäftigen sich ständig mit Selbstgeißelungen und onanieren mit ihren Gehirnwindungen.

Wenn sie nur viele Windungen hätten, aber die sind an einer Hand abzuzählen! Und dann beklagen sie sich:

»Ach, wie unglücklich ich bin, wie grausam ist das Schicksal. Das ist mein Kreuz, und ich werde es bis zum Ende meines Lebens tragen.«

Aber wenn wir schon davon sprechen, bemerken wir gleich, dass es auf der Erde keine Wunder gibt. Vielmehr, Wunder sind möglich, aber nur, wenn wir wenigstens irgendwas dazu beitragen, dass sie stattfinden.

Die dritte Abteilung sind die perversen Sadisten.

Sie beziehen sadistische Befriedigung daraus, dass ihre Umgebung für sie leidet. Sie fühlen sich besser, wenn sie erfahren, dass es irgendjemandem noch schlechter geht als ihnen.

Die vierte Untergruppe ist die Herde der blutsaugenden Alligatoren mit Pfauenschwanz.

Das ist eine besondere Gruppe von Vampirchen, die nach Aufmerksamkeit, Liebe oder Mitleid von andern Menschen heischen.

Und alle diese Schlauköpfe wollen durch die Bank gesund sein. Alle vergießen sie Krokodilstränen und machen sich wichtig, indem sie die Unheilbarkeit ihrer Krankheit unter Beweis stellen.

Mit anderen Worten, wenn Sie krank sind, bekommen Sie Ihre Dividende – das ist ein Gesetz. Deshalb wehren Sie sich unbewusst gegen eine Genesung. Oder sind Sie anderer Meinung?

Oh, oh, oh, mein Lieber, wenn von Ihrer Zustimmung oder Nichtzustimmung alle gesund würden, hätten Sie den Ruf eines großen Heilers!

Die zoologische Klassifikation der Schlauköpfe ist vielfältig. Wir haben nur einige Untergruppen untersucht. Sie könnten mit gewaltigem Erfolg Ihre eigene Gruppe oder eine neue Partei gründen. Aber davon wird Ihr Tick im Kopf, der sich im Körper spiegelt, nicht verschwinden!

Also, nachdem man bis ins Detail das Porträt eines chronisch kranken Miesepeters studiert hat, kann man gleich zu Beginn der Unterhaltung eindeutig feststellen, zu welchem Typ Sie gehören, was Sie hindert, gesund zu werden, und vor allem, wie man Ihnen helfen kann.

Jetzt noch einmal dieselbe Fangfrage: Zu welcher Gruppe zählen Sie sich selbst?

Sagen Sie bitte, wollen Sie geliebt werden? Natürlich!

Also, wenn das so ist, dann sollten Sie sich vor allem selbst lieben und achten.

Sie sind so wunderbare Experten. Und als Väter, Mütter, Großväter und Großmütter sind Sie unbezahlbar! Aber für sich selbst haben Sie bisher keine Zeit gefunden. Was ist aus Ihnen wegen Ihres Scheiß-drauf-Verhältnisses zu sich selbst geworden?! Denken Sie darüber nach!

Esels Strafe

oder
Meine eigene Erfahrung

Der Idiot lernt aus seinen Fehlern,
der Strohkopf lernt den Schwachsinn beim Idioten.
Weisheitsrezept, rausgefischt
aus der eigenen Waschmaschine!

Sagen Sie bitte, haben Sie überflüssige Zeit, die Sie für die Lektüre dieses Buches in den Wind blasen können?

Haben Sie überflüssigen Glauben an sich, den Sie mit Erfolg in Unglauben verwandeln können?

Haben Sie überschüssige Kräfte, um sie gegen sich selbst zu richten?

Wenn nicht, dann bitte ich Sie inständig, dieses kleine Kapitel zu lesen.

Aber vielleicht sind Sie ein sehr hartnäckiger Esel, der ich seinerzeit auch war, und Sie haben sechs überschüssige Lebensjahre, die Sie gerne der Selbstzerstörung opfern würden?!

Sind Sie bereit, Ihre Kräfte bis zu acht Stunden pro Tag für intensives Zwangstraining zu vergeuden, bis Ihnen am Ende alle Felle davongeschwommen sind?!

Sind Sie bereit, Ihre Krankheit zu stabilisieren, Ihre Zweifel, Ihren Unglauben an sich und Ihre Probleme in ein unbezwingbares Monster zu verwandeln?

Sind Sie bereit, den Glauben an alles zu verlieren und in Verzweiflung zu fallen nach allen verschwendeten Bemühungen?

Wenn Sie mit »Nein« auf alle diese Fragen antworten, dann drücke ich Ihnen die Hand. An die Arbeit!

Ich bitte Sie eindringlich, aus fremden Fehlern zu lernen! Heute werde ich das Versuchskaninchen an Ihrem Labortisch sein!

Mein Lieber! Ich habe seinerzeit selbst als Patient meinem Lehrmeister zugehört und in dem, was er sagte, keinen Zusammenhang zu meinem Leiden gesehen. Manchmal hat mich das sehr geärgert. Aber jetzt, wenn ich mich nur daran erinnere, bekomme ich Fieber vor Scham.

Er sprach die ganze Zeit lange und anödend über irgendwelche Dinge, die auf den ersten Blick keinerlei Bezug zu meinen Krankheiten hatten.

Er sprach über irgendeine Freude, über ein Lächeln, eine Motivation, die Bequemlichkeit, den Unglauben an sich, den Zweifel… Er stahl mir einfach meine Zeit!

Nur aus Respekt vor seinem Alter habe ich diesen betagten, an Aufgeblasenheit leidenden Mann erduldet.

Er sagte mir während einer Übung: »Hör zu, dein Gesicht ist ganz kalt. Du hast ein totes Gesicht. Jetzt korrigiere die Haltung, die Mimik. Schaff eine Emotion.«

Um den alten Mann nicht zu kränken, habe ich all das ausgeführt als Pflicht, aber bei mir gedacht: »Was für einen Zusammenhang kann es zwischen meiner Visage und den Übungen geben? Das Wichtigste ist doch das Training!«

Auch dort verstand ich nur die körperliche Seite und nahm nur diese zur Kenntnis: Aufwärmen, abkühlen, sich umdrehen, da und dahin schauen etc. Das machte ich alles mit – nach dem Prinzip »Lieber zu viel als zu wenig«. Aber dann begann wieder das quälende Warten auf die praktischen Übungen.

Nicht auszudenken! Zwei Stunden sprach er von Dingen, die kein Mensch verstehen kann, dann kamen 15 Minuten für eine Übung und dann wieder drei Stunden Geschwätz. Ein Folterprogramm – zum Davonlaufen!

Pfeifen wollte ich auf diese ganze Philosophie! Lass uns doch endlich einmal arbeiten!!

Mit einem Wort, ich saß und wartete: »Wann hält er denn endlich sein Maul? Es reicht mir! Ich weiß das alles, ich verstehe alles, das sind abgedroschene Phrasen. Mein Gott, wie lange kann man ihn ertragen?« Und der Lehrmeister wiederholte unentwegt:

»Die Hauptsache ist nicht, was du machst, sondern wie du es machst.«

Und jetzt, wo ich jeden Tag Hunderte von Menschen sehe und in ihnen den wiedererkenne, der ich früher war, könnte ich verrückt werden.

Jetzt habe ich selber verstanden, wie schwer es ist, Ihnen das Wesentliche zu vermitteln. Sie ertragen mit kaum zu verbergendem Ärger mein »Gerede« über das innere Wesen und warten, wie ich damals, auf die Praxis. Ich sehe in Ihren Augen einen schmerzlich bekannten Ausdruck, als hätten Sie eine Ahle im After stecken. Sie schauen mich an, als würde ich Sie anöden.

Jetzt bin ich in der Rolle meines Lehrmeisters, Gott hab ihn selig. Und es ist an meine Ohren gedrungen, dass fast alle chronisch Kranken von dieser Art sind.

Auch Sie, mein Lieber, erwarten vielleicht ungeduldig die Praxis. Auch Ihnen wird es scheinen, dass ich lange über Dinge spreche, die nicht Ihre Sehkraft betreffen. Aber was bleibt mir übrig, wenn gerade hier sich der Schlüssel zur Lösung der Probleme verbirgt!

Noch einmal fordere ich mit Nachdruck, Ihre Aufmerksamkeit auf meinen klitzekleinen Fehler zu richten, der zu einer sechsjährigen ergebnislosen Zwangsarbeit geführt hat.

Achtung, persönlicher Fehler!

Nachdem ich mit Ach und Krach unter der Führung des Lehrmeisters meine Nieren kuriert hatte, stand ich Auge in

Auge mit einem weiteren ungelösten Problem, von dem zu sprechen ich mich schämte. Jetzt erzähle ich gelassen davon.

In der Folge wurde ich geheilt, und nicht bloß geheilt, sondern ich habe sogar meine eigene Schule gegründet. Da kommen Scharen von Männern, die ich nicht nur im sexuellen Sinn stark mache, sondern sie auch in rotierende Maschinen verwandle, welche 25 Stunden am Tag und 33 Tage im Monat arbeiten können.

Aber das kam erst später. Anfangs verlor ich Jahre meines Lebens, bis ich begriff, dass nicht die Übung selbst wichtig ist, sondern das Wesen, das man in sie hineinlegt, und wie man sie ausführt.

Lenken Sie Ihren aufmerksamen Blick auf die folgenden Punkte. Das ist *sehr* wichtig!

Von ein und derselben Übung kann man
1. Nutzen
2. Schaden oder
3. gar kein Ergebnis erhalten.

Als ich selbstständig an meinem Problem arbeiten musste, vergaß ich, wie ich heute weiß, oder vielmehr, ich unterschätzte die zentralen, aber aus meiner damaligen Sicht zweitrangigen Dinge. Die Rede ist von einer bewusst hergestellten, für die Genesung nötigen inneren Haltung.

Ich machte die Übungen, die mir mein Lehrmeister gezeigt hatte, eine Woche lang, ich machte sie einen Monat – aber es gab keinerlei Verbesserungen im Gesundheitszustand.

Dann begann ich seine Methode mit neuen Übungen zu »verbessern«, zu »festigen«, zu »verstärken« und zu »bereichern«.

Das Erste, was ich hinzufügte, war das Laufen. Anfangs jeweils 300 bis 400 Meter täglich, und innerhalb eines Jahres brachte ich die Laufstrecke auf zehn Kilometer. Und das an jedem mir von Gott geschenkten Tag!

Es half nicht.

Je länger, desto mehr. Im Winter lief ich meine Pflichttrasse barfuß, nur in Turnhose. Stellen Sie sich vor, da läuft ein halbnackter Jüngling, in seinen Haaren glitzern die Eiszapfen. Aber auch das schien zu wenig. Ich fügte das Baden in Eislöchern hinzu. Einen Dreck hat es geholfen!!!

Im Zimmer entfernte ich extra die Scheiben aus den Fenstern. Die ganze Zeit lebte ich sozusagen unter natürlichen Bedingungen: auf der Straße minus zwanzig Grad und im Zimmer ungefähr gleich viel.

Und alles vergeblich! Denn diese tagtägliche Mühe arbeitete gegen mich. Die Aussicht auf Genesung war nicht besser als die Sicht auf meine eigenen Ohren!

Weil die Morgenstunden bei mir besetzt waren, lief ich in der Mittagszeit nach Hause und legte mich zur Erholung auf ein »weiches« Brett von einem mal zwei Metern, das von oben bis unten mit scharfen Nägeln bestückt war. Und ich erlaubte mir sogar, darauf zu schlafen!

Zu diesem Zeitpunkt dauerte mein Drama bereits zwei Jahre an.

Übrigens, fast hätte ich es vergessen. Der Abend war ebenfalls ausgefüllt mit dreistündigem Kampfsporttraining.

Ich konnte den Feiglingen nicht verzeihen, die mich in der Armee geschlagen hatten. Bis heute weiß ich nicht, wofür sie mich damals zum Invaliden gemacht hatten. Ich musste raufen lernen, um für mich selbst einzustehen!

Und in der Folge gewann ich bei der Karatemeisterschaft der UdSSR in meiner Gewichtskategorie die Silbermedaille. Ich arbeitete als Trainer, brachte anderen bei, wie man einen Sieg erringt, aber meine Krankheit konnte ich nicht bezwingen! Auch so schon gingen für diese Sisyphusarbeit sechs bis acht Stunden am Tag drauf.

Sechs Jahre dieser beharrlichen Arbeit brachten überhaupt keinen Nutzen. Ich blieb so impotent, wie ich war. Warum?

Einfach darum, weil ich das alles nur anfangs mit Enthusiasmus gemacht hatte – ich hatte doch immerhin meine Nieren geheilt! Ich fragte mich mit Verwunderung: Warum hilft es nicht, ich arbeite doch mehr an mir als früher?!

Dann begann ich erst zweifelnd, dann verzweifelt und schließlich voll Verzagtheit und zu guter Letzt mit der Wut eines Masochisten mich zu quälen.

Fehleranalyse

Jetzt schauen wir uns das mal an. Ich trainierte also den Körper, den Willen, die Ausdauer. O du Allerhöchster! Das innere Wesen formierte sich synchron zu meinem Körper. Das habe ich während meines Trainings erreicht:

- Ich habe in meiner Seele im denkbar höchsten Grad Empörung und Chaos entwickelt.
- Ich habe den Zweifel an der Gesundung zu einem unbesiegbaren Monster wachsen lassen.
- Ich habe einen Zustand des hartnäckigen Unglaubens an den Erfolg meiner Handlungen erreicht.
- Ich habe die Verzweiflung trainiert.
- Mit der Sturheit eines Esels vervielfältigte ich von Tag zu Tag meinen Kleinmut.
- Und das Ganze endete damit, dass ich mich daran gewöhnte, mich selbst zu quälen und zu zerstören und dabei Hass auf alles zu verspüren, noch dazu in den Stunden, die ich extra für eine Besserung reserviert hatte!

Einmal fragte mich mein Lehrer: »Mein Sohn, scheint dir nicht, dass es Zeit ist, dein Junggesellendasein zu beenden?« Denn im Osten sind 27 Jahre ein reifes Alter. Das versetzte mir einen Tritt, und ich erzählte ihm von meinem Unglück.

»O du hirnloser Esel!« Und wie er mir mit dem Stock über den Rücken strich! »So viele Jahre behandelst du Menschen, und selber bist du krank! Was bringst du ihnen bei, du mein Unglück?! Warum hast du mir nichts gesagt?!«

Ich war beschämt. Ein Mann wird eher verrecken als die eigene Impotenz eingestehen. Mein Lehrer führte eine Analyse der Übungen durch, die ich machte. Die ganze Zeit über bekam ich Auszeichnungen in Form von Schlägen mit dem Stock, wohin er gerade traf.

Und stellen Sie sich vor, mein Lieber! Er schrieb mir wieder vor, genau die Übungen zu machen, die ich den Menschen beibrachte, aber er setzte den Akzent gerade darauf, worauf ich während der Übungen am allerwenigsten geachtet hatte: Ich hatte gedacht, das ist alles nur die Schrulle eines alten Furzers. Gott möge mir verzeihen!

Es stellte sich heraus, dass ich beim Unterricht nur beiläufig das Wesentliche erwähnt hatte, der Form halber, eben weil mir mein Lehrmeister das auch einmal gesagt hatte.

Und wie groß war mein Erstaunen, als ich schon am dritten Tag Anzeichen einer beginnenden Genesung bemerkte!

Jetzt legen Sie auf eine Waagschale 2200 Tage (das sind etwa sechs Jahre) eines jugendlichen, starken, energischen, hartnäckigen Trainings zur Vervielfältigung der Dummheit und auf die andere lediglich drei Tage Weisheit. Deshalb heißt es: »Wer es nicht im Kopf hat, der muss es in den Beinen haben.« Wie auch immer, diesen Kelch habe ich bis zur Neige geleert!

Eineinhalb Monate später kam ich nach Hause und gab bekannt, dass ich heirate. Nach zehn Monaten wurde mein erster Sohn geboren, nach einem weiteren Jahr der zweite, und dann eine Tochter... Gebe Gott ihnen allen Gesundheit und Glück.

Und dank dieser Kur haben Tausende kinderloser Familien die Freude der Vaterschaft und Mutterschaft erlebt.

Deshalb werde ich für Sie der Gipfel der Anöderei sein, ich werde immer wieder erklären, kläffen, unken und ständig daran erinnern, dass die Hauptsache nicht die Übungen sind, sondern eine grundlegende innere Vorbereitung auf sie.

Die Übungen befinden sich, wie Sie schon bemerkt haben, am Ende des Buches und nehmen überhaupt nicht viel Platz ein. Wir werden lange reden, bevor wir uns an die Übungen machen, denn wir müssen unseren »Feind« von Angesicht zu Angesicht kennen, das heißt: mögliche Fehler erkennen sowie Wege zu ihrer Beseitigung.

Sie sind jetzt in der gleichen Lage wie ich damals. »Her mit der *Praxis*!!!«

Wiederholen Sie nicht fremde Fehler.

Sie brauchen keinen Misserfolg! Besser zehnmal den Fallschirm überprüfen, bevor man in die Luft steigt, denn er geht nur einmal nicht auf.

Wenn Ihnen meine persönliche Erfahrung nicht ausreichend erscheint, so wird die Erfahrung von ungefähr einer Million Kranker, die erfolgreich die Gesundungskur absolviert haben, diese Lücke wohl füllen.

Lyrisches Gift

für Ihre Brille!

Ich habe niemals gedacht, dass ich Arzt oder Psychologe oder Pädagoge sein werde oder gar eine »Millionärs-Stanzmaschine«, wie mich einmal jemand genannt hat. Manchmal will ich das heute auch gar nicht sein, wenn ich tagein, tagaus mit der Dummheit von Menschen zu tun habe, besonders, wenn sie die Form eines aktiven Geistes annimmt.

Jetzt, wo ich mit Kranken arbeite und mich durch ihre Gehirnwindungen durcharbeite, fühle ich mich immer wie der einzige Psycho-Proktologe auf der Welt. Wissen Sie, was ein Proktologe ist?

Das ist ein Arzt, der sich auf den Darm spezialisiert hat.

Wenn ich versuche, in die Gedanken eines chronisch Kranken einzudringen, gelange ich mit meinem Kopf in den Dickdarm, den wir auch die Gehirnwindungen nennen. Ich muss dann seine Glucksgeräusche, sprich Gedanken, anhören und sein Furzen bzw. seine Äußerungen zur Rechtfertigung der eigenen Probleme.

Wie anders könnte man stehen zu den chronisch Kranken, die sich jahrzehntelang aktiv einer Genesung widersetzen und nicht an sie glauben, an ihr zweifeln oder im besten Fall auf ein Wunder warten: »Womöglich werde ich eines schönen Tages gesund?«

Sie stellen eine gewaltige Armee dar, vor der ich manchmal die ganze Nutzlosigkeit meiner Arbeit fühle und die mir das Gefühl gibt, dass meine Liebe ins Nichts geht. Es ist oft sehr schmerzhaft, das zu erkennen, denn gerade diesen Menschen habe ich mein einziges Leben gewidmet.

Die Armee der Faulen gab es immer und wird es immer geben – das heißt, chronisch Kranke, arme und vom Leben frustierte Menschen gab es immer und wird es immer geben.

Mein lieber Leser, viele Leute leiden jahrelang nicht daran, dass Ärzte und Medizin schlecht sind, sondern daran, dass sie am wenigsten von allem in der Welt das Leben und die Gesundheit schätzen, besonders dann, wenn sie über beides verfügen.

Selbst wenn er seine Gesundheit verloren hat, verhält sich der Mensch wie ein hirnloser Esel (entschuldigen Sie die Aufrichtigkeit)! Er denkt: »Irgendjemand wird sterben, aber ich werde noch hundert Jahre leben, vor mich hinstinken und die Umwelt vergiften.« Sind Sie der Meinung, dass jemand anders denkt?

Gut, dann eine Fangfrage.

Sagen Sie mir bitte, wann gehen Sie zum Arzt – wenn der Zahn bröckelt und noch nicht wehtut oder wenn er schon wehtut? Haben Sie die Antwort?

Tun die Zähne vielleicht einfach mir nichts dir nichts weh? Dafür, dass ein Zahn schmerzt, muss man ihn mindestens fünf Jahre so weit bringen, dass die Karies ihn auffrisst.

Hatten Sie wenigstens ein Mal im Leben Zahnweh? Ja? Worüber reden wir dann noch?! Was ist von Ihnen zu erwarten? Welches Verhältnis haben Sie zu Ihrer Gesundheit?

Es kommt heraus: Der Patient geht zum Arzt nicht wegen der Gesundheit, sondern zur Vermeidung von Schmerz und Unwohlsein. Und die Hauptzahl der Menschen, das heißt, die Masse, denkt fast genauso wie Sie selbst. Aber Sie haben immer die Chance, sich von der Masse abzuheben. Sie müssen es nur wollen!

Das allseitige Studium der Lebensweise und des Charakters der chronisch kranken Miesepeter und Mieselieseln hat zahlreiche Gesetzmäßigkeiten im Verhalten der Menschen zu Tage gebracht, die darunter leiden, dass sie sich im Leben nicht verwirklicht haben, und zwar unabhängig von Alter, Geschlecht und sozialer Herkunft.

Gerade deshalb möchte ich mit Ihnen aufrichtig sprechen, von ganzem Herzen, und gleichzeitig unbarmherzig zu den Seiten des Charakters sein, die Sie zu Ihrem Leiden geführt haben und Sie jahrzehntelang darin festhalten.

Denn ich kenne Sie von hinten wie von vorn – von allen Seiten, als wären Sie geschält. Ich war selbst so einer wie Sie! Und in solchen Augenblicken pfeife ich auf die Kultur. Was ich fühle, dem verleihe ich unter Schmerzen Ausdruck.

Das Recht dazu gibt mir die Unzahl von Patienten, welche freiwillig diesen Weg gegangen sind und nach eigenem Wunsch, mit eigener Anstrengung und eigenem Willen nicht nur ihre Sehkraft wiederhergestellt haben, sondern auch andere Krankheiten losgeworden sind. Sogar solche, die bis heute in der Schulmedizin als unheilbar gelten.

Dieses Recht geben mir Hunderte meiner Absolventen, welche seinerzeit nur mit größter Mühe das Geld für Medikamente zusammengekratzt haben und die heute als Millionäre gelten.

Als Pädagoge freue ich mich von ganzem Herzen für sie, und ich möchte mit Stolz ausrufen: »Vivat! Das ist meine Arbeit!« Aber Gott gibt nur dem etwas, der sich bemüht. Ich war hier nur Begleiter oder Wegweiser.

Ich bin dem Herrgott dankbar für die mir gegebene Möglichkeit, ihm zu dienen und diese Arbeit für Sie zu machen!

Wenn Sie sich diesen Menschen anschließen wollen, den Siegern, seien Sie willkommen! Gesund sein ist sehr leicht, sehr einfach. Diesen Gedanken werde ich ohne Ende wiederholen und noch mal wiederholen.

Der Haken ist nur, dass Sie schon wissen, wie man gesund, schön, reich und glücklich wird. Sie wissen alles, aber Sie tun nichts! Verstanden? Das Unglück ist, dass Sie nicht handeln!

Es gibt keine Sackgassen, außer dem Tod, es gibt immer einen Ausweg.

Aber Sie versuchen nicht einmal sich zu erheben, ganz zu schweigen davon, einen Ausgang zu suchen. Was unterscheidet Sie eigentlich noch von einem Esel, der mit weisen Büchern beladen ist?

Totes, nicht verwendetes Wissen hält Sie im Dreckloch fest, bringt Sie mit Ihrer eigenen Hilfe langsam um und verwandelt Sie in einen namen- und gesichtslosen Menschen aus der Masse, das heißt in einen *normalen Menschen*.

Und Sie halten sich für normal? Absolut normal, ja?

Dann sind Sie ein fürchterlicher Mensch!!! **Warum?**

Was ist denn die Norm,

oder
Was ist ein »normaler« Bürger?
Ein Ausflug in die Biologie

Eine Norm ist das, was bei der Mehrheit üblich ist – oder? Sie verdreht den Menschen zu einem Widderhorn, zwingt ihn in einen ein für alle Mal festgelegten Rahmen und verstellt die Wege zur Kreativität. Sie ist ein Sumpf, in dem künftige Genies, Titanen und Künstler sterben, ehe sie zu sich kommen können.

Weil im Vorhinein festgeschrieben ist, wer sich wie zu verhalten hat. Eine Großmutter muss unbedingt eine Brille tragen und ihr Strickzeug in der Hand halten. Der Großvater soll mürrisch sein und am Stock gehen. Und einer, der in der U-Bahn sitzt, muss dreinschauen wie eine verendete Kuh. Im besten Fall darf man sich hinter einer Zeitung verstecken.

Versuchen Sie doch einfach, ein Liedchen vor sich hin zu summen oder so breit wie der ganze Waggon zu lächeln – sofort gehören Sie in die Gruppe der »Abnormalen«. Habe ich Recht?

Wenn Sie ein Chef sind, müssen Sie immer Ihren klugen Blick aufsetzen, eine Fresse wie eine Kinderschaufel haben und den ganzen Tag so tun, als würden Sie ständig an irgendwas denken, das heißt klugscheißen! Stimmt's?

Ich übertreibe natürlich ein wenig, aber die Normen für das Verhalten eines »normalen« Menschen wirken sich auch auf seinen Charakter aus. Die Umwelt zwingt uns die Handlungsweisen auf und übt Druck aus, wenn wir es wagen, uns nicht zu unterwerfen.

Und die Masse der Menschen, die die Gesetze der Herde zu den ihren gemacht hat, wird nicht ertragen, wenn jemand seine Individualität ausdrücken will.

Haben Sie jemals eine Gruppe von Blinden gesehen? Ja?

Was entsteht in Ihnen für ein Verhältnis zu ihnen? Mitleid, Mitgefühl? Aber wenn Sie mit ihnen gesprochen haben, dann machen Sie eine Entdeckung. In ihrer Gruppe sind die Blinden glücklich. Sie fühlen sich normal.

Wenn ich im Hörsaal ein Seminar halte und den Widerstand einiger Zuhörer spüre, die immer und in jedem Fall eine feste Meinung haben, fühle ich mich häufig in der Gesellschaft von Blinden.

Ich habe den Eindruck, dass die Menschheit eine riesige Gesellschaft von Blinden ist.

Sie haben ihre Komitees eingerichtet, ihre Ministerien, ihre Ämter, die mit irgendwas beschäftigt sind, nach irgendetwas eifern, irgendwohin in Bewegung sind... Die Frage ist nur: Wohin?

Wenn der Körper wächst, aber das Bewusstsein auf dem Entwicklungsstand eines fünfjährigen Kindes bleibt, bleibt der Mensch sein Leben lang Konsument. Und das ist leider die Mehrheit.

Aber die Geschichte verändert sich durch Persönlichkeiten. Versuchen Sie einmal, aus der Geschichte Leute wie Firdusi, Dschingis Khan, Alexander den Großen oder Napoleon zu streichen. Kann das gelingen?

Jeder von ihnen hat Veränderungen in die Welt gebracht, jeder hat etwas dagelassen. Vor Tausenden von Jahren hat der große Mathematiker und Weise des Altertums Al-Choresmi die Algebra geschaffen, und der von seinem Namen abgeleitete Begriff des Algorithmus hat Tausende von Jahren existiert, als eine niemandem nützliche Schrulle. Und jetzt ist sie zur Grundlage der gesamten Computertechnologie geworden.

Verwenden Sie einen Computer?

Sagen Sie, ist die Masse der Menschen kreativ?

Konsumenten! Nichts Eigenes im Kopf, alles ist anderswo vorgekaut: fremde Meinungen, Regeln, Urteile.

Eine Gesellschaft der rudimentären, sich selbst bedienenden, biologischen Roboter. Wenn man diese einander gleichenden Wesen aus der Geschichte entfernt, ändert sich überhaupt nichts. Es hat sie gegeben, oder es hat sie nicht gegeben – das macht keinen Unterschied!

Eine Persönlichkeit zu sein ist sehr schwer, weil die Einsamkeit eine schreckliche Sache ist! Ja, Einsamkeit, weil Sie automatisch an der Spitze sein werden.

Aber noch schlimmer ist es, sich in dieser grauen, gesichtslosen Masse zu bewegen. Wie deprimierend! Wurde uns das Leben etwa dafür gegeben?

Sagen Sie mir doch: Ist es möglich, dass Sie, wenn Sie sich selbst gegenüberstehen, keine innere Stimme hören, die Ihnen sagt: »Was machst du eigentlich? Du kannst vieles, du bist für Größeres geschaffen!« ?

Sie vertun Ihr Leben für das Studium irgendwelcher Berufe und für sonst noch was. Aber haben Sie sich schon einmal, wenigstens für eine Stunde, hingestellt, um sich selber kennen zu lernen? Nein, das ist bisher noch nicht vorgekommen! Meist haben wir Angst und versuchen eher, vor uns selbst zu fliehen.

Wir kennen viele Dinge, aber uns selbst kennen wir nicht. Deshalb tappen wir auch durchs Leben wie Blinde. Krank, frustriert, unfähig, auch nur die einfachsten Aufgaben zu lösen, hilflos wie Kinder, verkleiden wir uns aufwändig als erwachsene Onkel und Tanten und spielen eine Rolle, die uns Würde geben soll.

Wen wollen wir betrügen? Wen auch immer wir betrügen wollen, der wirklich Betrogene sind wir immer selber.

Merken Sie sich: Die Menge tendiert immer zur Trägheit. Aber die Trägheit hat ihr Endstadium – die ewige Ruhe. Die Menge ist von Anfang an tot. Sie kann nur fressen und … Was dachten Sie jetzt? … Versammlungen besuchen.

Das heißt, gesund zu sein ist leicht. Man muss nur eine PERSÖNLICHKEIT werden. Jeder Sieg von Ihnen, jeder Erfolg wird nur von Ihnen abhängen. Alles beginnt mit der Anerkennung der PERSÖNLICHKEIT in Ihnen, mit der Anerkennung des MENSCHEN, groß geschrieben.

Sie Guter, hören Sie aufmerksam auf Ihre Seele. Auf Geist und Verstand. Sie werden den großen inneren Ruf dessen hören, der uns geschaffen hat.

Schaffen, kreativ sein, lieben, geliebt werden, gesund und glücklich sein und reich in jeder Beziehung: All dies ist Ihnen *gegeben*!

Wie lange kann man warten, mein lieber Leser, die Uhr läuft ab! Sie können nicht einmal die Augen aufschlagen, da ist das Leben schon vorbei! Sagen Sie mir doch bitte, wie viele Leben Sie haben!

Der gestrige Tag ist vergangen. Versuchen Sie, ihn zurückzukriegen. Aus! Er ist schon Geschichte. Einverstanden?

Erst gestern waren wir Kinder, erst gestern sind wir auf allen vieren gekrochen, haben unsern Topf unterm Tisch hin und her geschoben und überprüft, ob der Urin ordentlich spritzt. Man hat uns ins Badezimmer gebracht, um uns die Hände zu waschen. Und jetzt blicken Sie sich im Spiegel an!

Ja-a-a. Gestern oder vorgestern waren wir

froh oder traurig. Was ändert das? Unterm Strich überhaupt nichts!

Vielleicht sind Sie stolz darauf, dass Sie ein großer Chef sind! Und weiter? Vielleicht brauchen Sie das gar nicht.

Vielleicht ist ganz tief in Ihrer Seele, wohin hinabzusteigen Sie sich scheuen, ein geheimer Wunsch begraben? Sie tun so, als wären Sie ganz glücklich mit dem Leben? Und ist das wirklich so? Betrachten Sie alles mit den Augen der Seele!

Das Leben, besonders in der Stadt, ist ein riesiges absurdes Theater, wo jeder nach künstlichen Werten lebt und eine fremde, ihm aufgedrückte Rolle spielt. Und er verfängt sich so in diesem Spiel, dass er sich selbst verliert, seine unwiederholbare Individualität. Verstehen Sie?

Alle bemühen sich, normal zu sein, normal zu leben und zu arbeiten, damit bei ihnen alles so ist wie bei den andern. Dann versuchen Sie einmal, sich an »normale« Landsleute zu erinnern, sagen wir an Leo Tolstoi. Denn Tolstoi war ein abnormaler Mensch – stimmt's? Ein Graf, der als Bauer barfuß ging und die Erde pflügte und der mit dem Fahrrad fuhr. Am Ende seines Lebens ging er überhaupt ganz von zu Hause fort.

Vom Standpunkt der Menge hat er verdient, dass man ihn verurteilt. Aber die Grafen, die ein Leben nach der Norm gelebt haben, wo sind sie, wer erinnert sich an sie, hm?

Stellen Sie sich noch einmal die Welt ohne Shakespeare, Konfuzius, Omar Chajjam, sogar ohne Hitler, das furchtbare Monster, vor, streichen Sie sie aus der Geschichte. Die Menge – das ist Leere. Setzen Sie sich von ihr ab!

In Ihnen steckt eine geniale, hervorragende, mächtige Persönlichkeit, die dank der menschlichen Bequemlichkeit oder dank der menschlichen Fehler in den Rahmen der allgemein üblichen »Normen« eingezwängt ist: Normen der Handlungen, des Verhaltens, der Wahrheit und der Begriffe.

Natürlich sein, man selbst sein, nach seinen wahren Gefühlen leben, die Welt mit offener Seele wahrnehmen und keine Angst haben vor Ablehnung durch andere – das ist das Schwerste.

Die Persönlichkeit erweist sich immer als ein weißer Rabe.

Also, eine Frage: **Sind Sie bereit, sich unter Bedingungen zu versetzen, die Sie zum selbst gewählten Erfolg vorherbestimmen?** Alles, was von Ihnen gefordert ist: Beginnen Sie zu handeln!

Vom heutigen Tag an werden wir vorsätzlich und zielbewusst unser Stereotyp von Verhalten, Denken, Urteilen, Werten, Behauptungen, Meinungen etc. hinter uns lassen.

Wenn ein Mensch chronisch krank ist, heißt das, dass all seine Gedanken und Handlungen nicht dem Prinzip des Schöpfertums entsprechen. Wenn ein Mensch sich im Leben nicht als Persönlichkeit realisiert hat, leidet er seelische Not und verliert ständig die Orientierung, das heißt, in vielem ist seine Weltanschauung fehlerhaft, viele seiner Standpunkte sind durch nichts begründet. Deshalb steht es uns beiden bevor, in die Rolle einer schöpferischen Persönlichkeit zu schlüpfen.

In der Natur bleibt kein Platz leer. Jede Arbeit hat irgendein Ergebnis, aber welches, hängt von Ihnen ab! Aus nichts als der Leere entsteht nichts.

Wenn Sie durch Anstrengung des Willens Achtung gegenüber sich selbst in sich hervorrufen, wenn Sie vorsätzlich Ihre Selbstbewertung erhöhen und den Glauben an Ihre Kraft vertiefen, wird sich das alles in jeder Zelle Ihres Organismus spiegeln wie auch in Ihrem Verhalten, in Ihren Handlungen und Werken.

Durch die Wiederholung einer Handlung kommt es zur Gewohnheit, bildet sich der Charakter und kreiert sich das Schicksal. Die heutige Selbsteinschätzung, die kaum merklich höher ist als gestern, macht Sie morgen um eine Kleinigkeit anders. So werden Sie im Leben schrittweise zu dem Menschen, der Sie sein möchten, und Sie werden mit sportlicher Kühnheit jede nur mögliche Schwierigkeit im Leben überwinden.

Die Krankheit lässt die Menschen nicht los, welche an ihre Gesundheit und an sich selbst erst an letzter Stelle denken. Ein chronisch Kranker ist ein Mensch, der sich überhaupt nicht schätzt oder umgekehrt seine Kratzer sehr wichtig nimmt. Bei solch einem Menschen ist ein rostiger Nagel im Haus mehr wert als sein Leben.

Warum spreche ich mit solch einer Sicherheit? Weil die Erfahrung gezeigt hat: Es gibt keinen Kranken, der sich nicht heilen kann! Natürlich, wenn das Bein fehlt, ist es sinnlos, die Kniescheibe zu reparieren. Aber sonst…

Das heißt, wir beginnen mit der Entwicklung des unlogischen Verhaltens.

Bereits heute steht Ihnen bevor, ein abnormaler Mensch zu werden. Ein Normaler sagt: »Zuerst will ich meine Gesundung sehen, dann kann ich mich von Herzen freuen. Aber bis dahin will ich abwarten.«

Bei solch einem Herangehen werden Sie sich am Sankt Nimmerleinstag freuen, weil sich die Logik auf die Tatsache stützt, aber keine Tatsache einer Genesung vorliegt. Hier ist sie, die Falle für Esel mit akademischem Grad!

Und was denken Sie, was ist leichter, zu genesen oder sich über die kommende Genesung zu freuen?

Natürlich ist es viel leichter, sich zur Freude zu zwingen, und es gelingt augenblicklich. Aber sich zur Genesung zu zwingen, das erfordert Arbeit und Zeit. Beginnen wir deshalb mit dem, was in unseren Kräften steht.

Es ist doch eine Kleinigkeit: Denken Sie sich diese Freude aus, saugen Sie sie sich aus den Fingern und spielen Sie sie wie eine Rolle, so lange, bis Sie ein Ergebnis bekommen und dieser Zustand zu Ihrem Wesen wird! Und wie geht das? Um sich selber zu helfen, erinnern Sie sich, wie Sie zu Ihrem ersten Rendezvous gegangen sind. War es denn ein Gehen? Sie sind vielleicht eher geflogen oder vor Angst gekrochen, oder Sie haben nachts ins Bett gemacht vor Aufregung.

Aber im Innern war eine zitternde Erwartung von irgendetwas Ungewöhnlichem, das Herz blieb fast stehen vor Glück...

Und wie haben Sie das erste Mal geküsst? Oder wie sind Sie zum Tanzen geeilt?

Egal, finden Sie irgendetwas, wo Sie sich beflügelt oder inspiriert gefühlt haben oder im siebten Himmel schwebten vor Glück.

Wenn Sie ein ausgemachter Menschenhasser sind, stellen Sie sich irgendein dazu passendes Bild vor. Denken Sie an die Freude, die Sie empfunden haben, wenn Sie jemandem eine Gemeinheit zugefügt haben. Es gibt ja Menschen, die sich nur gut fühlen, wenn es den anderen schlecht geht, und denen es schlecht geht, wenn's den andern gut geht!

Zum Beispiel werden Sie ganz krank davon, dass Ihre Frau ständig Geige übt und sich als Enkelin Tschaikowskis fühlt. Stellen Sie sich vor, dass Sie die Geige nehmen und zum Fenster hinaus damit...

Oder Ihr Chef will nicht in Rente gehen, und davon haben Sie einen hohen Blutdruck. Stellen Sie sich vor, dass ich verfügt habe, Ihren Chef zu entlassen und Sie an seine Stelle zu setzen.

Oder Ihr Mann geht fremd. Stellen Sie sich vor, dass Sie jetzt endlich wissen, dass er in seinem Alter doch noch zu etwas nutze ist – und freuen sich daran! Einverstanden?

Stellen Sie Freude her!

Oder Ihr Nachbar sägt jeden Tag an irgendetwas herum, er arbeitet mit einem Schlagbohrer oder mit einer Kettensäge. Und Sie stellen sich in dem Moment vor, dass Sie einen Vorschlaghammer in die Hand nehmen, sich von hinten an ihn heranmachen und ... ihm eins über den Schädel ziehen. Er liegt schon. Was für ein Glück! Gehts Ihnen dabei gut?

Oder noch besser! Sie bekommen vom Arzt ein Rezept für den Nachbarn: Zyankali, dreimal täglich vor dem Essen ... auf nüchternen Magen ... bis zum vollständigen Exitus!«

Also, denken Sie sich irgendein Bild der Freude aus! Einverstanden?

Aber diese Freude meine ich nicht!

Liebe Leserin, wenn Sie die Freuden der Mutterschaft erlebt haben, erinnern Sie sich, was Sie im Herzen gefühlt haben, als Sie zum ersten Mal Ihr Kind an die Brust gelegt haben! Stellen Sie sich vor, das geschieht jetzt! Und spüren Sie, wie Zärtlichkeit den ganzen Körper durchfließt, zitternde Glückseligkeit, eine angenehme Erschöpfung.

Das ist der Schlüssel zur Herstellung einer inneren Bereitschaft für die Durchführung der Übungen. Nichts, was Ihnen von außen eingegeben wird, nichts Übernommenes – es ist schon alles in Ihnen. Machen Sie das Beste aus diesem Reichtum.

Aber unser Sumpf ist besser!

Jedes Moorhuhn lobt seinen Sumpf,
aber eine Tatsache ist ein starrköpfiges Ding.
Über mein System

Sie haben wahrscheinlich von verschiedenen Methoden gehört, haben viele Bücher über die Wiederherstellung der Gesundheit gelesen, speziell auch über die Sehkraft. Jede Methode ist für sich genommen gut und hat zweifellos ein Existenzrecht. Aber das Hauptgeheimnis des Erfolgs ist dennoch nicht in den Methoden und Büchern zu finden, sondern darin, ob Sie an sich arbeiten oder nicht. Wenn Sie keinerlei Einsatz zeigen, wird sich von selbst überhaupt nichts ergeben.

Das in langjähriger, mühevoller Arbeit entwickelte System, welches ich Ihnen anbiete, erfordert ebenfalls den Einsatz Ihrer seelischen und körperlichen Kräfte. Ob es das wert ist oder nicht, müssen Sie entscheiden. Ich sage nur, dass ich meinen Hörern für die Verbesserung der Sehkraft um eine Dioptrie 3–6 Tage gebe.

Im Unterschied zu anderen Methoden und Komplexen, die eine Verbesserung der Sehkraft um eine Dioptrie innerhalb von 2–6 Monaten versprechen, erweist sich dieses System als 30-mal so effektiv! Das wurde praktisch überprüft.

Und dennoch ist mein System kein Allheilmittel, weil es nicht die Krankheit herausfordert, sondern den chronisch Kranken. Nicht die Krankheit ist der Mörder, sondern der chronisch Kranke selbst, welcher sich nicht verändern will.

Die Hauptmasse der Menschen ist faul. Für sie ist es einfacher, die Welt über einen Vermittler, d. h. durch eine Brille zu betrachten, als sich mit einem Buch auseinanderzusetzen oder gar danach zu üben.

Von außen kann man die menschliche Natur nicht verändern. Sie wird von innen transformiert, vom Menschen selbst, von seinem Wunsch, seinem Bemühen und seinem eisernen Willen.

Das System ist für starke Menschen vorgesehen und erfordert die aktive Teilnahme des hoffnungsvollen Brillenträgers am Prozess der Wiederherstellung seiner Sehkraft. Ich freue mich, Ihnen zu dienen, damit Sie noch stärker werden.

Gott sei Dank gibt es sehr viele Errungenschaften in der modernen Augenmedizin, von der Laserkoagulation bis zum Chirurgenskalpell. Aber wozu denn im Auge herumdoktern, wenn die Quelle der Erkrankung an einer andern Stelle sitzt? Ja, genau dort, woran Sie gedacht haben.

Wenn sich der Grund des Leidens in der Seele befindet, helfen keine Skalpelle. Einverstanden?

Keine Technik kann die Seele des Menschen verändern. Und wenn der Kranke auch noch passiv ist und wartet, dass man ihm durch Tropfen, Behandlungen oder Spezialbrillen »die Gesundheit zurückgibt«, ist er zu ewigem Warten verdammt, weil er immer hoffen wird, dass man ihm das nächste Mal noch etwas »geben« wird. Aber dann wird es ihm noch schwerer sein »zu nehmen«, weil die Kraftreserven des Organismus durch die Krankheit aufgezehrt werden: Alles wird weniger, weniger und weniger …

Der Kranke hofft und unternimmt nichts. Aber wenn er selbst sein Schicksal in die Hand nimmt und Auge in Auge den Kampf mit der Krankheit aufnimmt, dann ist der Sieg sicher.

Warum bleibt die Gesundheit unserer Kursabsolventen auch noch nach drei oder vier Jahren stabil? Weil die Krankheit auf der Ebene des Bewusstseins, der Seele und des Charakters auf immer verschwindet.

Die Möglichkeiten des Organismus sind unbegrenzt.

Und wissen Sie, dass das Hirn fähig ist, den Körper zu verbrennen? Wenn man Sie in einen Zustand der Hypnose versetzt, Ihnen ein rotglühendes Stück Metall zeigt und sagt, dass man es Ihnen jetzt, so glühend wie es ist, auf den Körper legen wird, aber in Wirklichkeit ein Stück Karton darauf legt, so entsteht an der Berührungsstelle eine richtige Verbrennung, und die Narbe bleibt für das ganze Leben.

Die bloße Erwartung der Verbrennung verbrennt das Gewebe des Organismus real. Ein oder zwei Jahre später kommen Sie wieder, und man sagt Ihnen ebenfalls im Zustand der Hypnose, dass man Ihnen damals ein warmes Stück Karton auf die Haut gelegt hat, und die Narbe verschwindet innerhalb von zwei Wochen für immer. Der Organismus selbst beseitigt die Folgen.

In meiner Praxis gab es einen ähnlichen Fall. Einem Patienten, dessen Körper nach einer Verbrennung zu sechzig Prozent mit Narben bedeckt war, konnten durch Hypnose sämtliche Narben entfernt werden. Die Haut wurde glatt. Verstanden?

O mein Augenstern,

warum tragen Sie eine Brille?

Weil sie alle eine tragen. Bä-ä-ä...
Auszug aus dem Grundgesetz
einer Schafherde
(Artikel 918, Paragraf 10.1, Seite 1846)

Vor zwanzig Jahren, als dieses Übungssystem geschaffen wurde und die ersten Ergebnisse sich zeigten, begann ich zu jauchzen:

Hurra! Heureka! Ich hab's gefunden!

Und was hab ich eigentlich in diesen Jahren erreichen können? Immerhin. Von hundert Brillenträgern legten hundert die Brille ab.

Und weiter?

Es stellte sich heraus, dass ich eine Totgeburt produziert hatte, weil ich gegen die menschliche Bequemlichkeit angetreten war.

Sagen Sie doch, warum tragen Sie eine Brille? Etwa deshalb, weil die Wege zur Wiederherstellung der Sehkraft fehlen? Es gibt ihrer viele, unzählige! Es gibt aber auch den Satz: »Erst die Nachfrage schafft das Angebot.«

Der Brillenträger möchte so schnell wie möglich – ohne Arbeit und mit garantiertem Erfolg – die Sehschwäche oder eine andere Krankheit loswerden, und der Arzt seinerseits den Kranken.

Der Augenarzt hat seine Norm (»so und so viele Menschen am Tag«), nach der er eine bestimmte Anzahl Patienten empfangen, eine Diagnose stellen, eine Behandlung verschreiben oder den Patienten für eine Brille zum Optiker schicken muss. Er hat für Sie maximal 5–10 Minuten Zeit. So ist die Lage.

Also, Sie kommen zum Arzt, sagen wir mit Kurzsichtigkeit oder Astigmatismus. Er untersucht Sie, misst die Sehstärke und verschreibt Ihnen ein Rezept für eine Brille. In zehn Minuten sehen seine Augen Sie nicht mehr und werden Sie nie mehr wiedersehen.

Das ist natürlich übertrieben, denn wenn Sie eine Brille tragen, wird sich Ihre Sehkraft verschlechtern und Sie werden bald wieder zum Augenarzt rennen.

Bildlich gesprochen, wenn sich ein krankes Bein auf Krücken stützen muss, wird das Bein schwach. Deshalb werden die Anstrengungen der zwei Beine langsam auf vier übertragen. Jetzt geht der Patient also auf allen vieren. Das heißt, er lässt sich aufgrund seiner Bequemlichkeit auf das Niveau eines Vierbeiners herab.

Und hier, bei diesem System, wenn Sie zum Beispiel minus (oder plus) 2 Dioptrien haben, sind für die Wiederherstellung der Sehkraft etwa 10 Tage und etwa 40 Tage für die Umgewöhnung erforderlich. Und bei minus (oder plus) 10 Dioptrien sind es anderthalb bis zwei Monate plus die Zeit für die Umgewöhnung. Drei- bis fünfmal pro Woche muss man zwischen 15 und 40 Minuten üben. Global gesehen hat daran niemand ein Interesse.

Aber dafür investieren Sie, wenn Sie eine Brille tragen, Ihr Geld ständig in eine Ware. Sie sind ein guter Bürger und helfen der Wirtschaft. Ware – Geld – Ware.

Sie sind Konsument, der den Herstellerfirmen Gewinn bringt (aber durch seinen Gesundheitszustand dem Staat Schaden zufügt). Deshalb muss der Konsument ständig an der angebotenen Produktion interessiert sein. Im konkreten Fall muss er ständig krank sein, das heißt eine Brille tragen. Das ist einer der Gründe, warum Sie eine Brille tragen.

Das ist für Sie die leichteste und für andere die einträglichste Methode, Ihre Probleme zu lösen. Die Sicht hat sich verschlechtert, und fünf Minuten später haben Sie eine Prothese auf der Nase sitzen.

Die Firmen, die Brillen herstellen, haben einen zusätzlichen Käufer bekommen. Sie, der Konsument, sind glücklich, aber wie glücklich sind erst die anderen – die Hersteller!

Wir haben seinerzeit Informationen über dieses System der Wiederherstellung der Sehkraft in Hunderte von Ländern verschickt. Nur die Japaner haben reagiert. Danke!

Sie haben einen Dankesbrief geschickt und sich über die Ergebnisse geäußert: »An einem soziologischen Institut haben wir eine Untersuchung an Studenten durchgeführt. Ein positives Ergebnis wurde bei mehr als 80 Prozent festgestellt. Aber im Augenblick ist die japanische Wirtschaft nicht in der Lage, solch eine Belastung auf sich zu nehmen ...«

Ich verstand nicht, was das mit der Wirtschaft zu tun hat. Aber dann folgte die Erklärung: »Wenn nur 10 Prozent von fast 60 Millionen schlecht sehenden Japanern die Brille ablegen, weil sie ihre Sehkraft wiedergewonnen haben, bedeutet das, dass 6 Millionen Brillen keine Abnehmer mehr finden. Das ist ein harter Schlag gegen die Wirtschaft, und so finden wir, dass diese Methode der Wiederherstellung der Sehkraft für Japan verfrüht ist.«

Mit anderen Worten:

Das Gesetz der Ökonomie sagt: Der Konsument muss als Konsument erhalten bleiben!

Wenn Sie gesund werden oder, Gott bewahre, sterben sollten, werden Sie sich keine Brille mehr kaufen. Ist es nicht so? Es gibt ein ganzes Netz von Organisationen und Strukturen, die am schlechten Sehen der Menschen interessiert sind.

Vor einigen Jahren, als einer meiner Schüler beschloss, sein Übungszentrum zur Wiederherstellung der Sehkraft zu eröffnen, waren die Räume unglücklicherweise gleich neben der Firma »Optika«, und man sagte ihm delikat: »Mischen Sie sich nicht in unser Geschäft! Nehmen Sie uns nicht unsere Kunden weg!«

Das heißt, mein Wertester, ich gratuliere Ihnen. Sie sind Kunde! Und wenn Sie der Meinung sind, dass an Ihrer Gesundheit jemandem etwas liegt, dann irren Sie sich.

Das Gegenteil ist der Fall, dank Ihrer schwachen Sehkraft verdienen die Hersteller von Brillen und Medikamenten viel Geld und tun dabei so, als würden sie sich um Ihre Gesundheit, um Ihr Aussehen etc. kümmern. Sie bieten jedes Mal an, Ihr Äußeres zu verändern, schaffen künstlich eine Mode und unterstützen ausdrücklich die Erfordernis, ständig die Brille zu wechseln.

Bei uns erhalten von hundert Menschen hundert ihre Sehkraft zurück. Und das geht nicht nur leicht, sondern *sehr* leicht!

Bedauerlich ist nur, dass man für die Wiederherstellung der Sehkraft keinen großen Verstand braucht. Der Verstand, den wir haben, reicht bei weitem aus, es bleibt sogar noch etwas übrig!

Man braucht ein paar Informationen, Bereitschaft und gewissenhafte Arbeit. Das ist alles!

Also, wenn Sie endgültig beschlossen haben, dass Sie Ihre Brille loswerden und durch eigene Bemühungen Ihre Sehkraft wiederherstellen wollen, dann brauchen Sie so viel Kraft, wie Sie für ein einziges »Pfui!« verschwenden.

Man muss nur wissen, wie und wohin man ausspuckt. Das ist alles! Natürlich muss man auch noch etwas arbeiten. Für das Sammeln des Speichels im Mund genügt es nicht, mit seinem Hirn zu wackeln!

Also sage ich Ihnen,

woran Sie werden arbeiten müssen

Sie aber antworten:
»Oooooooooch! Aaaaaaaaaaach!
Ich hab doch überhaupt keine Lust zu arbeiten!«

Das müssen Sie tun:

Erstens: Den inneren Schweinehund in den vielen versteckten Formen seines Auftretens kennenlernen.

Zweitens: Die Kunst der Kreativität studieren.

Drittens: Sich absichern gegen alle möglichen Fehler auf dem Weg zum Ziel.

Viertens: Den Bewegungs- und Stützapparat in Ordnung bringen, die Muskeln stärken, die Arbeit der inneren Organe ins Lot bringen und dann eine Korrektur der Sehkraft vornehmen.

Fünftens: Über Ihre Ängste, Probleme und Ziele Klarheit schaffen.

Sie können einwenden: Wozu soll ich mich mit der Wirbelsäule beschäftigen, wenn ich unter Kurzsichtigkeit, grauem Star oder Atrophie des Sehnervs leide? Ich gebe Ihnen Recht, vorausgesetzt, Sie beweisen mir, dass Ihre Augen völlig isoliert sind von den übrigen Organen und sich außerhalb Ihres Organismus befinden, zum Beispiel auf der Kommode. Was, das können Sie nicht? Das leuchtet sogar einem Packesel ein!

Unsere Aufgabe ist es, den Grund des Leidens zu beseitigen. Wenn der Grund mit einem drückenden Schuh zu tun hat, warum sollte man den Kopf mit teuren Medikamenten behandeln?

Stellen Sie sich folgende Situation vor: Im Empfangszimmer des Augenarztes sitzen und warten zehn Menschen. Nehmen wir an, alle haben die gleiche Diagnose. Der Arzt verschreibt etwa die gleiche Behandlung, mit geringfügigen Unterschieden. Aber die Menschen sind einander gar nicht ähnlich, und die Gründe für die Erkrankung sind auch unterschiedlich.

Der eine Patient hat ein Leiden mit infektiöser Ursache.

Bei einer Frau ist der Mann Alkoholiker und macht jeden Abend Radau. Aus den Augen mit ihm!

Die dritte ist eine alte Jungfer, die auf die ganze Welt beleidigt reagiert.

Und dann ist da noch ein schwächlicher, klappriger Intellektueller, der sich einen Zementsack voll Hirn wachsen ließ auf Kosten des Körpers.

Daneben ist ein dünnliches Dämchen von lediglich 150 Kilogramm. Bei ihr »drückt der Magen auf das Auge«. Und bei allen liegt ein und dieselbe Krankheit vor?

Man darf nicht alle über einen Kamm scheren und den kausal-logischen Zusammenhang, der in jedem konkreten Fall existiert, nicht ignorieren.

Avicenna hatte einen sehr strebsamen, frischgebackenen Schüler. Einmal brachte man einen Blinden zu dem großen Heiler.

Der Lehrer wies den Schüler an, bestimmte Komponenten zu mischen und zwei Packungen herzustellen. Der Schüler machte alles haargenau, wie es ihm gesagt wurde. Sie legten die Packungen auf die Augen, und am nächsten Tag konnte der Blinde sehen.

Aber der Nachbar des großen Gelehrten war ebenfalls blind. Von dem Erfolg angespornt, bereitete der Geselle exakt die gleichen Packungen und legte sie ihm auf die Augen. Am nächsten Tag waren die Augen des blinden Nachbarn gleich ganz ausgeronnen.

Dieser gewissenhafte Idiot kam tränenüberströmt zum Lehrer gelaufen: »Wie ist das möglich, mein Meister, ich habe getan, was Ihr das letzte Mal gesagt habt! Warum ist das geschehen?«

Tief betrübt antwortete der Weise: »Die Blindheit kann von verschiedenen Ursachen kommen: von der Trockenheit des Organismus, von seiner Feuchtigkeit, von der Hitze, von der Kälte usw. Bei tausend Blinden gibt es tausend Ursachen. Geh, mein Sohn. Du kannst nur als Bäcker arbeiten.«

Nehmen wir zum Beispiel eine krampfartige Erweiterung der Venen. Wie soll man sie behandeln – mit Medikamenten, mit Einreibungen oder gar mit dem Skalpell?

Und was ist, wenn der Grund im Becken liegt; sagen wir, mit den Geschlechtsorganen ist etwas nicht in Ordnung – chronischer Blutstau. Was soll man behandeln: die Geschlechtsorgane oder den Darm?

Aber so mir nichts, dir nichts kommt es ja in diesen Organen zu keinen Stauungen. Sie können durch Entzündungsprozesse hervorgerufen worden sein, durch Verkrümmungen der Wirbelsäule, durch Nervenübermüdung, Stress etc.

Muss man also das Nervensystem behandeln? Ja, aber der Stress wird auch durch etwas hervorgerufen, zum Beispiel durch Unstimmigkeiten in der Familie, bei der Arbeit usw.

Der Mann geht fremd – bei der Frau ruft der Stress eine Kettenreaktion hervor, und das Ergebnis sind Krampfadern. Was tun? Häufig antworten die Damen wie im Chor: »Den Mann wechseln!«

Psst, Frauen, wenn ein Mann spricht! Hier muss erst noch geklärt werden, warum der Mann fremdgeht. Vielleicht, weil es bei seiner Frau nach Fichten riecht? Nein, nicht von Fichtennadelbädern ist die Rede! Sie liegt einfach neben ihrem Mann wie eine gefällte Fichte dank der strengen Erziehung im Kindesalter!

Mehr zu diesem Thema in einem meiner nächsten Bücher unter dem Titel *Verheiratet, aber suche …*, welches demnächst erscheinen wird. Aber wir sind von unserem Thema abgekommen.

Es gibt seltsame Verbindungen: Um die Beine zu kurieren, muss man die Schrullen aus dem Kopf entfernen. Und das in jedem konkreten Fall auf eigene Weise.

Der menschliche Organismus ist phänomenal und verlangt ein komplexes Herangehen – hier gibt es keine Kleinigkeit und kann es keine geben. Ein oberflächlicher Zugang ist unzulässig. Erst wenn wir die Ursache entfernen, verschwinden die Folgen, und zwar ganz von selbst.

Deshalb ist dieses System der Gesundung so effektiv.

Wenn Sie es sich angeeignet haben, verbessern Sie nicht nur Ihre Gesundheit, sondern Sie können sich dann auch als Persönlichkeit entfalten, kreative Fähigkeiten entwickeln, eine Beschäftigung nach Ihrer Neigung finden und reich werden, und das nicht nur geistig. Aber das alles erlangen Sie nur unter einer Bedingung – wenn Sie sich selbst erkennen.

Wenn man sich selbst erkennt, erkennt man Gott!

Hier gibt es nichts Fantastisches, das ist Realität, und dafür gibt es eine Vielzahl von Beispielen. Ich führe eines davon an.

Einmal sprang eine alte Dame im Seminar, die mein Gequassel nicht mehr aushielt, vom Platz auf und begann zu schimpfen: Sie sei nicht hierher gekommen, um ihre Finanzangelegenheiten zu regeln oder um ihr Äußeres zu verbessern – an diesen Unsinn glaube sie nicht! Sondern um die verfluchte Krankheit loszuwerden.

Sie habe keine Zeit mehr für Träume: Einsamkeit, Sehnsucht, kein Mann, keine Kinder, eine klägliche Rente, das Leben ist vorüber. Die einzige Aussicht sei das Warten auf das Ende.

Eigentlich blieb nur noch, das Taschentuch zu nehmen, so tragisch klang das, so rührend und gleichzeitig stolz.

Und ich hätte fast losgeschrien: »Dumme Gans! Wenn du nicht jammern würdest, sondern dein Hirn in Bewegung setzen …«

Übrigens, sie hat es in Bewegung gesetzt, und wie!

Seit diesem Augenblick sind acht Jahre vergangen. Heute sieht diese Frau nicht älter aus als vierzig. Sie hat geheiratet. Aber darum geht es nicht.

Sie hat ihre hinter sieben Siegeln verborgenen geheimen Träume verwirklicht: Sie eröffnete zwei kostenlose Schulen für besonders begabte Kinder, in der hochqualifizierte Pädagogen arbeiten.

Und woher nahm sie das Geld dafür? Natürlich aus dem Nachtkästchen!

Wie wurde aus einer 62-jährigen Trantüte und Schrottkiste eine geschäftstüchtige, energische Frau mit angenehmem Äußeren?

Ich sage nur: Sie ist eine meiner Schülerinnen. Eine von sehr vielen, die in ihrem Leben Höhen und Möglichkeiten erreicht haben, an die sie früher nicht einmal zu denken wagten. Aber begonnen haben alle mit der Hauptsache – in erster Linie mit dem Kampf gegen den inneren Schweinehund, und sie haben den SIEG errungen! Aber über den inneren Schweinehund sprechen wir noch.

Die Zahlen, die Sie jetzt sehen werden, werden bei Ihnen sofort Zweifel hervorrufen, weil es so was nicht gibt.

Und ich würde es genauso sehen, wäre ich an Ihrer Stelle.

Aber was kann ich machen, wenn das Ergebnis beständig ist, das heißt hundert genesene Fälle von hundert Patienten – bei zahlreichen Augenerkrankungen! Ist das nicht der Hauptbeweis für die Effektivität des Systems?

Gerade die praktischen Ergebnisse halfen diesem System, den vordersten Platz im Weltniveau zu besetzen. Von ganzem Herzen wünsche ich meinen Kollegen einen ebensolchen Erfolg.

Sie können sagen: Was soll das heißen, *eine Medizin* gegen alle Krankheiten? Was für ein Unsinn!

Ja, Sie haben Recht, Allheilmittel gibt es nicht in der Natur. Aber das Hauptgeheimnis, das die Grundlage des Systems bildet, ist das Verhalten des Kranken, sein Verhältnis zu sich und zum Leben.

Wenn Sie zu der Behandlung, die der Arzt verordnet, noch dieses Verhältnis hinzufügen, dann vereinigen Sie Ihre Bemühungen gegen die Krankheit. Und der Erfolg ist Ihnen garantiert!

Nehmen wir aus einer langen Liste von Augenerkrankungen einige weit verbreitete, darunter auch welche, die in der Schulmedizin als unheilbar gelten, bei denen wir zu hundert Prozent die Sehkraft wiederherstellen konnten:

Atrophie des Sehnervs, Kurzsichtigkeit, Astigmatismus, verschiedene Distrophien, grauer Star (es gibt sogar gute Resultate bei künstlicher Linse), Farbenblindheit, Glaukom usw.

Vielleicht sagen Sie: »Das glaube ich nicht!« Dann erlauben Sie mir sogleich, Ihnen höflich meine Meinung zu Ihrem Zweifel zu sagen.

Pfeifen möchte ich auf Ihren Zweifel! Fakt ist Fakt!

Glauben Sie es oder glauben Sie es nicht, davon wird der Erfolg nicht geringer.

Und obwohl es mich nicht gleichgültig lässt, wenn ein skeptischer Brillenträger seine Brille nicht ablegt, wirkt sich das in keiner Weise auf die Effektivität des Systems aus.

Durch Ihren Unglauben werden nicht Hunderttausende von Kindern wieder zu Brillenträgern. Sie können also bei Ihrer Überzeugung bleiben und weiter Glasaugen oder Klobrillen auf der Nase tragen. Schließen Sie das Buch, quälen Sie mich und sich selber auch nicht länger. Die Probleme reichen auch so schon im Leben.

Ich stelle mir nicht die Aufgabe, auf irgendjemandes Meinung Einfluss zu nehmen oder Aufmerksamkeit auf mich zu ziehen, sondern ich teile bloß meine Ergebnisse und Erfolge mit. Die Wahl für sich treffen Sie selbst. Ich habe eine vieljährige, schwer errungene Erfahrung, die mir niemand nehmen kann.

Ich wiederhole noch einmal: Von Ihrem Verhältnis zu dem System wird seine Effektivität um keinen Deut geringer!

Ich lasse Sie in Frieden gehen, und Sie lassen alles in Ihrem Leben, wie es ist, wenn Sie von der Selbstkasteiung einen Orgasmus bekommen!

Die langjährige Arbeit mit chronisch Kranken jeweils zehn Stunden am Tag brachte mich zu der inneren Überzeugung: Der Brillenträger wirft seine Brille in den Abfalleimer, wenn er nicht nur sein Hirn in Bewegung setzt, sondern auch den Ort, an dem seine Beine befestigt sind.

Ein positives Ergebnis und Erfolg im Leben in jeder Hinsicht werden ihm folgen wie der Schatten dem Bein, wie das Scheißen dem Fressen. So drückt man sich im Volk aus, oder?

Ich beeile mich, Sie zu erfreuen: Was Sie in Ihrem Bewusstsein tragen, das sehen Sie auch in der Umwelt, das ziehen Sie auch an sich.

Was kann man mit den Augen einer altersschwachen, halb verreckten Kuh sehen, hm?

Der Mensch wird wegen seiner eigenen Bequemlichkeit äußere Gründe zur Rechtfertigung seiner Tatenlosigkeit suchen, wen auch immer und was auch immer beschuldigen, aber er wird in jedem Fall einen scheinbaren Urheber seiner Misserfolge ausfindig machen, verstehen Sie?

Wenn Sie verstanden haben, dann heißt das, dass Sie gar nichts verstanden haben. Solange Sie nur den Verstand benutzen, fehlt Ihnen immer noch der Schlüssel zum Durchblick.

Man muss fühlen und nicht verstehen!

Wenn ein Mensch mit jeder Zelle, jedem Blutgefäß in das

Leben verliebt ist, mit allen Fasern der Seele und der Kraft des Willens bemüht ist zu überleben, dann sieht er nichts als die Chance zu genesen.

Deshalb lasse ich dem Patienten immer das Recht der Wahl zwischen seinen Ambitionen und Überzeugungen – oder der Gesundheit und dem vollwertigen Leben eines MENSCHEN mit Großbuchstaben. Und wie wird er wählen?

Ich will es erzählen. Gleichzeitig werden wir überprüfen, ob auch Sie richtig gewählt haben oder nicht. Damit Sie das für sich feststellen können, präsentiere ich Ihnen eine Geschichte.

Noch zur Sowjetzeit habe ich zusammen mit einigen Kollegen ein Gesundungsprogramm durchgeführt, das wir in einem halben Jahr umsetzen wollten, welches sich aber dann über zweieinhalb Jahre hinzog.

Schon damals arbeitete ich die Gesetzmäßigkeiten des Verhaltens von chronisch Kranken und die Gründe heraus, die sie zwingen, mit der Fahne in der Hand zu ihrem Grab zu schreiten.

Das Erste, was ich begriff: Das Gehirn eines chronisch Kranken ähnelt einem Magen: Was immer man da hineinwirft, heraus kommt immer ein und dasselbe Endprodukt.

Für die Teilnahme an dem Programm haben wir Patienten eingeladen, die von der Schulmedizin als hoffnungslos aufgegeben und zum Tode verurteilt waren, aber noch mehr oder weniger auf den Beinen standen.

Wir verschickten 600 Einladungen an Menschen, die im Begriff waren, an einer sehr schweren Erkrankung zu sterben, und zwar in einem Stadium, wo die Medizin hilflos die Hände sinken lässt.

Aus dieser Zahl galt es die auszuwählen, die sich an das Leben klammern. Was glauben Sie, wie der Ansturm zu dieser Zeit war?

In der Einladung hatten wir geschrieben: »Sie haben die

reale Chance, Ihre Gesundheit wiederherzustellen. Das Treffen findet in einem Monat am Ort soundso statt.« Es folgten mehrere Unterschriften der leitenden Experten der städtischen Gesundheitsverwaltung.

Wie viele Menschen kamen? Was denken Sie?

Es kam der festgelegte Tag. Psychologen hatten einen Härtetest zur Prüfung der »Verödung des Charakters« entwickelt, mit dessen Hilfe die Eingeladenen sich schon am ersten Tag entscheiden sollten, zu bleiben oder zu gehen.

Aber wenn sie weggingen, sollten sie das in der absoluten Überzeugung tun, dass sie das aus freien Stücken taten.

Seit damals wende ich diese Methode der Auswahl von Hörern ständig an den Tagen der offenen Tür an. Und das hilft, die Gesundheit der Pädagogen zu erhalten, weil es sie vor dem Kontakt mit Blutsaugern bewahrt.

An der Vorbereitung der Veranstaltung nahmen sieben Psychologen teil. Sechs meiner Kollegen hatten die Aufgabe, sich im Foyer aufzuhalten und mit jedem zu sprechen, der sich anschickte wegzugehen. Beachten Sie: nicht mit den Ankömmlingen, sondern mit denen, die weggingen.

Als die Mitglieder der Ärztekommission eintrafen, machten sie einen Aufstand: »Warum ist der Saal so klein? Wir haben doch gesagt, dass wir 600 Menschen eingeladen haben, dass aber anderthalb- bis zweitausend kommen werden, weil die Eingeladenen ihre Verwandten und Bekannten mitbringen werden. Wenn irgendjemandem von den Zuhörern übel wird, trifft Sie die Schuld, und Sie können sich von hier aus gleich auf die Anklagebank begeben.« Der Vortragssaal bot nur Platz für fünfzig Personen.

Ich als Leiter musste ihnen antworten: »Werte Kollegen, schon heute weiß ich, welche Patienten ihre Genesung anstreben, aktiv werden und ihre Krankheit hinter sich lassen und welche nicht. Wenn aus der Zahl der Eingeladenen wirklich mehr als fünfzig Leute kommen, schwöre ich hiermit meinen Überzeugungen ab.«

Zu dem Gespräch erschienen genau zwölf Personen.

Woher wusste ich, dass von den 600 geladenen Patienten nicht mehr als fünfzig kommen würden? Ich wusste es aus der Erfahrung von Programmen aus der ganzen Welt, aus der Forschungsarbeit zur Untersuchung des Charakters chronisch Kranker.

Es hat sich herausgestellt, dass unabhängig von der nationalen und sozialen Herkunft viele nicht gesunde Menschen ein und dieselbe, nur ihnen eigene Besonderheit haben: Jeder von ihnen ist ein Selbstmörder und zudem noch ein Selbstbetrüger.

Sind Sie auch der Ansicht, dass die chronisch Kranken in höchstem Maß sich selbst belügende Personen sind und dass solche Menschen die Mehrheit bilden? Nein? Davon ändert sich die Sachlage nicht.

Aber ich komme noch einmal zu unserem fehlgeschlagenen Experiment zurück. Wir beschlossen, es um einen Monat zu vertagen. Wir verschickten wieder Einladungen, aber diesmal mit persönlichem Anschreiben.

Nach einem Monat kamen 78 Personen.

Jetzt mussten wir das Auswahlverfahren durchführen. Wie ging das vonstatten?

Meine Aufgabe als Leiter bestand darin, mit meinen Aussagen, Handlungen und Verhaltensweisen bei den Anwesenden die Äußerung von negativen Charaktereigenschaften zu provozieren, welche offensichtlich den Heilungsprozess behindern würden.

Diese Provokationen waren eindeutig übertrieben und gleichzeitig subtil und kamen ganz natürlich daher, damit jeder finden konnte, was er suchte – einen Vorwand für einen Abschied auf Nimmerwiedersehn.

Innerhalb von fünf Stunden wurde jeder immer wieder, etwa dreihundertmal, vor die Wahl gestellt.

Wähle:
Tod oder Leben
Bequemlichkeit oder Leben
Kränkung oder Leben
Ambitionen oder Leben
Eigene Meinung oder Leben
Lesen und Wiederlesen von Zeitschriften und Büchern oder Leben.

Aber diese Wahl wurde nicht in direktem Sinn gestellt, sondern indirekt auf der Ebene des Unbewussten.

Die ganze Absurdität der Situation bestand darin, dass wir versuchen mussten, alle Besucher, die mit so viel Mühe versammelt worden waren, zu verjagen, damit nur die blieben, die wirklich ihre Gesundung anstrebten, und zwar ohne Wenn und Aber.

Das Ziel bestand also darin, all jene Hörer aus der Zahl der zukünftigen Teilnehmer auszuschließen, die auf halbem Weg oder im letzten Moment sich der Krankheit ergeben und zur alten Lebensweise zurückkehren würden, um dann zugrunde zu gehen.

Es gibt eine östliche Weisheit: »Wenn das Kind kacken will, wie sehr du auch auf es einredest, welche Lieder du ihm auch vorsingst, es wird auf alle Fälle kacken.«

Wenn sich ein Kranker nicht an das Leben klammert, findet er immer einen Vorwand, sich von den helfenden Händen abzuwenden, die sich nach ihm ausstrecken. Und meine Möglichkeiten sind in diesem Fall keine Kopeke wert.

Wir begannen unsere Überprüfung der »Verödung« der 78 Gehirne damit, dass der Arzt eintrat und zu ihnen sagte:

»Entschuldigen Sie, wir warten noch auf Dr. Norbekov und sein Team, sie haben sich etwas verspätet.«

In Wirklichkeit war ich schon vor zwei Stunden gekommen. Nach 15 Minuten standen die ersten drei Personen auf und gingen empört nach Hause, weil sie keine Zeit zu warten hatten! Und das bei Kranken mit Todesurteil!

Was kann man von einem Menschen erwarten, bei dem die Geduld nur für eine Viertelstunde reicht? Kann man sich auf ihn verlassen im Arbeitsprozess, wenn er keine Zeit zum Leben hat?

Im Verlauf des Auswahlverfahrens sagten wir bewusst den einen oder anderen Unsinn und diverse Grobheiten. Ausgehend davon, dass mein ordinärer Wortschatz im Russischen begrenzt ist, stellten meine Kollegen eine ganze Liste an Gemeinheiten zusammen. Für jeden etwas.

Wir machten die erforderlichen Pausen. Die Leute standen auf und gingen weg. Sie wurden immer weniger und weniger. Es waren 500 Provokationen gegen die »Verödung des Charakters« geplant, nach etwa 300 dieser Provokationen blieben 15 Kandidaten für den Kurs.

Es gab auch eine Prüfung wie die folgende: »Werte Anwesende! Unser Kurs ist kostenpflichtig!« Und es wurde eine Summe genannt, für die man im Geschäft vier Dosen Kondensmilch bekam.

Somit stellten wir unbewusst auf eine Seite vier Dosen Kondensmilch und auf die andere Seite das Leben. Viele Kranke wählten leider das Erstere und waren nach der Pause verschwunden.

Wir führten ein rigoroses Aussiebungsverfahren durch. Schließlich und endlich blieben also von den 78 Kandidaten 15 übrig, welche auch wirklich anfingen, an sich zu arbeiten.

Mit den Patienten, die unsere Experimente überstanden hatten, arbeiteten wir exakt neun Monate, dann führten wir eine umfassende Untersuchung durch. Von 15 wurden 13 als gesund klassifiziert. Die anderen beiden saugten dann sozusagen noch weitere anderthalb Jahre von meinem Blut. Aber auch sie genasen schließlich und sind viele Jahre nach Absolvierung dieses Programms gesund und munter.

Die Übrigen waren bereit, vorzeitig ihr Leben zu lassen, nur um ihren Dünkel zur Rechtfertigung ihrer geistigen Schwäche zu erhalten. Aber was stand in Wahrheit hinter all dem?

Stinkfaulheit!

Der Kranke sucht alle erdenklichen Wege, nur um der Arbeit an sich selbst zu entfliehen, und schreitet, seiner eigenen Meinung und seinen Ambitionen und Scheinwerten folgend, selbstzufrieden zum eigenen Grab.

Sieben Jahre später beschlossen wir, uns über das Schicksal der 600 Personen kundig zu machen, welche wir eingeladen hatten, auf welche wir eingeredet hatten, ja die wir beinahe auf Knien gebeten hatten, den Kurs zu machen.

Insgesamt hatten – meine 15 Kursteilnehmer eingeschlossen – 26 überlebt.

Und das ist die größte Tragödie – von 600 Menschen klammert sich nur eine geringe Zahl an das Leben – ein Vierzigstel. Die anderen finden jede nur mögliche Rechtfertigung und ignorieren das Leben sogar, wenn sie schon im Sterben liegen. Aber sie rufen: »Ich will leben! Wie bin ich unglücklich!«

Kann man ihnen denn glauben? Ich nicht!

Kürzlich sprach ich mit einer Hörerin, welcher die Ärzte vor zwei Jahren noch ein paar Monate zum Leben gegeben hatten. Zu meinem großen Vergnügen kam sie zu mir, um mir zu erzählen, dass man die schreckliche Diagnose zurückgenommen hatte.

Um keinen Ansturm von Patienten zu provozieren, nenne ich den Namen der heute leider sehr verbreiteten Krankheit nicht, von der sie genesen ist. Aber das ist nicht die Hauptsache. Die Hauptsache ist, dass man alle Leiden besiegen kann. Alle!

Sagen Sie bitte ganz offen: Sind Sie wirklich bereit zu sein, was Sie sein wollen, nämlich gesund?

Natürlich wollen Sie das, aber Sie wollen keinen Finger dafür krümmen? Gut! So soll es sein! Dann sehen Sie jetzt die Materialisation Ihrer Wünsche.

Superübung für Faulenzer

Halten Sie Ihre Hand auf Augenhöhe im Abstand von maximal 30 cm vor das Gesicht. Biegen Sie das Handgelenke so ab, dass die Finger auf die Brust zeigen. Spreizen Sie sie in gleichmäßigem Abstand. Nehmen Sie den klugen Gesichtsausdruck eines aufgeblasenen Truthahns an.

Jetzt legen Sie den Daumen zwischen Zeigefinger und Mittelfinger und ballen schnell die Hand zur Faust. Genießen Sie den Anblick. Was ist das Ergebnis dieser Materialisation?

Wollen ist nicht von Schaden! Alle wollen gesund sein und reich, schön, glücklich. Aber wenn es um einen konkreten Schritt geht …

Sie sitzen also in Ihrem Sessel und wollen aufstehen. Was geschieht? Nichts, denn um aufzustehen ist eine Handlung erforderlich, man muss seinen Hintern von dem weichen Sessel lösen. Nicht mehr und nicht weniger!

Haben Sie sich noch nicht satt gelesen? Wenn nicht, dann machen wir weiter.

Gehen Sie in sich

und sagen Sie ehrlich:
Steht Ihnen eine Brille überhaupt?

Wenn man einen Kochtopf elegant auf Ihrem Kopf anbringt, Konservendosen auf Ihren Ohren und einen Reisigbesen in Ihrer Nase montiert, so wie man einem Stier einen Nasenring verpasst, und dazu selbst noch einen schmachtenden Blick aufsetzt wie eine Kuh, werden Sie sich auch ganz passabel finden.

Also, Frau Brillenschlange oder Herr Brillenträger! Sie haben wirklich beschlossen, die Brille abzulegen.

Aber wozu denn?

Ihnen steht doch dieses Drahtgestell!

Mit Brille sehen Sie dermaßen klug aus. Wenn Sie sie abnehmen, wird sofort Ihr wahres Äußeres sichtbar. Vielleicht sollten wir es lieber verbergen, he?

Kennen Sie Menschen, denen Brillen extrem gut stehen? Wir treffen manchmal solche Patienten unter unseren Hörern. Sie sagen:

»Ich will sehr gerne meine Brille ablegen, *sehr* gerne! Aber verstehen Sie, ohne Brille sehe ich schlechter aus als mit!«

Eine Dummheit hat, wenn sie weit verbreitet ist, die Tendenz zur Selbstbestätigung, und jeder Mensch will dabei die Nase vorn haben.

Wenn alle im Umkreis in Rollstühlen fahren würden, gäbe

es auch bald einen Wettbewerb: Wer hat den schnittigsten Rollstuhl?

Wer in einem chromblitzenden Rollstuhl sitzt, der über den Atlantik eingeflogen wurde, sieht natürlich eleganter aus als der Nebenmann in seinem abgetakelten Fuhrwerk.

Aber davon, wie schön er ist oder dass er einen Motor hat oder, oder, oder…, davon ändert sich das Wesen nicht: Es ist ein Rollstuhl! Nichts kann jemals Ihre richtigen Beine ersetzen.

Jeder, der auf Krücken geht, wie schön sie auch immer sein mögen, träumt davon, auf seinen eigenen Beinen zu gehen. Und Brillen sind nichts anderes als Krücken für die Augen!

Haben Sie sich niemals darüber Gedanken gemacht, was Menschen ohne Brille fühlen, wenn sie an einen Brillenträger denken? Fragen Sie den Nächstbesten, der Ihnen über den Weg läuft!

Es stellt sich heraus, dass die Brille auf einer tiefen, unbewussten Ebene ein leichtes Gefühl des Mitleids auslöst, wie gegenüber einem nicht ganz vollwertigen Menschen.

Das heißt, wie schön auch immer Ihr Nasenzwicker aussehen mag – er ist doch nur eine Krücke. Sie müssen also zugeben, dass ein Brillenträger ein körperlich nicht ganz vollwertiger Mensch ist, unabhängig davon, wie sehr er den Tapferen spielt.

Zum Gesicht passt die Brille niemals! Es gab noch keinen Fall, dass Krücken zu jemandem passten.

Was bleibt uns als Fazit? Wir haben eine offensichtliche, offen sichtbare Tatsache in Ihrem Gesicht, eine Tatsache, vor der man nicht die Augen verschließen kann: Sie tragen schon jahrelang eine Brille, und ebenso lange versuchen Sie oder versuchen es auch nicht, sie loszuwerden. Aber bis heute haben Sie Ihren Wunsch nicht realisiert! Wo liegt das Geheimnis Ihrer Fehlversuche?

Form und Inhalt

des Kindernachttopfs, den Sie sich nicht ganz zufällig auf den Kopf gesetzt haben

Wir sind drei: du, ich und die Krankheit …
Vielleicht sollten wir zusammen einen heben?

Betrachten wir einen Fall, um zu sehen, was alles unsere armen Schweine in ihrem Leiden fesseln kann.

Folgende Situation: Der Arzt hat mir Tabletten verschrieben. Ich öffne meinen Tiefbrunnen, pardon, Mund, werfe eine Tablette ein und warte, bis sie im Magen aufschlägt, und sitze und warte, was passiert.

Warten!

Was für Gedanken sind die wahrscheinlichsten, die durch meinen Kopf gehen? »Hilft es, oder hilft es nicht? Und wenn es nicht hilft? Es wird wohl doch nicht helfen, denn es hat auch früher nicht geholfen.«

Frage: Nehme ich an meiner Genesung teil? Nein.

Mehr noch, meine passive Erwartung von Ergebnissen oder, schlimmer noch, meine Zweifel lassen den Arzt im Kampf mit meinem Leiden allein.

Und wenn ich selbst nicht an meiner Genesung teilnehme, kann dann der Arzt allein meine Krankheit besiegen? Sogar wenn er ein Riesenhirn hat, ist er mit einem Patienten wie mir zum Scheitern verurteilt.

Einzig möglicher Sieger im Kampf gegen Krankheiten ist in solch einem Fall wohl der Chirurg, der, ob es dem Patienten recht ist oder nicht, ihm irgendein Organ amputiert. Wo kein Organ ist, ist auch kein Problem.

Natürlich werde ich mich freuen, wenn ich ein positives Ergebnis erhalte, aber bis dahin heißt es warten. Haltung und Mimik (d.h. das Muskelkorsett) werden wie sein? Natürlich – entsprechend den Gedanken: in Wartestellung! Das normale Verhalten eines normalen chronischen schwarzen Schafes. Und warum verhalte ich mich so? Weil es alle so tun. Bähhhhhhhh!

Das ist eine der Gesetzmäßigkeiten beim Hängenbleiben in einer Krankheit.

Vom Standpunkt des Verstandes hab ich mich ganz richtig verhalten. Aber ist der Verstand kreativ? Nein! Er erhält nur das Vorgefundene. Der Verstand stützt sich auf die Logik und die Logik auf die Tatsache. Und gibt es die Tatsache der Genesung? Tatsache ist, dass wir krank sind.

Der Kreis hat sich geschlossen. Es gibt keinen Ausweg. Genau diesen verhexten Teufelskreis wollen wir durchbrechen. Aber wie durchbrechen wir ihn?

Machen Sie es so: Nehmen Sie die äußere Pose des Glücks an, das heißt die Mimik eines satten Menschenfressers und die Haltung eines aufgeblasenen Truthahns, und in der Folge kommt es zu einer Synchronisation der äußeren Form und des inneren Zustands.

Schaffen Sie künstlich in Ihrer Seele die freudige Erwartung dessen, dass Sie nach dem Verschlucken der Tablette gesund werden.

Geschluckt?

Jetzt stellen Sie sich selbst so vor, wie Sie gerne sein möchten, und fahren fort, in sich auf gewollte Weise diesen freudigen Zustand zu vergrößern, indem Sie die Kraft des Geistes einbeziehen. Der Wunsch wird sich erfüllen.

Aber was ist die Kette, die den chronisch Kranken vor seiner Genesung zurückhält? Betrachten wir die versteckten Motive seines Verhaltens.

All seine unbewussten Schritte und Handlungen sind in der Mehrzahl der Fälle auf die Erhaltung seines Leidens gerichtet. Ja, das mag paradox sein, aber so ist es! Sein ganzes Wesen stellt sich gegen die Gesundung, das heißt auch gegen den Arzt, der versucht, ihm zu helfen.

In diesem Fall sind sie beide, der Arzt wie der Patient zum Scheitern verurteilt. So geht es ständig weiter, von Monat zu Monat, von Jahr zu Jahr.

Jedes Mal wird die Chance zur Genesung geringer und immer geringer, weil die Krankheit immer tiefer in das Bewusstsein eindringen wird, in jede Körperzelle, in jede Faser der Seele. Jahrzehntelang handelt der Kranke auf die gleiche Weise und wiederholt eins: »Ich will, ich will, ich will gesund sein.«

Wenn der Patient glaubt und wartet, dass ihn jemand heilen wird, bleibt der Arzt allein im Kampf gegen das Leiden. Gerade darin verbirgt sich eines der Geheimnisse des chronischen Versagens in allen Sphären des Lebens.

Das Prinzip der Niederlagen im Leben, des Zurückbleibens hinter dem Leben, der Zerstörung des Lebens und das Prinzip des Konflikts mit der Umwelt ist in etwa ein und dasselbe, das Schema ist ungefähr das Gleiche.

Und jetzt hören Sie in sich hinein und unterstreichen Sie in dieser Klassifikation das, was am meisten Ihrem inneren Zustand entspricht. Seien Sie aufrichtig zu sich. Wählen Sie nur eine Antwort aus der Liste, sonst bekommen Sie noch eine weitere Diagnose – Persönlichkeitsspaltung oder Schizophrenie. Also:

1 Ich möchte erblinden.
2 Ich will nicht besser sehen.
3 Ich glaube nicht, dass ich besser sehen werde.
4 Ich bezweifle, dass ich besser sehen werde.
5 Ich hoffe, dass ich besser sehen werde.

6 Ich glaube, dass ich besser sehen werde.
7 Ich weiß, dass ich besser sehen werde.
8 Ich werde besser sehen.
9 Ich sehe gut.

Solange Sie nichts aus der Liste ausgewählt haben, hasten Sie bitte nicht weiter. Sie müssen unbedingt wissen, auf welcher Stufe der Skala Sie sich im Augenblick befinden.

Ich bin überzeugt, dass Sie die Zeile »Ich möchte erblinden« nicht unterstrichen haben. Vielleicht haben Sie irgendeine andere unterstrichen. Zum Beispiel: »Ich hoffe«, » Ich bezweifle« oder »Ich glaube nicht«.

Dann sollten Sie wissen: Als Psychologe sage ich Ihnen, dass diese Antworten sich in keiner Weise von dem Satz unterscheiden: Ich möchte erblinden.

»Ich glaube nicht« unterscheidet sich in nichts von »Ich zweifle«. Das ist die gleiche Kacke in Silberpapier. Denn wenn Sie sagen: »Ich zweifle«, dann wirkt das etwas klüger. Aber in Wirklichkeit ist der gleiche Inhalt in eine schöne Verpackung eingewickelt, und fertig. Das ändert nichts am Wesen!

Die Grenze zwischen Gesundheit und Krankheit ist der Glaube. Das ist eine kritische Zone.

Und jetzt passen Sie auf: Jemand sagt:

»Ich glaube, dass ich gut sehen werde...«

Sie können ihm ruhig antworten:

»Dann glaub es doch in Gottes Namen...«

Stellen Sie sich vor, ich sitze jetzt neben Ihnen und gähne freundlich, kratze meinen Bauch und lege eine CD mit Endlosschleife mit dem Text auf:

»Ich glaube, dass ich gesund werde.«

»Ich glaube, dass ich reich werde.«

»Ja, ich glaube, dass ich glücklich werde. Wo ist mein Kissen?«

Merken Sie, was hier fehlt? Ja? Was denn?

Eine *Handlung* fehlt! Einverstanden?

Und wenn Sie mich fragen: »Wann wollen Sie denn reich werden?«, sage ich »Muh!« Irgendetwas muss ich doch antworten. Einverstanden? *Glaube verpflichtet!* Wenn Sie glauben, dass Sie gesund sein werden, aber keinen Finger dazu rühren, heißt das, Sie sind träge.

Da, wo der Arzt der Krankheit allein gegenübersteht, gibt es keine Gesundung. Wenn Sie warten, hoffen Sie. Sie sind nicht nur träge, sondern Sie sind auf der Seite der Krankheit.

Wenn Sie zweifeln, sperren Sie sich bereits aktiv gegen die Gesundung.

Sie glauben es nicht, Verzeihung, was reden wir dann noch? Wenn Sie an dieser Krankheit eingehen wollen, von was für einer Genesung sollen wir dann reden?

Tauschen wir doch einmal die Rollen. Sie sind der Arzt und ich der Patient.

Ich sage zu Ihnen:

»Herr Doktor, ich will unbedingt gesund werden, unbedingt, aber Sie müssen verstehen, ich zweifle ein ganz klein wenig daran, dass Sie mich heilen können. Trotzdem bitte ich Sie: Heilen Sie mich!«

Nun, wie fühlen Sie sich? Hat sich nicht der Wunsch gemeldet, mir eine in die Fresse zu hauen? Werden Sie mich behandeln? Wenn ja, dann ist Ihre Niederlage schon vorprogrammiert!

So einen Patienten wie mich kann man fast nicht heilen, denn er ist im Bündnis mit seiner Krankheit um ein Vielfaches stärker als Sie, der Arzt.

Avicenna sagte: »Wir sind drei: du, ich und die Krankheit. Auf welche Seite du dich schlägst, der wird gewinnen.«

Was die anderen Antworten wie »Ich zweifle«, »Ich hoffe« u. Ä. angeht, so unterscheiden sie sich im Wesen nicht voneinander. Sie suchen schlicht und ergreifend ein Schlupfloch, um auf keinen Fall aktiv zu werden.

Wenn Sie zum Beispiel zweifeln möchten, dann müssen Sie die gesamte Medizin und Psychophysiologie kennen und alle verborgenen Möglichkeiten des Menschen.

Kennen Sie sich da aus? Nein! Dann machen Sie sich nicht wichtig und sagen: »Ich zweifle!« Hinter diesen Worten steht keine einzige Tatsache, keine einzige Aussage, dahinter befindet sich die unbewusste Motivation zur Rechtfertigung Ihrer Handlungen, die auf die *Nicht*-Genesung ausgerichtet sind!

Wenn Sie die Antwort »Ich hoffe« gewählt haben, dann sage ich Ihnen, dass Sie in der erstaunlichsten Lesergruppe gelandet sind. Wissen Sie**, warum die Hoffnung als Letzte stirbt?** Ich zeige Ihnen, wie sie funktioniert.

Das ist die höchste Form der Illusion, eine große Leere. Ich zeichne jetzt ein schmeichelhaftes Bild der Hoffnung und bin bereit, auf jede Ihrer Fragen zu antworten!

Fragen Sie mich: Warum? Wann? Wie? Wo? Wozu? usw.

Auf alle Fragen gibt es eine Antwort: »Weiß nicht, mein Lieber, weiß ich nicht. Hoffen Sie!«

Und wenn Sie fordernd auf den Tisch klopfen und aus voller Kehle brüllen: »Wann denn, wann denn endlich?«, brülle ich zurück: »Weiß der Teufel! Hoffen Sie!«

Die Hoffnung verpflichtet niemals und zu nichts. »Das ganze Leben liegt vor dir, hoffe und warte darauf!« Klar?

Warum also stirbt die Hoffnung als Letzte? Weil sie, dieses hinterhältige Luder, niemand mehr hat, der sie töten könnte. Wenn sie ihren Wirt getötet hat, versteht dieser Hundsfott, auf welchem Ast sie selbst gesessen hat und welchen Ast sie abgesägt hat. Also hoffen Sie, hoffen Sie, hoffen Sie …

Ich stelle Ihnen eine Fangfrage: Wollen Sie die Brille abnehmen, wenn Sie Ihre Sehkraft wiederhaben?

Merken Sie sich Ihre Antwort.

Warum nennt man einen Menschen einen Esel?

Gräte, aus einem öffentlichen Mehrwegkaugummi herausgezogen.

Tatsächlich, warum nennt man einen Menschen einen Esel? Natürlich wegen seiner Dummheit und Sturheit.

Wenn man ihn mit einer winzigen Schnur an einen kleinen Strauch bindet, beginnt er nach einer gewissen Zeit, wenn sich Hunger und Durst melden, in Richtung der Quelle zu ziehen. »Ich möchte essen, ich möchte trinken…« Unter den Hufen bilden sich tiefe Gruben. Das geht so lange, bis er schließlich eingeht.

Man würde ihm gerne zurufen: »Du *Esel!* Schau doch, was dich festhält!« Wenn er wenigstens auf die Idee käme, sich umzudrehen, wäre es ein Leichtes für ihn freizukommen. Aber er ist wie vernagelt. Er wird weiter und immer weiter ziehen mit blinder Sturheit. Ich will! Ich will! Ich will!

Und warum wollen Sie schon so viele Jahre gesund sein und wollen bisher nur, ohne was zu tun?

Wodurch unterscheiden Sie sich dann von diesem Esel? Nur darin, dass er in zwei Tagen eingeht, Sie aber noch hundert Jahre sagen werden: »Ich will gesund sein. Ich will meine Brille ablegen.«

Wollen Sie wirklich so sehr? Seit langem dürsten Sie danach? Ja?

Verstehen Sie mich, ich bin weder Ihr Richter noch Erzieher! Sie sind selbst ein hochgebildeter Mensch und verstehen sehr gut, worauf ich hinauswill.

Haben Sie eigentlich nie darüber nachgedacht, was die Worte »Ich will« bedeuten?

Wenn ich essen will, gibt mir das Unbewusste das Signal: »Ich habe Hunger.« Was bedeutet das?

Ich werde jeden Tag sagen: »Ich will klug sein. Ich will gesund sein, reich und glücklich!« Das bedeutet, dass ich tagtäglich auf der unbewussten Ebene wiederhole: »Ich bin dumm, krank, arm, unglücklich!«

Was den Einfluss auf den Menschen betrifft, auf sein ganzes Wesen, hat das Unbewusste ein enormes Übergewicht gegenüber dem Bewusstsein. Es ist ein gigantisches Archiv, wo absolut jede Information über unser Leben gespeichert ist.

Das Unbewusste ist Genie und Wahnsinn, Kraft und Schwäche, Erfolg und Niederlage, Gesundheit und Krankheit in einer Person. Die alltäglichen Handlungen, die Gewohnheiten, die ins Unbewusste Eingang finden, gelangen in den Speicher der so genannten unbewussten, das heißt automatischen Handlungen.

Erinnern Sie sich an die Zeit, als Sie gerade erst begonnen haben, Fahrrad zu fahren. Anfangs geschah alles auf der bewussten Ebene. Wie man die Lenkstange halten muss, wie man die Pedale drehen muss, wohin man fährt. Anfangs hat es nicht besonders geklappt. Sie halten die Lenkstange und vergessen die Pedale oder umgekehrt. Und es ist vorgekommen, dass der einzige Baum, der am Wegrand stand, Ihnen den Kopf kraulte und der nahe Straßengraben Sie gastfreundlich aufnahm und zum Ausruhen einlud.

Aber jeden Tag, an dem Sie sich auf das Fahrrad setzten, haben Sie sich ein Stück Gewohnheit zu fahren angeeignet, welche sich mit der Zeit im Unbewussten abgelagert hat. Und jetzt, wo Sie es können, werden Sie es nie wieder verlernen. Ebenso wie das Schwimmen, das Sie einst gelernt haben und für immer beherrschen.

Verstehen Sie jetzt, auf welche Weise Sie sich jahrelang selbst betrogen haben? Sie haben sich derart betrogen, verehrter Doktor der Selbstbetrugswissenschaften, dass Sie selbst an diesen Betrug zu glauben begannen!

Spaß beiseite!

Einer der Schlüssel zum System! Das Grundgesetz der kreativen Impotenz

Die »Norm« ist wie die eiserne Logik – beißen Sie sich nicht die Zähne daran aus!

Wenn Sie so wie ich jahrein, jahraus tagtäglich mit Hunderten und Tausenden von Menschen zu tun hätten, hätte sich auch bei Ihnen ein Gespür herausgebildet, um augenblicklich einen Versager von einem zu unterscheiden, der zum Erfolg vorbestimmt ist und damit auch zum Neid des Ersteren.

Die Erforschung des chronisch Kranken und des chronisch Unglücklichen ist, wie erwähnt, mein Element. So bin ich im Erforschen, Vergleichen und Verallgemeinern zu dem Schluss gekommen, dass man, wenn man bewusst ein beliebiges Verhaltensstereotyp ändert, sein Leben und sein Verhältnis zur Umwelt verbessern kann.

Glauben Sie, dass sich die Hölle irgendwo befindet, wo man nach dem Tod hingelangt? Falsch, mein Lieber, falsch!

Hölle und Himmel befinden sich auf der Erde, im Menschen selbst und um ihn herum.

Die Hölle mit all ihren brennenden Kesseln, dampfenden Töpfen, funkensprühenden Feuern, mit ihren Gesetzen, Vorschriften und Regeln schaffen sich die Menschen täglich selbst.

Und Sie auch, mein Gehörnter und Geschwänzter, Sie haben auch Anteil an diesem Werk und tragen tagtäglich Ihr Scherflein bei zur Vergrößerung des Höllenschlundes. Indem Sie die Welt des Bösen mit Ihren Misserfolgen bereichern, durch Hass, Missgunst, Feindseligkeit, Gejammer und natürlich auch durch Krankheit, geben Sie ein Beispiel und reichen Ihre Erfahrung weiter.

Um diese Erfahrung zu vervollkommnen, lade ich Sie zu einem Fortbildungskurs ein. Wenn Sie sich einst durch ein Missgeschick als schöpferische Persönlichkeit kastriert haben, so können Sie, wenn Sie die Tricks des logischen Denkens studieren, den Zerstörungsfaktor Ihres Lebens nach Wunsch noch um ein Vielfaches vergrößern.

Darf ich Sie, Erlauchter, zum Konzert eines Orchesters von biologischen Robotern einladen, bei denen ein Kurzschluss in den Transistoren zwischen den Beinen, Verzeihung, im Kopf passiert ist?

Nehmen Sie Ihren Platz im Saal ein, da, wo der Satan für Sie reserviert hat. Legen Sie die Beine übereinander, verschränken Sie die Arme auf der Brust und setzen Sie den Blick eines belesenen Schlaukopfs auf – Ihre Augen sind rein und ungeniert.

Achtung! Der Vorhang geht auf. Hinter dem Vorhang ist die ganze Welt, ein Meer von Menschen, welche 98 Prozent der gesamten Bevölkerung unserer Erde bilden.

Mit elegantem Gang, mit dem Gefühl der Würde des Herrschers der Welt, im schicken Smoking kommt der Satan heraus und erklärt mit der salbungsvollen Stimme eines Funktionärs vom Verein der Freunde der Unratvertilger:

»Sie hören die Arie ›Logik‹. Musik von Herrn Neandertaler, Worte volkstümlich. Auf der Bühne: die ganze Welt.«

Es erklingt eine majestätische Musik, es singt ein Chor. Überall hört man Fanfaren, Geigen und das Knarren von Bürotüren; Sopran, Bariton und Tenöre versuchen, das Ganze zu übertönen; Lachen und Stöhnen, vermischt mit Rülpsern;

Ächzen und Jammern, Seufzen; Wehklagen, Gespräche und von Zeit zu Zeit das Geräusch einer Klospülung.

Dieser Chor fließt in eins zusammen mit dem Geheul des satanischen Chors: »Gib mir, gib mir, gib mir … Dann werde ich glauben, glauben, glauben … und mich freuen, freuen, freuen … Bis dahin will ich hoffen, hoffen, hoffen und gehorsamst warten!«

Dieses Konzert ist unendlich, also grämen Sie sich nicht, wenn Sie zu einer Aufführung zu spät kommen. Im Übrigen singen Sie ja selber ein Solo in dem Stück.

Das logische Prinzip geht so:

Gib mir erst,
dann sag ich Danke.

Wohin führst du uns, Logik?
Auf den Weg ins Nichts!
Aber wozu dahingehen, wenn Sie
schon dort sind?

Ist doch wirklich wahr, dass es nicht normal ist, Danke zu sagen, wenn man noch nichts bekommen hat. Oder? Danke sagt man erst, wenn man etwas bekommen hat!

Jahrzehntelang versucht ein Kranker gesund zu werden, und zwar nach dem logischen Prinzip. Er sagt: »Erst gib mir die Gesundheit, dann glaube ich an das Ergebnis und freue mich.«

Vom Standpunkt eines normalen Menschen verhält er sich absolut richtig, das heißt, er freut sich erst, wenn er das Ergebnis gesehen hat. Das ist logisch!

Der Effekt ist da, allmählich meldet sich der Glaube, dann steigt die Laune, und natürlich wird das Muskelkorsett (Haltung und Mimik) wie bei einem Sieger sein. Das Gesicht wird zufrieden sein, er wird strahlen und lächeln. Aber vorläufig macht er eine kluge Visage wie eine Kinderschaufel und sagt: »Ich zweifle!« Verschaff ihm einen normalen Hinterausgang ohne Hämorrhoiden. So ist das Verhaltensschema eines typischen Miesepeters.

Ich zweifle, ich glaube nicht, ich hoffe usw. usf.

Gib mir zuerst
ein Ergebnis,
↓
dann glaub ich es,
↓
dann werde ich gut gelaunt sein
↓
und bekomme das Muskelkorsett
eines glücklichen Menschen.

Und tatsächlich, wie kann ich an meine Gesundung glauben, wenn ich die Gesundheit jahrzehntelang nicht gesehen habe, ebenso wenig wie meine Ohren? Ich glaub es nicht!

Wenn ich es nicht glaube, heißt das, mein Organismus ist nicht mobilisiert; wenn er nicht mobilisiert ist, heißt das, ich werde nicht gesund, und ich habe ein noch stärkeres Argument für meinen Unglauben.

Das ist alles! Der Kreis ist geschlossen. Die Falle ist zugeschnappt!

Das ist die Logik des Todes, die Logik des Selbstmords, das ist die Logik eines Unglücklichen, eines armen Schweins. Er hat Recht, und wie Recht er hat von seinem Glockenturm aus, in seinem Sumpf!

Aber in diesem Sumpf ist nichts als erstarrter Gestank!

Wo ist der Weg, der Ausweg, der Durchgang zum Ziel?

Im Hintern, mein Lieber, im Hintern!

Man muss verrückt werden
vom Standpunkt der Normalen, das heißt der Kranken!

Sind Sie bereit, alles auf den Kopf zu stellen? Dann wollen wir jetzt einen völlig unlogischen Zugang zum logischen Hängenbleiben im Leiden finden.

Zuerst stellen wir das passende »Muskelkorsett« her, das heißt, wir richten unseren Rücken gerade, entfalten unsere Schultern und ziehen unseren Mund bis zu den Ohren auseinander. Mit anderen Worten, wir nehmen die Haltung und Mimik eines Siegers ein.

Dann schaffen wir bewusst den inneren Zustand der Freude.

Weiter bilden wir ein gedankliches Bild der Gesundung – mit der Kraft des Willens zwingen wir uns, an den Erfolg der Gesundung zu glauben.

Bei so einem Verhalten wird sich das Ergebnis ganz von selbst einstellen, ohne Sie um Erlaubnis zu fragen!

Betrachten Sie die annähernde Handlungsformel eines »unnormalen« Menschen, die für den Erfolg prädestiniert:

Willensbildung

↓

Muskelkorsett

↓

Stimmung

↓

Glaube

↓

Ergebnis!

Wollen wir überprüfen, wie die Stimmung funktioniert? Dann setzen Sie gleich mal ein Lächeln auf. Bitte!

Das nennen Sie ein Lächeln? Ja?

Jetzt zeigen Sie mir doch mal alle Zähne. Wenn Sie keine Zähne haben, zeigen Sie mir das Zahnfleisch.

Nun den Bauch einziehen, reißen Sie ihn von Ihren Kniescheiben los! Lässt er sich etwa nicht einziehen?

Mit dem Kopf streben wir zur Decke. Wir dehnen uns, dehnen uns, strecken uns so hoch wie ein Baumwipfel. Und jetzt die Schultern. Weiter, wir gehen nach oben, nach oben, nach oben. Gut!

Frage: Wo ist es enger geworden?

In dem Bereich, wo theoretisch die Taille sein soll. Ausgezeichnet! Und so bleiben wir sitzen mit diesem idiotischen willkürlichen Lächeln im Gesicht.

Was geschieht?

Es entsteht eine Nichtentsprechung.

Das Zentrum zur Informationsverarbeitung fragt die Muskeln:

»Wieso schneidet ihr Grimassen?«

Die Muskeln antworten:

»Was bleibt uns übrig? Das Willenszentrum zwingt uns!«

Wenn sich das Muskelkorsett verändert, dann müssen sich

auch die Emotionen und Gedanken ändern, weil sie mit dem emotionalen Zentrum synchronisiert sind.

Wir sind also zum Wesen des Mechanismus vorgedrungen.

Es gibt ein Zentrum für die Synchronisation von Muskeln, Stimmung und Gedanken. Einfacher gesagt, die Emotionen werden durch das Blut ins Gehirn übertragen und wirken sich auf unseren Zustand aus.

Stellen Sie sich folgende Situation vor: Es ist drei Uhr nachts. Er (oder sie) ist noch nicht zu Hause. Sie machen wütend einen Barbarossa-Plan: was Sie, sobald er (sie) kommt, sagen werden bzw. mit welchem Gegenstand Sie ihn (sie) wohin treffen werden...

Ich schlage Ihnen vor, an einem Experiment teilzunehmen.

Treten Sie an den Spiegel, setzen Sie bitte ein künstliches Lächeln auf und bleiben Sie fünf Minuten so stehen. Nach fünf Minuten beginnen Sie, sich zu freuen, und auch die Gedanken bereiten Ihnen eine Überraschung.

Plötzlich merken Sie, dass Sie sich freuen, weil er (sie) nicht zu Hause ist.

Es gibt drei Brüder in uns: das Gedankenzentrum, das emotionale Zentrum und das Willenszentrum zur Steuerung des Muskelkorsetts. Sie stimmen sich immer aufeinander ab. Wenn einer von ihnen in eine Richtung zieht, weichen ihm die beiden anderen nicht von der Seite. Sie denken immer für drei. Wenn einer sagt:

»Die ist doof!«

Auch wenn die andern nicht einverstanden sind, nicken sie zur Antwort:

»Ja, das ist völlig richtig, sie ist voll doof!«

Und jetzt, lieber Leser, eine Fangfrage. Was ist leichter: die Stimmung zu heben, die Gedanken zu verändern oder die Muskeln in einer bestimmten Lage zu halten? Was ist einfacher? Die Stimmung? Falsch!

Die Stimmung kann man mit einem Tropfen Quecksilber vergleichen, weil sie jeder Bewegung nachgibt und ebenso giftig ist (bei der erdrückenden Mehrheit ist das leider so). Man kann sie einige Sekunden halten, aber kaum haben Sie sich abgelenkt, hat sie sich auch schon verändert.

Apropos! Wie ist gerade Ihre Stimmung?

Oder sind es die Gedanken, die man am leichtesten lenken kann? Wieder nicht!

Der Denkprozess erinnert an einen Bahnhofsplatz an einem belebten Tag! Alles geht kreuz und quer, alle sind permanent in chaotischer Bewegung. Versuchen Sie da, den Herrn zu spielen, damit wenigstens ein bisschen Ordnung in das Chaos kommt. Sinnlos! Ich versichere Ihnen, Ihre Bemühungen gehen ins Leere.

Stellen Sie sich vor, Sie stehen am Bahnhofsplatz und sagen zu jedem Passanten: »Geh hier nicht, sondern geh da rüber. Das ist mein Platz, hier muss alles so sein, wie ich es will.« Im besten Fall lacht man Sie aus, im schlimmsten Fall liefert man Sie ein!

Die Gedanken des Menschen sind überhaupt nicht logisch, sie finden für alles eine Rechtfertigung. Sie zu lenken ist sehr schwer.

Das heißt, wir gehen den Weg des geringsten Widerstandes.

Wir werden mit der Anstrengung des Willens unsere Muskeln steuern, das heißt das Muskelkorsett »anziehen«.

Stellen Sie sich für eine Minute vor, dass Sie unabhängig davon, ob Ihnen in der Seele wohl oder unwohl ist, die Hände in der Hosentasche halten müssen.

Glauben Sie, dass das schwer ist? Das ist sehr einfach. Man braucht nur die Hände in der Hosentasche zu halten, zum Beispiel für das Vaterland! Egal, für irgendeinen Zweck!

Das heißt, wir schlussfolgern: Eben durch das Muskelkorsett machen wir uns an die Steuerung wessen? … nicht nur der Sehkraft, sondern auch des Genesungsprozesses insgesamt.

Wozu brauchen wir

Haltung und Lächeln eines aufgeblasenen Pfaus mit Sonnenbrand im Gesicht?

Weichen wir mal von unserem Hauptthema etwas nach links aus und erholen wir uns ein wenig – wie ich hoffe in den Bergen.

Seinerzeit musste ich in einer Organisation arbeiten, die ehemalige Partei-Bonzen betreute. Obwohl sie schon in ihrem verdienten Ruhestand waren, kamen sie alle mit entsprechendem Dünkel zu unserer Organisation. Sie hatten einen sehr überheblichen, gravitätischen Gang, wie ein Kind, das vor langer Zeit in die Hose gemacht und es dann vergessen hat.

So wie wenn man vom Pferd steigt und vergisst, den Sattel zwischen den Beinen herauszunehmen. Jeder von ihnen war uns bekannt wie ein bunter Hund.

Einmal deutete mein Kollege auf einen der Patienten und sagte: »Dieser Mann ist gesund.« Ich glaubte ihm nicht, weil ich ihn gut kannte. Das war ein Exminister, der schon viele Jahre an einer verschleppten Form von Parkinson litt. Das ist eine Schädigung des Gehirns, das wissen Sie ja?

Eines der Symptome der Erkrankung zeigt sich bei solchen Patienten im vollständigen Fehlen der Mimik. Das Gesicht wird zur Maske.

Nachdem ich ihn gründlich untersucht hatte, kam ich zu dem Schluss, dass er gesund war. Ich fragte ihn: »Wo und wie wurden Sie behandelt?«

Er erzählte mir von irgendeinem Kloster, aber ehrlich gesagt gab ich dem damals keine besondere Bedeutung. Und obwohl ich alles notierte, vergaß ich das Ganze wenig später.

Im nächsten Jahr entdeckten wir im Rahmen einer prophylaktischen Untersuchung, dass weitere vier wackere alte Herren es ihm nachgemacht hatten. Sie hatten viele Jahre an unheilbaren Erkrankungen gelitten, und jetzt waren sie quicklebendig.

Es stellte sich heraus, der pensionierte Minister hatte sie ebendahin geschickt, wo er auch selbst geheilt worden war.

Jetzt war ich ernsthaft verlegen. Das alles passte nicht in meine Weltsicht, die ich mir in den Jahren meiner Praxis angeeignet hatte.

Aber diesmal fragte ich sie sehr genau aus und notierte alles sorgfältig. Es stellte sich heraus, dass es in den Bergen ein Kloster der Feueranbeter gab, wo alle vierzig Tage Gruppen von Menschen empfangen wurden, die nach Genesung dürsten, vor allem im Sommer, weil man im Winter da praktisch nicht hinkommt.

In mir reifte der Entschluss, dorthin zu fahren und mit eigenen Augen zu sehen, wie die wundertätige Heilung geschieht. Ich sprach mich mit zwei Freunden ab, gemeinsam hinzufahren: einem Regisseur und einem Kameramann. Sie arbeiteten für das staatliche Fernsehen und machten die Sendung »Die Welt um uns«.

Am festgelegten Tag spätabends erreichten wir einen vereinbarten Ort. Unser Chauffeur fuhr davon. Transportmittel für die Weiterreise hatte man uns versprochen. Und plötzlich erfuhren wir, dass diese Transportmittel Maulesel waren.

Zu dem Kloster führt eine Bergstraße, und man muss, wie sich herausstellte, 26 Kilometer zu Fuß stapfen oder auf dem Maulesel reiten. Aber da wir als Letzte angekommen waren, blieben für uns drei nur zwei Maulesel.

Ich begann zu agitieren: »Seid ihr schon mal zu Fuß durch die Berge gewandert? Probieren wir's doch.«

Der Kameramann war ein sehr schwergewichtiger Mann mit 130 Kilo, einem Fünffachkinn und einem riesigen Ranzen.

Ungeachtet dessen war der Romantiker in ihm noch am Leben. Deshalb überwanden wir das erste Hindernis erfolgreich mit Stimmenmehrheit.

Sie luden ihre Apparatur auf die Maulesel, und wir gingen los. Als Erster begann ich zu jammern, denn ich hatte normale Straßenschuhe, in denen ich sehr schnell Blasen bekam. Die Füße begannen zu schmerzen. Aber ich ging trotzdem weiter und dachte: »Wenn solche Kranken geheilt wurden, werde ich, wenn ich alle Rezepte notiert habe, in der Stadt ein berühmter Arzt.«

Nach zehn Kilometern setzte sich der Kameramann mitten auf die Straße und sagte:

»Schluss! Und wenn ihr mich umbringt, ich kehre um.«

Wir begannen auf ihn einzureden:

»Was macht es für einen Unterschied, wohin du gehst? Wenn du zurückgehst, musst du die gleichen 13 km gehen wie nach vorne. Dann lieber gleich nach vorne!«

Wir konnten ihn überreden.

Wir kamen nach Mitternacht an. Man wies uns die Schlafplätze an. Am nächsten Tag weckte man uns um 11 Uhr. Man versammelte uns alle und sagte:

»Wir bitten Sie, in unserem Kloster nicht zu sündigen, und wer unserer Bitte nicht nachkommt, wird uns in unserem Wirtschaftsbetrieb helfen – beim Wassertragen.«

Es stellte sich heraus, dass es in diesem Kloster als sündhaft galt, eine düstere Laune zu haben. Ich achtete auf die Mönche.

Sie gingen mit einem solchen leichten Lächeln und ihre Haltung ist so gerade wie eine Zypresse, genauer gesagt so, als hätten sie einen Stock verschluckt.

Wir mussten also die ganze Zeit lächeln. Wir hörten darauf, lächelten ein wenig, und nach zwei Minuten war die alte Gewohnheit, mit städtischer Physiognomie immer sauer und unzufrieden umherzugehen, wieder da.

Und überhaupt hatte ich erwartet, vergoldete Kuppeln und Ähnliches zu sehen, aber dort waren nur so kleine saubere Häuser, das war alles. Freilich brannte ständig Feuer. Sie verehren das Feuer und die Sonne. Aber mit einem Kloster hatten die Häuser keine Ähnlichkeit.

Es hatte sich so ergeben, dass die Mönche einen Ort gefunden hatten, wo Erdgas aus dem Boden strömt, und so errichteten sie hier, auf der Spitze eines Felsens, ihr Kloster.

Ich fragte:

»Wann beginnen Sie, die Kranken zu untersuchen und eine Diagnose zu stellen? Wann beginnen Sie mit der Behandlung?«

Ich würde es schon erfahren. Es stellte sich heraus, dass hier überhaupt niemand untersucht und behandelt wurde. Das war für mich der erste Schlag.

Zweitens: Unser Verkehrsmittel, also die Esel, hatten die Mönche eingezogen. Mit solcher Kondition, wie wir sie hatten, kommt man nicht weit. Reingefallen!

Nicht nur, dass wir in ein Kloster geraten waren, wo keiner jemals jemanden behandelt hat und niemand vorhat, jemanden zu behandeln. Wir konnten nicht einmal weg von hier! Und noch dazu mussten wir ein blödes Lächeln aufsetzen, wo im Inneren alles bebte vor Wut und Ärger!

Der Kameramann blickte mich aufmerksam an, als würde er über etwas nachdenken. Und der Regisseur sagte ironisch an meine Adresse:

»Wohin hast du uns geführt, du unglückseliger Gelehrter?«

Ging es mir dadurch vielleicht besser?

Dann begannen die Sühnegänge. Etwa fünfzehn Menschen von dreißig gingen sofort Wasser holen. Ich war auch dabei, weil ich… Ach, Sie können sich wohl denken, warum! Ich musste also gehen, um »im Wirtschaftsbetrieb zu helfen«.

Eine steile Felswand von 600 Metern Höhe, auf welcher Serpentinen von vier Kilometer Länge abwärts führen. Waren wir in der letzten Nacht auf so einem Weg zu dem Ort hinaufgeklettert?

Als ich den Abstieg sah, hätte ich beinahe eine Fehlgeburt erlitten. Können Sie sich das vorstellen? Nicht nur, dass diese Wand höher ist als der Moskauer Fernsehturm, wir mussten auch noch an einigen Stellen über Baumstämme balancieren, die in den Felsen geschlagen waren. Diese Stämme dienten als Zugbrücken und waren seinerzeit zu dem Zweck errichtet worden, den Zugang zu dem Kloster zu versperren.

Jeder musste 16 Liter Wasser tragen, und der Krug selbst wog noch einmal 5 kg. Zusammengerechnet betrug also das zu schleppende Gewicht 21 Kilo. Am bequemsten ist es in so einem Fall, die Last auf dem Kopf zu tragen. Damals wurde mir die wahrhafte Bedeutung der Wirbelsäule klar.

Die Wirbelsäule ist dafür da,
dass der Kopf
nicht in die Unterhose fällt!

Als ich mich zum ersten Mal auf den Weg machte, kehrte ich zwischen vier und fünf Uhr nachmittags in das Kloster zurück, sehr erschöpft, aber mit einem Lächeln im Gesicht, für alle Fälle. Plötzlich trat einer der Mönche an mich heran und sagte einladend:

»Gehen Sie bitte noch einmal.«

»Warum? Ich bin doch schon gegangen!« Und ich merkte, dass vor Entsetzen bei mir die Wehen einsetzten, ungeachtet dessen, dass ich ein Mann bin!

»Als Sie aufgestiegen sind, haben Sie die Sünde mit sich getragen.«

»Nein, ich habe gelächelt!«, begann ich vor Verzweiflung zu streiten. Stellen Sie sich vor, gerade erst hatte ich 8 km zurückgelegt und am Vorabend 26 Kilometer, das alles ohne Abendbrot, ohne Frühstück, ohne Mittagessen. Die Beine waren zerschlagen, geschwollen, sie heulten vor Müdigkeit, und jemand sagt zu Ihnen: »Noch einmal.« Es war zum Sterben!

»Kommen Sie mit, wir zeigen Ihnen etwas.«

In einem der Fenster sah ich einen Beobachter mit Fernglas und begriff, dass es keinen Sinn hatte zu diskutieren. Alle, die mit einer Last heraufkamen, hatte er wie auf seiner Handfläche vor sich. Mir blieb nichts übrig, als noch einmal zu gehen.

Ich ging nach unten, und von Zeit zu Zeit, wenn ich mich an meine Dummheit erinnerte, brüllte ich voller Wut: »Aaaaaa!!! Ich bin an einen Ort geraten, wo nur Idioten sitzen und sich über mich lustig machen!!!«

Aber dann lächelte ich mit einem tierischen Lächeln und sagte zu jedem, der mir entgegenkam: »Lächle, du Trottel, sie schauen dir von oben mit einem Fernglas zu! Für die Konsultation schütte einen halben Liter Wasser in meinen Krug!« Bald hatte ich schon was in meinem Gefäß und musste unten nicht mehr so lange schöpfen. Ich setzte mich ein Weilchen hin, damit die Zeit verging, und machte mich auf den Rückweg.

Jetzt war mir klar, warum meine Patienten, als ich sie fragte, wie sie geheilt worden waren, der Antwort mit einem Lächeln ausgewichen waren: »Sie müssen verstehen, das ist schwer zu erklären.«

Vor dem Tor ertappte ich mich dabei, dass ich immer noch lächelte, obwohl es schon dunkel war. Soll mir recht sein, womöglich haben sie ein Nachtsichtgerät?

Hungrig und erschöpft schleppte ich mich mit Mühe zu meiner Zelle und atmete eben vor Erleichterung auf, nachdem ich mein idiotisches Lächeln abgesetzt hatte (das Gesicht war ja müde!), als ich plötzlich im Rücken einen Blick fühlte. Mein Herz pochte.

Ich spreizte meinen Mund wieder bis zu den Ohren, drehte mich heftig um und erblickte… Was glauben Sie wen?

Mich selbst!

Wie sich herausstellte, hing an der Wand ein Spiegel. Das Gesicht war ausgemergelt, staubig, vom herabrinnenden Schweiß und von einem unnatürlich breiten Lächeln gezeichnet.

Ich bekam einen hysterischen Anfall. Ich begann hemmungslos und lauthals zu lachen. Meine Backenknochen krampften sich zusammen, der Bauch schmerzte, aber ich konnte mich nicht beruhigen. Ich lachte über die Absurdität der Situation, die ich mir selbst zu verdanken hatte.

Aufgrund des Lärms kamen meine Begleiter, der Kameramann und der Regisseur, und begannen ebenfalls zu lachen, aber dann fingen sie an, mich seltsam anzusehen.

Jeden Tag wurden die Leute, die Wasser trugen, etwas weniger. Und nach einer Woche war es keiner mehr. Da versammelte man uns und sagte:

»Danke, dass ihr Licht in unser Kloster bringt. Wenn ihr Wasser braucht, könnt ihr es von da holen.«

Sie öffneten ein Türchen zum Gelände des Klosters und zeigten auf ein Steinhaus. Die Gästeabteilung war von dem Bereich der Mönche durch eine Mauer abgetrennt. Es stellte sich heraus, in diesem Haus war eine Quelle. Sie hatten das Häuschen gebaut, damit die Quelle im Winter nicht einfror.

Und der Krug mit dem Wasser, das war eine eigens erfundene Methode, um eine einfache Wahrheit über die Beine ins Gehirn zu bringen.

In der Tat: Jeder, der in dieses Kloster kam, hielt sich für klug, und jeder hatte seine Ambitionen. Um alles Aufgesetzte in uns zu beseitigen, hatten sich die Mönche diese Methode der »Heilung« von der Hochnäsigkeit ausgedacht.

Ich war ebenfalls mit meiner eigenen Klosterregel dorthin

gekommen, ich war belesen, vollgestopft mit Wissen und diversen Fähigkeiten, die andere nicht hatten. Sie sind Deppen, aber ich bin so klug!

In einer einzigen Woche pressten sie auch aus mir die ganze Dummheit heraus. In einer einzigen Woche machten sie einen Menschen aus mir!

Dort begegnete ich mir selbst. Ich begann mich wieder für die Blumen, die Insekten, die Ameisen zu interessieren. Ich kroch auf allen vieren und beobachtete, wie sie sich fortbewegten und ihre Beine voreinanderstellten. Mir schien, dass ich mich als Einziger plötzlich wie ein Kind fühlte. Ich sah mich um und merkte, dass mit den anderen ähnliche Dinge geschehen waren. Wir hatten alle unsere Ränge vergessen, und was für uns am interessantesten war: Wenn alle lachen, dann wird die städtische Mimik, die einst für uns alle normal war, wie eine Abweichung empfunden.

Haben Sie jemals zugesehen, wenn Erwachsene Kinderspiele spielen? Komisch, nicht? Aber wir haben sie gespielt. Als wäre es die natürlichste Sache der Welt.

Dann fiel mir auf, dass die Leute sagten: »Es ist mir leichter. Es geht mir besser.« Ich brachte das mit dem Wetter in Verbindung, mit der Natur... Immerhin waren wir in den Bergen! Erst später kam ich zu dem Schluss, dass das Hauptgeheimnis mit Mimik und Haltung zu tun hat.

Am vierzigsten Tag wandte ich mich an den Abt des Klosters und sagte:

»Ich will hier bleiben.«

»Mein Sohn, du bist noch jung. Denke nicht, dass wir hier aus freien Stücken sind. Die Mönche, die sich hier befinden, sind schwache Menschen. Sie sind nicht in der Lage, mitten im Schmutz rein zu bleiben. Sie sind nicht lebensfähig, mein Sohn, und müssen vor den Schwierigkeiten fliehen. Wir leben hier, damit ihr das Licht in eure Seelen aufnehmen und es weiter verbreiten könnt. Ihr seid starke Menschen, ihr besitzt Immunität.«

Ich setzte zu einer Erwiderung an, aber schließlich sagte ich nur:

»Aber ich bin wohl der Einzige aus der Gruppe, der sich an Sie gewandt hat.«

»Du bist einer der Letzten.«

Es stellte sich heraus, dass fast alle aus unserer Gruppe bereits vor mir beim Abt gewesen waren mit der Bitte, hier bleiben zu können. Verstehen Sie?

Nach vierzig Tagen verließen wir das Kloster. Auf dem Rückweg trafen wir auf eine Menschengruppe, die nach Heilung dürstete, wie auch wir vierzig Tage vorher. O mein Gott! Das waren Gesichter! Das war eine Horde von Menschenfressern, die sich auf uns stürzte:

»Hat es geholfen? Woran hast du gelitten? Was haben sie dir gegeben? Und hilft es allen?«

Ich antwortete:

»Jeder bekommt das, was er verdient.«

Ich schaute auf uns, auf sie, auf uns, auf sie. Bei uns lächelten alle…

Plötzlich bemerkte ich, dass ich vor ihnen zurückwich. Und auch die Übrigen von uns wichen zurück, als wären die anderen Aussätzige. Neben mir stand ein Achtzigjähriger, der sich auf die Arme seiner Söhne stützte, und sagte: »Sag bloß, wir sahen auch einmal so aus!«

Als ich in der Stadt ankam, erblickte ich ein Gedränge von seelenlosen, gleichgültigen, absolut indifferenten Menschen, die ewig irgendwohin hasteten und selbst nicht wussten, wohin und wozu. Es war sehr schwer, sich wieder an die städtische Lebensweise zu gewöhnen.

In mir hatte sich ein für alle Mal etwas geändert. Ich fühlte mich plötzlich in einem absurden Theater, und das Leben, das in der Stadt ablief, erschien mir leer und sinnlos. Ich konnte einfach nicht in diese Gesichter schauen.

Wenn Sie wüssten, wie unwohl ich mich fühlte! Ich war doch selbst noch vor kurzem einer wie sie gewesen.

Dann, als ich wieder an meine Arbeit ging, musste ich überprüfen, ob wirklich das ganze Wesen der Genesung im Lächeln und in der Haltung lag. Womöglich lag es ja doch am Wetter, am Klima oder an sonstigen äußeren Bedingungen?

Und wir organisierten in der Turnhalle der Polyklinik ein Übungsprogramm.

Wir luden Patienten zur freiwilligen Teilnahme ein, erklärten ihnen die Aufgabe und begannen mit dem Training.

Das Training dauerte 1–2 Stunden täglich. Wir gingen nur mit einem Lächeln durch die Halle und wahrten unsere Haltung. Und die ganze Zeit ein Lächeln zu halten ist schwer! Sie glauben es nicht?

Versuchen Sie, auf der Straße zu lächeln und eine gerade Haltung zu wahren, Sie werden sofort den Druck der Umwelt auf sich fühlen! Es wird sehr schwer für Sie sein, besonders in der ersten Zeit!

Sie gehen, Sie gehen, und plötzlich ertappen Sie sich dabei, dass Sie wieder glotzen wie eine gestresste Bratwurst. Nach 15 Minuten sehen Sie in einem Schaufenster, dass Ihnen eine Fratze entgegenblickt.

Ihnen steht ein Kampf bevor! Um dem Druck der Umwelt zu widerstehen, die versucht, Sie zu Pulver zu zermalmen, und um Sie selbst zu bleiben, brauchen Sie eine willentliche Selbstnötigung!

Einige Zeit nach Beginn der Übungen begannen interessante Phänomene aufzutauchen. Einer sagte enthusiastisch zu uns:

»Ich habe meine Brille verlegt. Ich habe sie seinerzeit aus Frankreich mitgebracht. So viele Jahre hab ich sie getragen, und jetzt hab ich sie irgendwo liegen gelassen.«

Aber warum hatte er sie verlegt? Weil die Notwendigkeit, sie zu tragen, nachgelassen hatte. Bei einem anderen begann der Darm wieder normal zu arbeiten. Ein Dritter begann besser zu hören, wobei er von Kindheit an mit dem Hören Probleme hatte. Bei allen gab es Fortschritte.

Von dem erhaltenen Ergebnis war ich völlig verblüfft. Ich konnte nicht verstehen, warum Menschen so viele Jahre krank waren und von einer idiotischen Haltung und einem Lächeln gesund wurden.

Damals begannen wir unter Laborbedingungen zu untersuchen, was für Veränderungen im Organismus in solchen Fällen vor sich gehen. Und das führte zu einer fundamentalen Entdeckung in der Wissenschaft.

Und was wurde aus dem Kameramann und dem Regisseur? Der dicke Kameramann nahm ab, er wiegt bis heute nur etwa 85 kg. Seine Wehwehchen verschwanden.

Aber den größten Erfolg von uns dreien hatte der Regisseur. Vor einigen Jahren hatte sich seine Frau scheiden lassen, weil er jeden Tag über den Durst getrunken hatte. Er hörte zu trinken auf und heiratete seine Frau zum zweiten Mal.

Ein Ausflug in die Psychofiesiologie

vielmehr in die »Psychophysiologie«

Und jetzt darf ich Sie auf eine kleine Reise bitten. Bleiben Sie ruhig, es geht nicht in das Kloster der Feueranbeter, nein. Es geht in die Psychophysiologie.

Ohne diesen Ausflug wird Ihnen scheinen, dass alles viel zu leicht und einfach ist. Da es einfach ist, denken Sie, habe ich alles verstanden, die Sehkraft wird sich auch so regenerieren, von selbst.

Von selbst geht überhaupt nichts, außer dass Vogelkacke einmal in zehn Jahren auf unseren Kopf fällt, und das auch nicht von ungefähr.

Also, auf die Reise. Setzen wir uns kurz nieder, und los gehts. Erlauben Sie mir, Ihnen in aller gebotenen Kürze die Grundidee einer meiner Entdeckungen zu erläutern. Sie trägt den Titel:

»**Die Gesetzmäßigkeit der Veränderung der katalytischen Aktivität der membrangebundenen Azetylcholinesterase von Erythrozyten* und Chloroplasten** biologischer Systeme bei ihrer Anpassung an die äußere und innere Umwelt.**« (Koautor: N. R. Bordjuk)

Eine kurze Beschreibung der Grundidee: »Es wurde eine bislang unbekannte Gesetzmäßigkeit in der Veränderung der katalytischen Aktivität der membrangebundenen Azetylcholinesterase von Erythrozyten und Chloroplasten biologischer Systeme bei deren Anpassung an die äußere und innere Um-

* rote Blutkörperchen
** Zellorganellen, die für die Photosynthese zuständig sind

welt festgestellt. Diese besteht darin, dass bei Einwirkung von schädlichen (physikalischen, chemischen) Induktoren (oder von Erkrankungen der äußeren und inneren Umwelt, welche die Stabilität von Biosystemen mindern) auf biologische Systeme (Mensch, höhere Tiere und Pflanzen) die katalytische Aktivität der membrangebundenen Azetylcholinesterase von Erythrozyten und Chloroplasten proportional zum Grad der Schwere der schädlichen Einwirkung (durch Induktoren und Pathologien) sinkt. Das wirkt sich auf die biologische Aktivität der Erythrozyten und Chloroplasten aus, welche für die Erhaltung der Beständigkeit der Arbeit der inneren Organe, der Bewegungsaktivität, der Zellteilung, der Fotosynthese und anderer Funktionen des Biosystems zuständig sind.«

Und jetzt das Gleiche noch einmal, nur etwas ausschweifender: »Bislang wurde der biologischen Aktivität der Erythrozyten und Chloroplasten von Biosystemen keine Beachtung geschenkt.

Bei experimentellen Untersuchungen wurde festgestellt, dass der Schweregrad schädlicher Wirkungen etwa von hohen und niedrigen Temperaturen, giftigen Chemikalien, Strahlung und psychischen bzw. psychosomatischen Erkrankungen auf die Lebensfähigkeit eines Organismus mit einer verringerten Durchlässigkeit der Membranen von Erythrozyten und Chloroplasten korreliert.

Dieser Zustand der Membran wird bedingt durch eine Verringerung der biologischen Aktivität von Erythrozyten und Chloroplasten, das heißt, er geht einher mit einer Unterdrückung der katalytischen Aktivität der membrangebundenen

Azetylcholinesterase von Chloroplasten und Erythrozyten. Das ist ein Enzym, welches an der äußeren Oberfläche der Membran dieser Zellen und Organellen sitzt.

Halten wir fest: Wir haben die biologische Aktivität der Erythrozyten und Chloroplasten im Labor untersucht, indem wir die katalytische Aktivität dieses Enzyms gemessen haben – mithilfe chemischer und physikalischer Methoden, die von uns patentiert wurden.

Die Generalisierung von eigenen experimentellen Daten und Daten anderer Autoren zeigt, dass die Steuerung der biologischen Aktivität von Erythrozyten und Chloroplasten in beiden Richtungen durch die Energie erfolgt, welche bei der Hydrolyse des Azetylcholins freigesetzt wird. Die hydrolytische Spaltung wird durch die membrangebundene Azetylcholinesterase der Erythrozyten und Chloroplasten katalysiert, aber auch auf chemischem Weg, nämlich durch Hormone, deren Aktivität bestimmt wird von Redox-Reaktionen, welche durch Dehydrasen katalysiert werden.

Die dabei freigewordene Energie kann sich im Organismus verbreiten und unterstützt die Arbeit aller inneren Organe sowie die Bewegungsaktivität, die Zellteilung und andere physiologische Funktionen des Biosystems. Wenn die Durchlässigkeit der Membranen nachlässt, wird diese Gesetzmäßigkeit gestört.

Somit kann die biologische Aktivität der Erithrozyten und Chloroplasten als Anzeiger für die Wirkung von physikalischen und chemischen Faktoren sowie von psychischen und psychosomatischen Erkrankungen auf die Lebensfähigkeit eines Biosystems dienen.

Also haben wir ein System erarbeitet, welches erlaubt, auf die Regulationsfähigkeit der Erythrozyten Einfluss zu nehmen. Dadurch haben wir viel versprechende Ergebnisse zur Behandlung von Erkrankungen bekommen, die bisher unheilbar waren.«

Alles klar?

Mit anderen Worten, wir machen uns an die bewusste Steuerung unbewusster Prozesse über das »Muskelkorsett« (Körperhaltung, Mimik) und das emotionale Zentrum.

Und wir müssen wissen,

Was wichtiger ist:

ein Sieg oder das Fehlen einer Niederlage?

Sie sagen natürlich: »Ein Sieg!«, und ich antworte: »Reingefallen!« Der Sieg wird unausweichlich, wenn Sie der Niederlage keine Chance lassen!

Stellen Sie sich vor, Sie haben eine Bergtour geplant. Vor dem Aufstieg muss man sich gründlich vorbereiten. Sie aber sagen, ohne auch nur einen Finger zu rühren:

»Ich will auf diesen Gipfel!« Das heißt, Sie wollen ein Ziel erreichen, das Sie sich gesetzt haben.

»Aber dort könnte es kalt sein! Wo ist Ihre warme Kleidung?«

Sie antworten:

»Wie sehr möchte ich auf diesem Gipfel sein!«

»Sie werden irgendwo nächtigen und sich verpflegen müssen.«

Aber Sie bestehen darauf: »Und trotzdem gehe ich rauf!«

»Gut, gehen Sie! Aber ich werde mich hier vorbereiten. Auf dem Weg gibt es Abgründe, und über die muss man hinüber. Wenn Sie bloßfüßig in Pantoffeln, Shorts und T-Shirt mit links den Gipfel bezwingen wollen, von dem Sie Ihr ganzes bewusstes Leben geträumt haben, werden die ersten, sogar die lächerlichsten Schwierigkeiten Sie zurückwerfen und mit einem Tritt in den Hintern verabschieden: ›Weg von hier! Dieser Berg ist nichts für Sie!‹«

Es ist besser alles im Voraus zu berücksichtigen.

Jetzt haben Sie vielleicht in das Buch geguckt und beschlossen, sofort und unter Auslassung einiger Kapitel zum Übungsteil zu gehen. Halten Sie inne!

Wollen Sie den Gipfel erklimmen? Wenn ja, dann wollen wir uns gemeinsam auf unsere Arbeit an der Sehkraft vorbereiten.

Es steht Ihnen bevor, den Kampf mit Ihren Gewohnheiten aufzunehmen. Der Charakter der chronisch Kranken ist eine riesige Müllgrube, aus der man sich befreien muss.

Die Mehrheit der Krankheiten sind materialisierte Charakterzüge. In erster Linie wird man den Blick auf sich und die Welt zum Besseren ändern müssen. Hören Sie auf, durch das graue, dreckige Glas des Unglaubens, des Zweifels, des Pessimismus, des Skeptizismus und der Unzufriedenheit mit sich selbst und mit allem ringsherum zu blicken. Man muss nur ordentlich das »Fenster putzen«.

Also, bereiten wir uns auf den Weg zum Gipfel vor. Dann einigen wir uns über die Begriffe.

»Was ist wichtiger: ein Sieg oder das Fehlen einer Niederlage?«

Die chronisch Kranken unterscheiden sich deutlich von den anderen, in erster Linie durch ihr Verhältnis zu sich selbst und zur Umwelt.

Deshalb ist zur Heilung der »Chronischen« ein besonderer Zugang erforderlich, welcher alle möglichen Gründe eines Menschen, in seinem Leiden hängen zu bleiben, berücksichtigt.

Mein Lehrer wiederholte immer: »**Der Sieg wird unausweichlich, wenn du für die Niederlage keine einzige Chance offen lässt,** wenn du gekonnt alle Fallen umgehst und dich auf diese Weise zu hundert Prozent versicherst.«

Wichtig ist nicht der Sieg, sondern das Fehlen einer Niederlage! Das Fehlen einer Niederlage heißt, zum Erfolg prädestiniert zu sein. Wenn Sie nur an den Triumph denken, aber Fehlschläge und Irrtümer nicht ins Kalkül ziehen, werden Ihre Chancen auf einen Sieg entsprechend deren Häufung sinken.

Für jene, die sich entschlossen haben, den Sieg über das Leiden unvermeidlich zu machen, betrachten wir die verbreitetsten Varianten einer möglichen Niederlage. Stellen wir fest, was uns auf unserem Weg behindern wird.

Die erste Fallgrube: ein bedingter Reflex

Wie entsteht er? Stellen Sie sich vor, dass Sie noch niemals ein Bügeleisen gesehen haben. Sie nähern sich dem Gerät, berühren es und verbrennen sich. Der Reflex auf einen heftigen Schmerz oder starken Stress entsteht augenblicklich.

Eine andere Methode der Entstehung eines Reflexes ist die Bildung einer Gewohnheit, welche sich durch Wiederholung festigt.

Es ergibt sich ein interessantes Bild. Schlechtes Sehen ist keine Krankheit, sondern eine schlechte Gewohnheit. Um sie loszuwerden, muss man sich nur eine andere Gewohnheit antrainieren, und wenn das Gehirn sie angenommen hat, lässt es sie nicht ohne Weiteres wieder fallen.

Das heißt, die Wiederherstellung geschieht durch die Beseitigung des »Reflexes des schlechten Sehens«. Wo bildet sich denn dieser Reflex?

Der Körper ist ein Gefäß, in welchem sich Verstand, Seele und Geist befinden. Verstand und Seele sind zwei Antagonisten, sie kämpfen ewig miteinander.

Der Verstand enthält alle Kenntnisse und die Lebenserfahrung. Er nimmt sie unter riesiger Anstrengung und mit hartnäckigem Widerstand in Verwahrung. Aber wenn er etwas annimmt, dann eignet er es sich ganz an. Wenn Sie nun kommen und es zurückverlangen, jagt er Sie davon:

»Weg von hier! Das gehört mir.«

Das höchste Ziel des Verstandes ist das Streben nach abso-

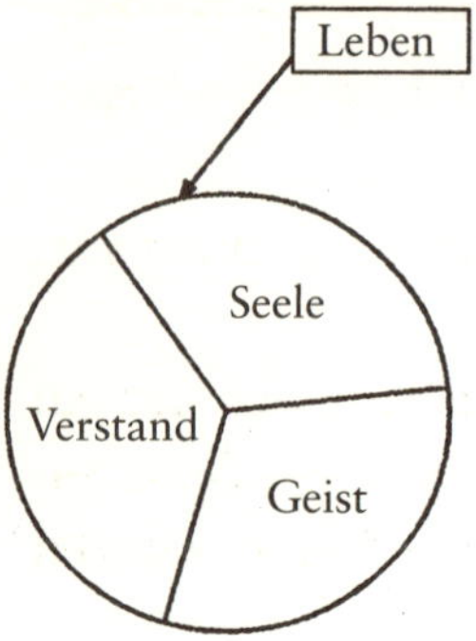

luter Ordnung. Seine Aufgabe ist es, das Leben mit allen Mitteln zu schützen, Information und Erfahrung zu ordnen und zu bewahren. Er ist ein Prototyp des Konservativen. Ein hypertrophierter Verstand führt zum Stillstand jeder Bewegung, also zum Tod.

Der Verstand wahrt die Ganzheitlichkeit der Praxis und beseitigt das Chaos, welches die unordentliche Seele schafft. Diese tendiert immer zum Abheben.

Die Seele baut Paläste und Luftschlösser, sie ist bereit, sich selbst im Namen der Liebe zu verbrennen. Für die Liebe ist sie willens, alles herzugeben und zu zerstören, was vom Verstand bewacht wird. Sie schwebt immer über der Erde, sie lebt in Gefühlen, der Verstand dagegen lebt durch Berechnung und Logik.

Die Seele ist ein endloses explosives Chaos.

Sie ist impulsiv und chaotisch. Dort leben die erhabenen Gefühle, das Ideal der Liebe, der Zärtlichkeit, der Güte, der Kreativität. Dort ist der Ort der Träume.

Die Seele strebt unendlich, fantasiert, plant und kreiert. Der Verstand niemals! Er strebt zur Ruhe – das ist sein natürlicher Zustand, und die Seele stört diese Ruhe.

Sie:

»Ich will zu den Sternen!«

Er:

»Vergiss nicht die Erde.«

Der höchste Zustand der Seele ist das Streben nach der absoluten Liebe! Das ist ewiges Schöpfertum, Bewegung, Wachsen! Aber eine übertriebene Beschleunigung all dieser Handlungen führt zum Zerfall und Chaos, das heißt zum Tod.

Der Verstand widersetzt sich allem Neuen, er will das in unverändertem Zustand erhalten, was er einmal in seine Verwahrung genommen hat. Er ist ein bodenständiger und merkantiler Konservativer.

Die Begriffe »Verstand« und »Schöpfertum« sind nicht vereinbar.

Der Verstand ist kein Trottel und kein Genie. Er ist nur ein Verwahrer – der Verwalter eines riesigen Archivs, wo Gewohnheiten, Gedanken, Bestrebungen, vergangene Empfindungen und erlebte Gefühle aufbewahrt werden – einfach alles!

Seine Bemühungen können dazu führen, dass vor lauter Aufbewahren alles faulig wird.

Aber Verstand und Seele gehen ohne einander unter. Ebenso wie Wärme und Kälte, jedes für sich genommen, den Tod bringen. Das Feuer – unendliches Brennen – vernichtet alles Lebende, und das Eis – die äußerste Kälte – bringt jede Bewegung zum Stillstand.

Der Geist ist die dritte Kraft, die aus dem Antagonismus zwischen Seele und Verstand entsteht. Er hält die beiden in Schranken und harmonisiert sie. Der Geist lebt von der Erkenntnis. Das höchste Ziel des Geistes ist die Erkenntnis der absoluten Wahrheit. Der Tod der Seele oder des Verstandes führt zum Tod des Geistes.

Die Einheit der drei Kräfte unterstützt das Leben im Menschen. Ihre Aufgabe ist es, einander Gegengewicht zu sein und für Ausgewogenheit untereinander zu sorgen. Wenn diese gestört ist, geht das zum Schaden einer dieser drei Kräfte.

Der Geist verkümmert, wenn nicht mehr nach der Erkenntnis des Lebens gestrebt wird. Der Mensch wird in seinem Wesen einem Tier ähnlich, samt den dem Tier eigentümlichen Bedürfnissen.

Wenn die Seele die Oberhand gewinnt, lebt der Mensch die ganze Zeit in Emotionen, in Fantasien, fliegt auf Wolken und kann leicht abstürzen und zerschellen. Der Instinkt der Selbsterhaltung fehlt. Solche Menschen befinden sich häufig am Rand von seelischer Krankheit oder sind schon krank.

Wenn der Verstand die Oberhand gewinnt und das Leben sich auf reine Berechnung baut, wird die Seele zerstört und der Geist unterdrückt. Der Mensch wird einem Computer oder einer Rechenmaschine ähnlich, ohne Seele, ohne Fantasie, ohne Liebe.

Die Krankheit entspricht einer schlechten Angewohnheit, welche vom Verstand aufgrund der dringlichen Forderungen von Seele und Körper erworben wird. Man muss die Gewohnheit und die Lebensweise ändern, welche geholfen hat, die Krankheit herauszubilden.

Wie viel Zeit braucht es dazu? Von etwa zwanzig bis zu vierzig Tagen. In dieser Zeit wird die neue Gewohnheit vom Verstand ins Archiv aufgenommen und wird ein untrennbarer Bestandteil der Psyche und des Organismus.

Anfangs wird der Verstand alles Neue mit dem Bajonett empfangen und verzweifelten Widerstand leisten, wird Gegenargumente bringen unter Berufung auf frühere Erfahrungen, Fehlschläge, Zweifel und Unglauben.

Aber die Beharrlichkeit der Seele und die Kraft des Geistes werden diesen Widerstand mit jedem Tag verringern und immer weiter verringern. Nach etwa vierzig Tagen gibt sich der Verstand geschlagen, nimmt die neue Gewohnheit und die neue Information an, klebt ein Schildchen dran und stellt sie ins Regal. Und wenn dann die Seele bittet:

»Hör zu, Verstand, erinnerst du dich, ich bin jeden Tag zu dir gekommen, und du hast mich vierzig Tage warten lassen und hast das verweigert, was ich dir vorgeschlagen habe. Jetzt hast du es genommen, aber ich hab's mir anders überlegt, mir gefällt das nicht, und ich will es wie früher haben. Bitte, wechsle die Gewohnheit wieder.«

Dann wird der Verstand sagen:

»Hau ab! Ich geb's nicht her.«

Jetzt muss die Seele wieder vierzig Tage kommen und bitten:

»Wechsle bitte die Gewohnheit.«

Nach vierzig Tagen gibt der Verstand schließlich sein Einverständnis.

»Dann nimm sie halt mit.«

Die Seele tritt zehn Schritte zurück und sagt:

»Ich hab's mir wieder überlegt.«

Und sie wird wieder vierzig Tage arbeiten müssen, um den Konservatismus des Verstandes zu brechen.

Es gibt nicht zufällig in unserem Leben vierzigtägige Zyklen, zum Beispiel nach der Geburt oder nach dem Tod eines Menschen.

Ich will, weiß der Teufel was, aber ich weiß,
dass ich es total will!

Die zweite Fallgrube: eine nicht gestellte Aufgabe

Wenn wir nicht wissen, zu welchem Ziel wir streben, wie sollen wir dann erkennen, ob wir es erreicht haben?

Im Lauf meiner Arbeit stieß ich auf ein interessantes Phänomen. Erst war es Zufall, dann fiel mir die Gesetzmäßigkeit des Vorgangs auf. In einer Gruppe war die Heilungsrate bei einer bestimmten Krankheit höher, in einer anderen Gruppe bei einer anderen Krankheit.

Wie das? Ich begann, zu untersuchen, zu verallgemeinern und zu analysieren.

Damals kam ich zu dem Schluss, dass der Mensch nicht den ganzen Körper auf einmal mit seiner Aufmerksamkeit umfassen kann, das heißt, er kann nicht *gleichzeitig* mit den Augen, der Leber, den Gelenken etc. arbeiten.

Das nennen wir die Begrenztheit des Aufmerksamkeits-Fokus. So viel zum Ersten.

Zum Zweiten: Ein Patient wird dann gesund, wenn er ein Ziel hat, ein inneres Bestreben oder einen Drang zur Genesung.

Wenn ein Mensch tagaus tagein seine Aufmerksamkeit auf ein krankes Organ lenkt, positive Emotionen hineinlegt und das Ergebnis verfolgt, dann wird der Genesungsmechanismus in Gang gesetzt.

Welche Medikamente Sie ihm auch immer geben, welche Übungen Sie auch immer mit ihm machen, wenn er sich nicht eine klar definierte Aufgabe stellt und nicht mit jedem kranken Körperteil tagtäglich arbeitet, wird sich die Genesung stark verzögern oder, Gott behüte, überhaupt nicht eintreten.

Aber damit Sie besser verstehen, tauschen wir unsere Plätze: Sie sind jetzt der Lehrer, und ich werde Ihr Assistent sein. Zusammen werden wir Übungsgruppen in drei Kleinstädten halten, die nahe beieinander gelegen sind: Kustanaj, Rudny und Lisakowsk. Dort leben wunderbare Menschen, und ich habe mir die allerbesten Erinnerungen an sie bewahrt.

Das, was Sie jetzt zu lesen bekommen, hat sich tatsächlich dort ereignet.

In Kustanaj treten Sie aufs Podest und erklären gründlich die Theorie, wie man mit verschiedenen kranken Organen zu arbeiten hat. Man hört Ihnen aufmerksam zu, mit einem klugen Gesicht und mit dem Kopf nickend wie ein chinesischer Hampelmann.

Und Sie sagen ganz nebenbei:

»Betrachten wir das konkret am Beispiel der Sehkraft oder des Gehörs. Werte Kursteilnehmer, bitte stehen Sie auf, wenn bei Ihnen Sehkraft oder Gehör geschwächt sind.«

Wir beginnen zu arbeiten, und der Genesungsmechanismus der Sehkraft wird in Gang gesetzt, die ersten Anzeichen einer

Verbesserung zeigen sich. Auf die Frage, bei wem die Sehkraft sich verbessert hat, fliegen erfreut die Hände in die Höhe.

»Hier, bitte sehr, haben wir Theorie und Praxis. Nach neun oder zehn Kursstunden werden alle, die 3 Dioptrien oder weniger haben, einen Test über die vollständige Wiederherstellung ihrer Sehkraft machen. Jetzt arbeiten Sie bitte mit den anderen kranken Organen auf die gleiche Weise selbstständig – hier oder zu Hause.«

Im Verlauf der Übungsstunden haben Sie ständig zweimal die Hörer mit schlechten Augen oder Gehörproblemen aufstehen lassen, und Sie haben im Hörsaal in Anwesenheit der ganzen Gruppe an der Sehkraft bzw. am Gehör gearbeitet.

Über Darm und Schlaf haben Sie nur ein einziges Mal gesprochen und erwähnt, dass nach dem **gleichen Schema zu arbeiten sei wie mit Augen und Ohren** und dass Sie das Ergebnis später überprüfen werden und kein Wort mehr darüber verlieren würden!

Über Schilddrüse, hohen Blutdruck, Myome, Zysten, chronische Gelbsucht und andere Erkrankungen haben Sie überhaupt nichts erzählt, Sie haben den Leuten nur Zeit gegeben und gesagt:

»So und so arbeiten wir auf dem Gebiet eines kranken Organs, welches sich auf der Liste Ihrer Aufgaben befindet, in jeder Kursstunde zweimal je 5 Minuten, **aber bitte selbstständig.**

Und auf die Frage, ob auch alle wirklich an den Punkten arbeiten, nicken alle freundlich und antworten im Chor: »Wir arbeiten!« Und so geht das neun Kursabende.

In der Stadt Rudny wählen Sie als Übungsobjekte jene, bei denen der Schlaf gestört ist und der Magen-Darm-Trakt zu wünschen übrig lässt. Die Betroffenen stehen auf, und Sie teilen ihnen mit:

»Sie haben neun Kurstage zur Verfügung. Zum neunten Tag

wird von Ihnen erwartet, dass Sie normal schlafen und die Tätigkeit des Magen-Darm-Trakts sich normalisiert hat.

Auch sie lassen Sie jedes Mal zweimal aufstehen und üben mit ihnen.

In Lisakowsk schließlich wählen Sie jene mit Krampfadern, Thrombophlebitis und Flecken an den Beinen aus etc. Mit anderen Worten, sie haben ein nach außen sichtbares Leiden.

Jedem Betroffenen teilen Sie aus der Gruppe der Hörer einen oder zwei Beobachter zu, welche die ganze Zeit die Dynamik der Genesung beobachten sollen, das heißt einfach permanent ihre Aufmerksamkeit auf die Beine der Betroffenen lenken sollen.

Der neunte Tag ist da. Schauen wir, was für ein Ergebnis wir haben.

Kustanaj

Die Brillenträger heben eifrig die Hand, die Sehkraft ist besser geworden, und viele haben direkt fantastische Ergebnisse und die Brille für immer abgelegt.

Aber auf die Frage, wie die Qualität des Schlafs sei und wie der Darm arbeite, steht die Mehrheit wie der Ochs vorm Berg. So wie sie Jahre lang »Nachtwächter« waren, so sind sie das auch geblieben, und auf die Toilette, mit Verlaub, gehen sie einmal pro Jahr, nur weil sie es versprochen haben. Ein trauriges Ergebnis!

Auch bei den anderen Leiden ist es zum Weinen. Aber anders hätte es gar nicht sein können!

Rudny

Jeden Tag haben Sie jene Kandidaten aufstehen lassen, die nicht schlafen können und deren Magen-Darm-Trakt zu wünschen übrig lässt, und haben sich für ihren Zustand interessiert. Bei einigen war er gut, für den einen oder anderen aber war der Arschtritt zu schwach gewesen. Tatsächlich, sehr häufig ist ein winziger Schritt nach vorn das Ergebnis eines ordentlichen Tritts von hinten.

Mit der Sehkraft und mit anderen Problemen ihres Organismus sollten sich unsere Hörer selbstständig zu Hause oder direkt im Hörsaal befassen, aber für sich.

Am neunten Tag arbeitet der Darm wie eine Uhr, der Schlaf wie bei einem Murmeltier, alle stehen freudig auf, aber dafür mit denselben Brillen, mit denen sie gekommen sind.

Sie fragen:

»Wer hat Krampfadern, bei wem gibt es eine Besserung?«

Verbesserung? Zum Vergessen. Nur bei zwei oder drei von zehn.

Die Übrigen hatten sich die Aufgabe, an den Venen zu arbeiten, nicht gestellt. Sie saßen mit ihren Gewohnheiten da und drehten Daumen. Kann man in diesem Fall was Besseres erwarten?

Lisakowsk

Jedes Treffen haben Sie mit dem gleichen Satz begonnen:

»Zeigen Sie mir Ihre Beine!«

Am neunten Tag hat die Gruppe den Betroffenen applaudiert. Bei vielen sind die Krampfadern verschwunden, bei anderen hat sich der Umfang der Venen merklich verringert.

Verehrte Ärzte, liebe Kollegen! Sie verstehen doch, was das bedeutet! In zehn Sitzungen haben unsere Hörer ihre Krampfadern geheilt!

Vom Standpunkt der Physiologie und der Medizin haben sie ein Wunder vollbracht! Einverstanden?

Aber die Augen blieben in dem gleichen erbärmlichen Zustand wie vorher, von den Nieren oder irgendwelchen anderen Organen ganz zu schweigen.

So viel zu den Beispielen.

Und jetzt die Analyse: Warum hat sich das so verhalten?

1. **Der Patient hat sich die Aufgabe zu abstrakt und allgemein gestellt, in der Art von »Ich will gesund sein«. Mit anderen Worten, im Inneren fehlte ein klares Programm.**
2. **Er kannte die Fristen der Realisierung seines Programms nicht.**
3. **Er startete das Programm nicht, sondern saß da und wartete »auf Badewetter«.**
4. **Er führte keine alltägliche Selbstkontrolle über die erledigte Arbeit aus.**

Außer der Losung »Ich will gesund sein« war nichts im Kopf, keinerlei Rechenschaft vor sich selbst über das Ziel und das Ergebnis. Genau deshalb ging die Arbeit mit den übrigen Organen nicht voran.

Das ist eine der Gesetzmäßigkeiten des Verhaltens von chronisch Kranken, welche Sie, verehrte Ärztekollegen, unverdienterweise in Prügelknaben verwandelt.

Als das Bild deutlich wurde, analysierten wir direkt vor den Teilnehmern die Ergebnisse. Es folgt jetzt ein Auszug aus der Aufzeichnung des Seminars in Kustanaj. Ich erinnere Sie, verehrter Leser, dass hier während des Seminars die Aufmerksamkeit auf die Herstellung der Sehkraft konzentriert wurde.

Die Aufzeichnung wird wörtlich wiedergegeben.

(Norbekov:) Ich stelle drei verschiedene Fragen.

1. Bei wem hat sich die Tätigkeit des Darms regeneriert?
2. Bei wem hat sich die Tätigkeit des Darms zumindest verbessert?
3. Bei wem gab es keine Veränderungen?

Also: Bei wem sich die Tätigkeit des Darms regeneriert hat, der hebe die Hand. Aha! Exakt das gleiche Ergebnis wie in Lisakowsk.

Bei wem es eine Verbesserung gab, der hebe die Hand.

Und jetzt bleiben die übrig, bei denen es keinerlei Fortschritt gab. Es bleiben sechs Personen.

Jetzt beachten Sie das Verhältnis. 30 Kursteilnehmer sind aufgestanden, davon gab es bei sechs keinerlei Veränderungen. Das heißt, dass 20 Prozent unserer Teilnehmer sich gar keine Aufgabe gestellt haben.

(Norbekov wendet sich an eine junge Teilnehmerin:)

»Prinzessin, arbeiten Sie an Ihrer Sehkraft?«

»Ja.«

»Und machen Sie Fortschritte?«

»Ja, sie ist besser geworden.«

»Aber warum haben Sie am Darm nicht gearbeitet?«

»Ich habe ein Ziel, ich habe mir gesagt, in wie viel Tagen ich meinen Darm verbessern muss.«

»Und in wie viel Tagen?«

»Etwa in einem Monat.«

»Habe ich nicht gesagt, dass schon am neunten Kurstag der Darm im Normalzustand sein soll? Mein Gedächtnis ist zwar löcherig, aber nicht in diesem Grad! Hab ich das gesagt oder nicht?«

»Haben Sie.«

»Und woher haben Sie den Monat?«

(Norbekov wendet sich an einen Herrn:)

»Mein Lieber! Also, arbeiten Sie an der Sehkraft?«

»Ja.«

»Und wie sieht's da aus?«

»Ich hab die Brille abgenommen. Meine Frau hat mich nicht erkannt und die Tür nicht geöffnet.«

(Lachen im Saal.)

»Das geschieht Ihnen recht! Und warum haben Sie den Darm nicht verbessert?«

»Ich dachte, ich soll nur an einer Sache arbeiten.«

»Nur an einer Sache arbeiten, dachten Sie! Danke! Nach

solchen Antworten möchte ich als Experte den Löffel abgeben. Aber Sie sind doch ein Mann! Wenigstens Sie hätten mich doch verstehen können! Ich habe doch mehrfach betont, dass wir in den Übungsstunden und zu Hause mit allen kranken Organen arbeiten und nichts für später aufheben!«

Da liegen also technische Fehler vor. In einem Fall wurde das Programm »der Reihe nach« aufgebaut – erst die Sehkraft und dann der Darm. In zwei anderen Fällen wurde das Programm verlängert – auf eine Monatsfrist. Andere wussten nicht, dass sie auch den Darm behandeln sollten, und haben sich die Aufgabe gar nicht gestellt.

Drei Beispiele für ein Ausweichen vor dem Sieg.

Hören Sie nochmals aufmerksam zu – mit beiden Ohren!

Das Programm zeigt Wirkung unter einer Bedingung: wenn Sie Ihren Organismus einen Monat lang jeden Tag mit diesem Programm behandeln und von ihm Rechenschaft fordern.

Und jetzt mögen alle aufstehen, die Krampfadern haben, Thrombophlebitis oder Flecken auf den Beinen, stehen Sie bitte auf.

Von Ihnen hab ich überhaupt noch nicht gesprochen. 18-mal haben wir von der Sehkraft gesprochen, fast bei allen gibt es Verbesserungen.

Einmal haben wir vom Darm gesprochen und haben ihn bewusst bis heute kein weiteres Mal erwähnt und ihn Ihrem Gewissen überlassen. Es verbleiben ohne Verbesserung 20 Prozent.

Über Hämorrhoiden, diverse chronische Entzündungen, über Parodontose, Knoten, verschiedene Arten von Verstopfung etc., über nichts dergleichen haben wir gesprochen – ganz bewusst. Weil wir nicht jedes Mal die riesige Liste von Diagnosen wiederholen können. Sie werden sonst dasitzen und nur der Aufzählung der Krankheiten lauschen. Dafür haben wir keine Zeit. Jetzt eine Frage.

Wer Krampfadern oder Thrombophlebitis hat, soll die Hand heben bitte, wir zählen. 57 Personen. Danke. Und jetzt seien Sie ehrlich zu sich, ich möchte Sie sehr bitten!

Wer im Verlauf der vergangenen Woche zumindest einmal seine Beine betrachtet hat, der hebe die Hand. Interessant! Nur fünf Teilnehmer. Und die anderen?

Was ist das, Freunde, sind Sie durchgeknallt? Eine ganze Woche ist vorbei, und Sie haben sich nicht die Füße gewaschen?

»Wir haben sie gewaschen!«

»Und wessen Füße haben Sie gewaschen, wenn Sie die Ihren nicht betrachtet haben? Sie ticken wohl nicht ganz richtig! Vielleicht hat zumindest einer sich die Aufgabe gestellt, an den Venen zu arbeiten? Nur zwei. Mein Gott! Was werden wir mit Ihnen allen tun?

Na?

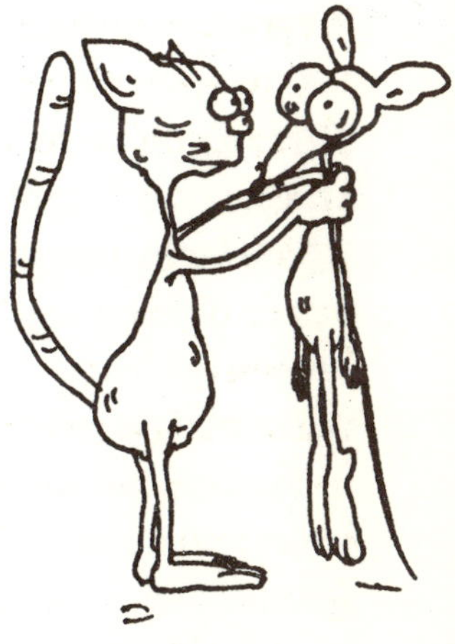

Fangen wir also heute an. Wir haben ja noch zwölf Tage vor uns. Neun Abende haben Sie schon verschenkt.

Jetzt werde ich Ihnen die ganze Zeit nicht mehr von der Pelle rücken. Wenn Sie jede Krankheit nur einmal in hundert Jahren beseitigen wollen, dann lasse ich Sie fühlen, woran Desdemona im letzten Moment ihres Lebens dachte. (Lachen im Saal.)

Wie haben Sie eine Verbesserung der Sehkraft im Hörsaal erreicht?

Bei jedem Termin haben Sie zweimal Ihren inneren Blick auf die Augen gelenkt. Und wie oft haben Sie Ihre Aufmerksamkeit auf den Darm gelenkt?

Sie haben nichts getan. Diese Arbeit an der Sehkraft ist eine extra ausgedachte Raffinesse. Das Ziel bestand darin, Ihnen augenfällige grobe Fehler im Verhalten zu sich selber zu zeigen. Man darf nichts dem Selbstlauf überlassen.

Wir haben Sie allmählich in eine Situation gebracht, in der Sie nicht anders konnten, als die Effektivität der Arbeit mit den Augen zu kontrollieren.

Wo es Kontrolle gab, gab es auch ein Ergebnis. Das ist ganz elementar, mein Freund Horaz.

Wir haben Sie schlicht und einfach zweimal im Verlauf eines Abends gezwungen, nicht nur gut sehen zu wollen, sondern auch in der Richtung des Gewünschten zu arbeiten.

Sie haben Ihren inneren Blick auf das Gebiet der Augen gerichtet und eine gespielte Freude darüber hervorgerufen, dass Ihre Sehkraft noch besser wird. Und was kam heraus?

Die Sehkraft hat sich verbessert. Jedes Mal im Verlauf des Kurses haben Sie sich gezwungen, ein reales Ergebnis zu bekommen, und haben gelernt, sich dafür bei sich selbst zu bedanken.

Achtung, der Schlüssel!

Es kommt darauf an, nicht nur in Worten ein »Danke« auszusprechen oder »Ich bin dir so verbunden«, sondern im Inneren ein körperlich registrierbares Gefühl der Dankbarkeit sich selbst gegenüber herzustellen.

Der Organismus wird postwendend reagieren.

Sie stellen sich Ihr Ziel, setzen den Mechanismus seiner Realisierung in Gang. Und dann kontrollieren Sie wie ein Wirtschaftsprüfer und stellen fest, wie die Sache steht. Dem Organismus bleibt nichts anderes übrig, als sich zu unterwerfen.

Das ist der Grund, warum Sie zur Erreichung eines Ergebnisses hartnäckig an der Sehkraft arbeiten müssen. Gott sei Dank nicht jeden Tag, was für eine Freude, sondern nur drei- bis fünfmal pro Woche. (Ende der Aufzeichnung.)

Möge Ihnen diese Gruppe von Zuhörern als Beispiel dienen. Ziehen Sie die Lehre...

Also, die **Schlussfolgerung:** Eine Bewegung ohne Ziel, das ist ein Weg ins Nirgendwo. Aber die Verwirklichung der gestellten Aufgabe muss man ständig unter scharfer Kontrolle halten. Und wie konkret? Davon wird gleich die Rede sein.

Die dritte Fallgrube: der »innere Schweinehund« (die Bequemlichkeit)

Die unmittelbarste, aufrichtigste Form ist der kindlichen Äußerung ähnlich: »Ich will nicht! Ich mach es nicht!«

Eine kluge Form bildet sich bei den Erwachsenen, die in die Kindheit zurückfallen. Sie erklären: »Ich kann es nicht, weil ich... nicht im richtigen Alter bin, zu weit weg wohne...«

Eine aktive Form der Bequemlichkeit ist es, sich als gestresste Bockwurst auszugeben: »Ich bin sehr, sehr beschäftigt, ich habe keine Zeit.« Mit anderen Worten klingt das so: »Ich habe überhaupt keine Zeit zum Leben. Ich wüsste nicht, wann.«

Eine aggressive Form äußert sich wie folgt – das ist der innere Schweinehund, wie er im Buch steht: »Kümmer dich um deine Angelegenheiten, so was gibt es nicht, alles ist ein Hirngespinst, Scharlatanerie. Hinweg von mir und meinem weichen Bett mit dem romantischen Bild vom Sonnenaufgang an der Wand!«

Es gibt eine riesige Masse gesichtsloser Existenzen mit Ausweis, die alles ablehnen, was sie selber nicht können und nicht kennen. Sie wollen immer den Ruhestörer beseitigen. Alles Neue, Ungewöhnliche, das sich außerhalb des gewohnten Rahmens ihres Verständnisses befindet, ist so eine Bedrohung.

So hat man Giordano Bruno verbrannt und Jesus Christus gekreuzigt, die sowjetischen Genetiker vernichtet und die

Kybernetiker an die Wand gestellt. Um der intellektuellen Ruhe oder Bequemlichkeit willen ist man bereit, jede Neuerung zu vernichten.

Wenn Sie anfangen zu üben, werden Sie sofort merken, wie der innere Schweinehund sich erhebt. Er wird sich in Positur stellen und mit den raffiniertesten Methoden verteidigen.

Wer ist der Herr im Haus: der innere Schweinehund oder der Wille?

Arme hoch!

Wollen Sie es an sich überprüfen? Dann machen Sie die kleine Übung »Arme hoch«. Stehen Sie bitte auf, erheben Sie die ausgestreckten Hände seitlich etwas höher als die Schultern, etwa in einem Winkel von 45°. Die Hände ballen Sie zur Faust, der Daumen ist maximal ausgestreckt. Jetzt drehen Sie die Hände so, dass der Daumen auf den Boden zeigt. So stehen Sie genau zehn Minuten.

Um Ihren Zweikampf besser zu registrieren, schließen Sie bitte die Augen.

Der Impuls, mit dessen Hilfe Sie die Arme oben halten, heißt der Wille. Und gerade der Wille wird Ihre Gesundheit herstellen.

Der andere Impuls, welcher sagt: »Ich bin müde, lass los«, ist der innere Schweinehund. Wenn Sie ihm zuhören, bleiben Sie Jahrzehnte lang im Leiden, in finanzieller Krise, im Sumpf der Frustration.

Welcher Wunsch liegt Ihnen näher, welcher Wunsch lenkt Sie mehr und tritt häufiger auf im Verlauf des Tages, wem unterwerfen Sie sich meist – der Kraft, die sagt: »Halte sie oben«, oder der, die sagt: »Lass sie sinken«?

Schauen Sie in Ihr Inneres, lauschen Sie Ihren Empfindungen. Merken Sie sich auch, mit welchem Gefühl Sie die Hände nach zehn Minuten sinken lassen.

Sie müssen so lange stehen, bis in Ihnen ein dritter verborgener Impuls ersteht, welcher mit jeder Minute stärker werden wird.

Erst machen Sie diese Übung, und dann lesen Sie weiter. So wird es interessant für Sie sein, Ihre Gedanken mit dem zu vergleichen, was unten beschrieben ist.

Haben Sie bemerkt, wie der innere Schweinehund Sie je nach Ermüdungsgrad aufzuwiegeln beginnt: »Lass sie sinken!« Oder er flüstert Ihnen beschwichtigend zu: »Lass sie eine Sekunde sinken, dann heb sie wieder.«

Und er sorgt dafür, dass es Sie plötzlich irgendwo juckt. Kaum haben Sie sich an einer Stelle gekratzt, juckt es an einer anderen Stelle. Und in Wirklichkeit haben Sie einfach nachgegeben.

Aber wenn Sie der Provokation nicht nachgeben und ausharren, das heißt Ihren Willen anwenden, nimmt der Schweinehund ein anderes Gesicht an und beginnt Sie zu attackieren: »Was will der von mir? Ich bin so krank, und er macht sich über mich lustig! Bei meiner Krankheit sind körperliche Belastungen überhaupt verboten.«

Und in Ihnen taucht aus dem tiefsten Unterbewusstsein der dritte Impuls auf, mir eine in die Fresse zu hauen.

Dafür erhalten Sie, kaum haben Sie die Arme sinken lassen, vom Schweinehund ein Bestechungsgeld in Form von Wohlgefühl.

Und jetzt eine Frage: Was ist leichter, die Arme oben zu halten oder sie sinken zu lassen?

Sie sinken zu lassen natürlich! Aber Sie haben sich immerhin gezwungen, die Arme hochzuhalten? Genauso müssen Sie sich zwingen, auf Ihre Haltung zu achten, auf die Mimik, auf die Ausführung der Übungen zur Verbesserung Ihrer Gesundheit und natürlich der Sehkraft.

Setzen Sie das Gesicht eines verliebten Menschen auf. Die Brust heraus! Wir machen weiter.

Wie Sie bemerkt haben, ist der innere Schweinehund seiner Natur nach sehr hinterlistig, schlau, findig und wendig. Vielleicht ist er schon zum Angriff übergegangen.

Sagen Sie bitte, haben Sie das Gefühl, dass Sie heute alles begriffen haben?

Bravo!

Und blicken Sie jetzt sechs Jahre zurück, blicken Sie sich um. Waren Sie damals auch der Meinung, dass Sie alles im Leben begriffen haben?

Und mit 18?

Das heißt, auch heute und auch morgen und auch übermorgen werden Sie wissen, dass Sie alles im Leben verstehen. Und es wäre gut, wenn Sie den heutigen Verstand vor zehn Jahren gehabt hätten, ja? Jawohl!

Das heißt, der innere Schweinehund kommt in der Gestalt des Satzes »Ich verstehe alles«. Das ist auch tatsächlich so, aber jeder versteht alles auf seine Weise.

Ich schlage meinen Hörern immer die folgende Übung vor: »Schließen Sie bitte alle die Augen. Stellen Sie sich ein Bild vor.

Irgendein Ort, nachts. Sie halten Blumen in der Hand. Öffnen Sie die Augen.

Und jetzt beschreiben Sie, was das für ein Ort ist, was für eine Zeit der Nacht, was für Blumen und den Geruch der Blumen. Haben Sie verstanden, wovon ich spreche? Gut!«

Und jetzt zu der Frage, was verstehen heißt. Ich frage die Hörer einzeln: »Was für eine Blume haben Sie sich vorgestellt und wo war das?«

»Tulpen bei mir auf der Datscha.«

»Weiße Rosen in einem Sanatorium am Kaspischen Meer.«

»Löwenzahn auf der Wiese.«

»Ein Fliederbusch im Garten hinter dem Haus.«

Haben Sie bemerkt, wie sich alle verstreut haben? Der eine sitzt auf der Datscha, der andere im Sanatorium, der Dritte pflückt Löwenzahn auf der Wiese, und den Vierten zieht es in die Büsche. Jeder hat es auf seine Weise verstanden.

Haben die Hörer daraus, dass ich gesagt habe »nachts, Blumen«, irgendetwas Neues gewonnen? Nein, haben sie nicht. Sie haben sich nur an ihre Erfahrung erinnert, nicht mehr.

Und ich, als ich davon sprach, stellte mir eine Mondnacht in der Wüste vor. Der Frühling in der Wüste ist wahnsinnig und sehr kurz, wie die erste Liebe eines hundertjährigen Jünglings. In so einer Nacht kann man alles bis zum Horizont sehen. Ringsum über hunderte Kilometer keine Menschenseele. Da sind Hügel, und alle sind bedeckt mit wuchernden, kurzlebigen Blumen. Ein betörender Geruch! Stille! Nur irgendwo sind Grillen zu hören.

Ich verließ den Weg, der vom Mond beleuchtet war, bückte mich, sammelte mit den Händen ein, was ich fassen konnte, und atmete den Geruch ein. Ich wünschte mir, Sie wären damals in dieser Nacht mit mir unterwegs gewesen – Sie aber, ebenso wie die Hörer, sind mit Ihrem eigenen Verständnis jeder woanders gelandet. Sei's drum.

Ein und dieselbe Information hat uns weit auseinandergerissen. Und hier liegt der Fehler. Sie hören, dringen ein, verstehen, und in Wirklichkeit wühlen Sie in Ihrer Erinnerung: »Aha, das ist so ähnlich. Habe verstanden!«

Aber verstehen – das ist ein Vergleich neuer Kenntnisse mit denen, die Sie schon haben. Ich sage zum Beispiel:

»Die Erde ist rund.«

Haben Sie mich verstanden? Ja. Und warum? Weil das heute eine allgemein bekannte Tatsache ist und Sie in Ihrem Kopf eine Information darüber haben.

Aber wenn ich sage: »Die Erde ist quadratisch«, was antworten Sie darauf?

»Sie sind wohl nicht ganz bei Trost!«

Wenn eine derartige Information nicht in Ihrem Kopf ist, erfolgt sofort ihre Zurückweisung, und Sie lassen sie an Ihren Ohren vorbeiziehen. Was haben Sie dabei Neues erworben? Nichts!

Und wollen Sie an einem anderen Beispiel sehen, was verstehen heißt?

Wir haben schon davon gesprochen, dass der Charakter der Krankheit entspricht. Ihr Charakter ähnelt einem alten, abgetragenen Schuh. Stellen Sie sich vor, Sie gehen ins Schuhgeschäft und sagen:

»Kann ich in Ihrem Geschäft Schuhe finden, wie ich sie kenne?«

Man antwortet Ihnen:

»Das kann gut sein. Bitte wählen Sie!«

Und was machen Sie? Sie suchen Schuhe aus, die Sie kennen oder »verstehen«, von Ihrer Erfahrung ausgehend.

Das Verstehen ergibt einen Teufelskreis. Da, wo bloßes Verstehen vorliegt, gibt es keine Entwicklung, kein Wachstum, keinen Zugewinn.

Das heißt, Sie gehen an alles im Leben mit Ihren alten Maßstäben heran. Während Sie Schuhe mit abgetretener Sohle aussuchen, sagen Sie: »Das ist mir bekannt und verständlich!«

Also ist das Verstehen eine Form der Bequemlichkeit. Das heißt, dass Sie den Charakter, der Sie zu der Krankheit gebracht hat, in eine neue Verpackung gewickelt haben und stolz dasitzen und die Welt durch Ihre Brille betrachten.

Und jetzt erinnern Sie sich daran, welche Antwort Sie unterstrichen haben in der Klassifikation von »Ich möchte erblinden« über »Ich glaube nicht, dass ich besser sehen werde« oder »Ich zweifle, dass ich besser sehen werde« bis »Ich sehe gut«.

Erinnern Sie sich? Die Grenze zwischen Gesundheit und Krankheit ist der Glaube. Wenn Ihre Antwort sich auf der anderen Seite der Barrikade befindet, sind Sie einfach ein Faulpelz! Um nicht an sich zu arbeiten, verstecken Sie sich hinter Erklärungen und Argumenten.

Also gut, ich gebe es zu! Das alles sind versteckte Formen der Bequemlichkeit, auf welche Sie bis zum heutigen Tag einfach nicht gekommen sind. Aber jetzt wissen Sie, was das ist, also gelten alle Wege der Abweichung ab sofort für uns als abgeschnitten! Einverstanden?

Nehmen wir uns zur Anschaulichkeit den Zweifel vor.

Bildhaft gesprochen ist der Zweifel ein Augenpaar, das im Genick liegt. So können Sie nur nach hinten blicken, in die Vergangenheit, auf erlebte Misserfolge und Niederlagen. Und jede Bewegung nach vorne wird von neuen Schlägen des Kopfes gegen eine Wand begleitet. Und je weiter Sie so gehen, desto mehr Beulen holen Sie sich.

Die negative Erfahrung häuft sich weiter an und verfestigt sich im Bewusstsein. Daher wächst die Unsicherheit betreffend Ihrer Kräfte. Sie schauen noch wachsamer auf den gestrigen Tag und reden sich und Ihrer Umgebung ein, dass es ohne Vergangenheit auch keine Zukunft gibt.

Es kommt heraus, dass die chronischen Fehlschläge realisierte Zweifel sind. Und der Zweifel ist eine aggressive Form der Bequemlichkeit. Noch ein Kreis hat sich geschlossen. Es zeigt sich, dass Sie selber Ihre Krankheit verteidigen:

Niemand wird sagen: »Ich will nicht gesund sein.« Sie wollen alle, aber …

Der innere Schweinehund kommt im Rock, aber die Beine sind krumm!

Sie gehen in ein Fitness-Center. Warum? Zu welchem Zweck? Weil Sie mit sechzig zum ersten Mal heiraten wollen! Sonst sagen bei der Hochzeit alle: »Krumme Beine, krumme Beine …«

Sie treten an den Trainer heran und fragen: »Sagen Sie bitte, kann ich meine Beine gerade kriegen?«

»Ja, können Sie.«

»Und wie?«

»Sie müssen jeden Tag üben.«

Aber der innere Schweinehund (i. S.) sagt Ihnen: »Wenn jemand sagt, dass wir mehr als fünf Minuten und mehr als einmal üben müssen, dann ist das nichts für uns. Wir haben keine Zeit.«

»Und um welchen Zeitaufwand geht es insgesamt?«

»Je anderthalb Stunden, ein halbes Jahr lang.«

Der i. S.:

»Verstanden, Närrin? Hau ab von hier!«

Der Trainer:

»Bitte, machen Sie fünfzig Kniebeugen, ich möchte das Ausgangsniveau Ihrer körperlichen Fitness feststellen.«

Sie fangen an: Eins, zwei … Und in dieser Zeit beginnt in Ihrem Inneren der Kampf zwischen innerem Schweinehund und Willen.

Der i. S.:

»Kotz. Wie viel sind noch übrig?«

Der Wille ermuntert:

»Weiter, weiter! Drei, vier, fünf...«

Da lässt der innere Schweinehund vor Ihren Augen verschiedene Bilder entstehen und flüstert:

»Schau, wie viele Menschen draußen sind, auf der Straße, in der U-Bahn. Sind sie vielleicht Idioten? Wenn diese Übungen irgendeinen Nutzen hätten, dann wären die Leute jetzt alle hier.«

Der Wille:

»Mach weiter, weiter... Es muss sein! Denk an deinen Traum!«

Dann geht der innere Schweinehund an allen Fronten zum Angriff über:

»Du bist eine völlige Nulpe, wenn du dich so quälst! Natürlich träumt deine ledige Freundin auch davon, zu heiraten, und sie hat auch krumme Beine. Aber du hast O-Beine, sie jedoch X-Beine. Warum ist sie denn zusammen mit dir gekommen?«

Sie fangen an nachzudenken: »Wirklich wahr, warum eigentlich?« Dieses Argument ist sehr gewichtig. Und der innere Schweinehund setzt seine Arbeit fort:

»Schau! In welcher Zeit lebst du? Das hast du dir fein ausgedacht, ein Fitness-Center! Das ist eine veraltete, noch dazu so anstrengende Methode. Du könntest fernsehen! Es gibt jetzt auch Spezialnahrung in Tablettenform, sie heißen Nahrungsergänzungsmittel, und Cremes.«

Du liegst auf der Couch, und im Fernsehen zeigt man Hosen, bei denen gibt's so eine Creme als Zugabe. Du cremst dich ein, ziehst die Hose drüber, legst dich schlafen, und am Morgen erwachst du doch wieder als Aschenputtel.

Das ist doch wirklich ein Glanzstück von Werbung! Sie

trifft genau die Wünsche des einfachen Bürgers! Nichts tun und gleichzeitig vieles bekommen, wonach man strebt! Die Nachfrage erzeugt das Angebot!

Übrigens hat sich diese Ware bestens verkauft. Woher ich das weiß? Geheimnis! Nun gut, ich erzähl es gleich!

Und der innere Schweinehund fährt fort:

»Man muss nicht einmal das Haus verlassen. Diese Zauberhose bringt man dir ins Haus!«

Es reicht! Jetzt wissen Sie genau, warum Sie morgen nicht hierher kommen.

Einmal habe ich das im Hörsaal erzählt, da lachte eine Dame und hörte nicht zu lachen auf, sie kriegte sich nicht ein vor Lachen. Ich fragte sie: »Was ist los?« Sie: »Hahaha, ich arbeite bei dieser Firma.«

»Und warum lachen Sie dann?«

»Weil diese Hose von allem am besten geht.«

Ich bat sie: »Bleiben Sie bitte. Sagen Sie, hilft diese Hose wirklich?«

»Das ist ein Geschäftsgeheimnis.«

Und als sie zur zweiten Stufe kam, sagte sie: »Ich habe gekündigt. Als ich gesehen habe, was dort vor sich geht, hab ich es nicht ausgehalten. Das ist nicht meine Sache.«

Oder nehmen wir ein anderes Beispiel. Erinnern Sie sich, wenn Sie morgens auf der Straße gehen und ein Jogger im Trainingsanzug Ihnen entgegenkommt.

Wie reagieren Sie?

Sie sagen sich: »Ich will das auch!« Aber gleichzeitig taucht ein Gedanke auf: »Das hast du schon oft gewollt, mein Lieber, viele Male!«

Damit Sie nicht lange leiden müssen, lässt der innere Schweinehund augenblicklich einen Schutzvorhang auf Ihr Bewusstsein fallen, drückt Ihren Kopf an seine Brust und schützt sein Kind vor allen Attacken. Er flüstert Ihnen ins Ohr:

»Schau, er ist ja nicht bei Trost, ein Spinner, ein Kranker! Was geht in dem vor? Er wird gesund sterben. Hervortun will er sich! Hat wohl nichts zu tun!« Oder was anderes in dieser Art. Warum?

Sie fangen an, sich im Vergleich zu ihm im Hintertreffen zu fühlen, weil er eine zusätzliche halbe Stunde zum Trainieren gefunden hat. Sie haben plötzlich begriffen: »Mancher kann es, aber ich kann mich nicht zwingen. Ich will, aber ich kann nicht.« Sie grämen sich und haben Schuldgefühle vor sich selber. Damit wollen Sie sich in den eigenen Augen rechtfertigen. Was machen Sie dann?

Nachdem Sie begriffen haben, dass er bescheuert ist, heben Sie vorne Ihren Bauch mit großartiger Geste vom Asphalt und hinten den Fettschweif. Hoppla! Und, mit sich zufrieden, schieben Sie sich auf die andere Seite wie ein fetter Truthahn oder eine alte Kuh und gehen weiter so durchs Leben … Haben Sie sich wiedererkannt?

Wenn der innere Schweinehund auch nur den geringsten Widerstand registriert, nimmt er sofort die Form der Schmeichelei an und beginnt, Sie zärtlich zu überreden und Ihre Wachsamkeit einzuschläfern: »Du bist so müde. Heute war ein schwerer Tag. Einen Tag früher oder später, was macht das für einen Unterschied? Ruh dich aus, und morgen packen wir's mit neuen Kräften an. Ich helfe dir selbst dabei!«

Er tritt in der Rolle des Verbündeten auf und bietet Ihnen seine Unterstützung an. Ahnen Sie schon, was morgen sein wird?

Bequemlichkeit ist das Streben nach Ruhe. Die Ruhe strebt nach ihrem höchsten Ideal – der absoluten Ruhe, der ewigen Ruhe. Die Bequemlichkeit ist der Tod in Miniaturausgabe.

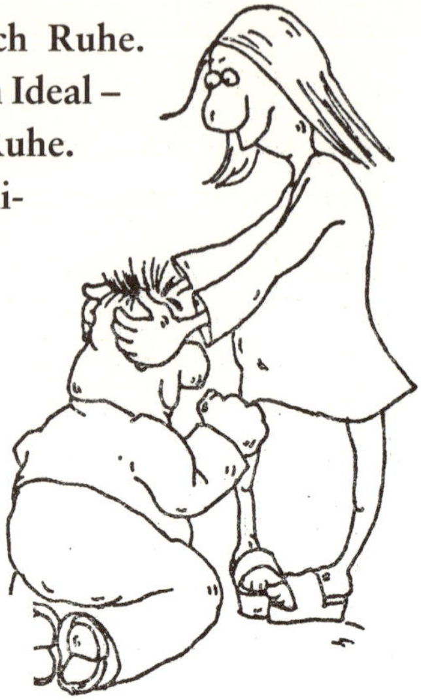

Gerade der Tod in der Maske der Bequemlichkeit schneidet konsequent die Fäden durch, die Sie anfangs mit Ihrem Spielzeug, dann mit Ihrem Interesse am Tanz, an schöner Kleidung und Frisur, an Reisen, an der Arbeit an sich selbst, am Leben insgesamt verbunden haben.

Der Tod streichelt Sie mit seiner Knochenhand und wiegt Sie: »Du wirst nicht sterben! Sterben tun die anderen, du wirst *leben*. Und jetzt ruh dich aus. Nimm eine Tablette und schlaf. Sie wird alles für dich erledigen.«

Die Bequemlichkeit in der Kindheit: »Ich will nicht!«

In der Jugend: »Ich weiß es selber!«

Im reifen Alter: »Ich bin klug – und alle andern sind Deppen!«

Die Menge der bequemen Menschen nennt dies das Streben nach Verbesserung des Wohlergehens der Bevölkerung.

Man kann sagen, dass alle Erfindungen nur für die Befriedigung der Bedürfnisse der Armee der Bequemen gemacht werden.

Als das Volk zu faul war, das Fleisch mit den Zähnen zu zerteilen und zu kauen, hat irgendein Schlaukopf den Fleischwolf erfunden.

Dem Volk wurde es zu mühsam, zu Fuß zu gehen, da erfand

einer, der nicht stillsitzen konnte, das Fahrrad. Ein Genie erfand das Automobil, den Aufzug etc.

Die Menschen möchten den ganzen Abend ausruhen und im Lehnsessel sitzen: Bitte sehr, hier ist der Fernseher mit Fernbedienung.

Alles hervorragend! Aber was ist das Motiv dafür und wo führt es letztendlich hin? Zur Ruhe, zur Ruhe, zur ewigen Ruhe!

Wenn Sie Ihrem inneren Schweinehund den Krieg erklären, denken Sie nicht, dass dieser sofort erschrickt und kapituliert. Er wird nicht mit verschränkten Armen dasitzen und zuschauen, wie Sie sein Territorium erobern.

Die beste Methode der Verteidigung ist der Angriff, deshalb beginnt er eine Offensive auf allen Fronten. Denn Ihr Sieg bedeutet für ihn den Untergang. Umso mehr, als er Sie all die Jahre aktiv und raffiniert gesteuert hat.

Sie sind für ihn nicht nur Dach, Herd und Nahrung, sondern auch die Möglichkeit, seiner Lieblingsbeschäftigung nachzugehen: den Willen einzuschläfern, aus Ihnen ein willenloses »Stück Fleisch« zu formen, wie es der Masse der Menschen entspricht.

Gerade deshalb findet er immer schwerwiegende Argumente, vor denen Sie die Hände hochreißen und kapitulieren. Für ihn ist das Leben ein Glücksspiel.

Stellen Sie sich vor, dass Sie den inneren Schweinehund überwunden und sich gezwungen haben, sich auf die Trainingsmatte zu setzen und mit den Übungen anzufangen. Zuerst macht er Ihnen Zugeständnisse. Er wird mit schlauen Augen zuschauen und Sie von oben herab aufmuntern:

»Jetzt mach, mach schon, streng dich an! Bra-a-vo! Schauen wir, ob es für lange reicht.«

Und sogleich fügt er hinzu:

»Am Fenster fährt ein Auto vorbei, es stört dich, warte, bis

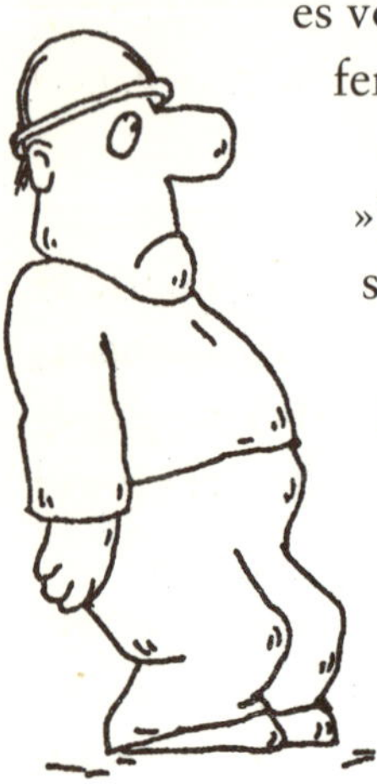

es vorüber ist. Und dort in der Ferne ist eine Rauferei. Zack, der hat ihm eine reingehauen!«

Oder:

»Verflixt noch mal, irgendwo tropft ein Wasserhahn. Tropf, tropf, tropf…«

Die ganze Zeit wird er Sie ärgern und ablenken. Und dann wird er sagen:

»Komm, lassen wir das alles für bessere Zeiten… Im Sommer in den Ferien gehen wir gemeinsam an den Strand, setzen uns in den Sand und trainieren…«

Hatten Sie schon solche Gedanken? Glauben Sie vielleicht, im Sommer am Strand werden Sie üben? Zu diesem Zeitpunkt werden Sie die Fliegen oder die Mücken behindern. Kaum schließen Sie die Augen, kommt eine Mücke… ziiiiiiiiiii. Der innere Schweinehund sagt:

»Komm, wir fliegen auf die Bahamas, da wird uns niemand stören…«

Haben Sie zu Hause Bedingungen zum Üben? Natürlich, ein Faulpelz hat so was niemals. Was für eine Frage! Die Wohnung ist zu eng für die Familie, jeder braucht irgendwas, und keine Ecke ist frei. Was soll man da groß üben! Noch dazu die lauten Nachbarn, das sind einfach schlechte Karten!

Das heißt, damit Sie Ihre Übungen machen, muss ich zu Ihnen nach Hause kommen. Einen Strumpf über den Kopf gezogen mit der MP in der Hand und an einer Leine ein Fliegerabwehrgerät hinter mir herziehend, reiße ich mein Maul auf so weit wie ein Scheunentor und brülle verzweifelt los:

»Alle raus aus dem Haus, trara-trara-trara! Rrraus mit allen, wird's bald! Die hochverehrte Tante Manja oder Onkel Wanja wird jetzt an ihrer ›Radikulitis‹ zwischen den Ohren arbeiten.«

Zu dieser Zeit, um sieben Uhr null Minuten, muss der ganze Häuserblock auf Abstand von einem Kanonenschuss gehen mit einem Transparent

»Tante Manja (oder Onkel Wanja) trainiert!«

Man wird ein Bataillon Polizisten auf der einen Straßenseite postieren, ein zweites Bataillon auf der anderen Straßenseite, um den Verkehr zu stoppen. Sie müssen üben, aber am Himmel fliegt ein Flugzeug vorbei … Da bin ich gerade richtig mit meinem Fliegerabwehrgerät …

Aber egal, irgendetwas, was Sie ablenkt, wird sich immer finden.

Mit einem Wort: Warten Sie nicht auf irgendwelche besonderen Bedingungen. Handeln Sie in jeder Situation, benützen Sie dafür jede Möglichkeit und Zeit, vorausgesetzt, Sie haben ein Ziel.

Das ist eine der Methoden, wie man den inneren Schweinehund überlisten kann. Und wenn Sie sagen, dass Sie keine Zeit haben, an sich zu arbeiten, so sollten Sie wissen, dass er Ihnen eine Überraschung in schöner Verpackung mit dem Namen »Scheiß-am-Stiel« präsentieren wird.

Der innere Schweinehund ist vielgesichtig und findet immer einen Grund, um die Übungen zu stoppen. Seien Sie wachsam!

Ist Ihnen aufgefallen, wie während der Liegestützen oder Kniebeugen der Augenblick kommt, wo Sie sich mit Gewalt zwingen müssen? Die Muskeln sagen:

»Ich kann nicht mehr! Jetzt werfe ich das Handtuch!«

Und Ihr Wille sagt:

»Es muss sein, Iwan, es muss sein!«

Das nützliche Training beginnt genau in dem Moment, in dem Sie sich zur Handlung zwingen, sich nötigen durch das »Ich kann nicht« und »Ich will nicht« hindurch. Im anderen Fall trainieren Sie Ihre Willenlosigkeit und Schwäche und stimulieren den inneren Schweinehund.

Das Gesetz des Lebens ist so: Sie bleiben niemals auf der Stelle stehen. Entweder Sie gehen vorwärts, oder Sie werden zurückgeschleudert.

Täglich ein winziger Sieg über den inneren Schweinehund trainiert den Willen. Ein tägliches minimales Entgegenkommen an ihn ist seine Nahrung. Das ist alles! Ein Drittes gibt es nicht! Wählen Sie: Entweder Sie lassen sich zurückwerfen, oder Sie kämpfen sich vorwärts.

Jede Ihrer Handlungen dient entweder dem Aufbau oder der Zerstörung. Trägheit gibt es da nicht. Denken Sie daran! Beseitigen Sie jegliche Nachsicht und arbeiten Sie an sich.

Jeder kann seinen inneren Schweinehund rechtfertigen. Jeder hat seine eigene Wahrheit. Die Wahrheit des Mannes, die Wahrheit der Frau, die Wahrheit der Kinder, die Wahrheit der Nationen, die Wahrheit der Menschheit, und wenn sie zusammenstoßen, entsteht ein Konflikt.

Manchmal stimmt die Wahrheit von zwei Nachbarn, von denen einer sich ausruhen will und der andere lautstark seinen Spaß haben will, nicht überein. Dann geht jeder von ihnen mit ein paar ehrlich verdienten Beulen in den nächsten Tag.

Es gibt die Wahrheit des Dorfes, die Wahrheit der Stadt, die Wahrheit des Staates.

Folglich können Sie nach Wunsch jede Ihrer Handlungen rechtfertigen. Sie wollen bis zu den Ohren in dem Leben sitzen, das Sie zu Ihrem Leiden gebracht hat, zur Selbstzerstörung, zum

Krieg mit sich selbst, zum endlosen »Trara-trara« an die eigene Adresse?

Nur die Bequemlichkeit, die uns in den Rahmen der allgemein üblichen Begriffe, Denkweisen, Verhaltensformen drängt, zwingt uns zu leben, zu denken und zu handeln wie alle und führt im Ergebnis in die Sackgasse. Lösen Sie sich von der Menge! Machen Sie sich los von diesem Sumpf!

In jedem von Ihnen ist eine herausragende, geniale, starke Persönlichkeit verborgen, aber leider ist sie nicht ausgepackt. Geben Sie Ihrem tiefsten wahrhaftigen Wesen als MENSCH die Möglichkeit zur Entwicklung. Sie sitzen auf einem goldenen Berg und betteln, sie sitzen bis zum Hals im Quellwasser und sterben vor Durst! Das ist Irrsinn!

Wer sich selbst erkennt, erkennt Gott! Das bedeutet, dass in uns vom Herrgott alles angelegt wurde: Lieben, Schaffen, Aufbauen. Es bleibt nur, das in sich anzuerkennen und zu entwickeln, und dafür gehen wir weiter.

Ein »Lackmustest« für die Verödung des Charakters

Betrachten wir die vierte Fallgrube, in die ein chronisch kranker Miesepeter stolpert.

Der häufigste Fehler, die größte Gefahr verbirgt sich in der Unzufriedenheit mit sich selbst.

Der Hass auf sich selbst ist die Falle, die jedes Werk zuschanden macht! Das ist Selbstzerstörung! Wenn Sie nicht einverstanden sind, schlage ich Ihnen einen Minitest vor.

Beantworten Sie bitte eine Frage. Sind Sie zufrieden mit Ihrer Arbeit, Gesundheit, Ihrem Äußeren, Ihrem Privatleben? Zu wie viel Prozent meinen Sie sich in Ihrem Leben selbst verwirklicht zu haben?

Geben Sie sich eine Gesamtnote für die bisher gelebten

Jahre auf der Zehnpunkteskala. Lassen Sie sich Zeit. Denken Sie gut nach und lauschen Sie Ihrer inneren Stimme.

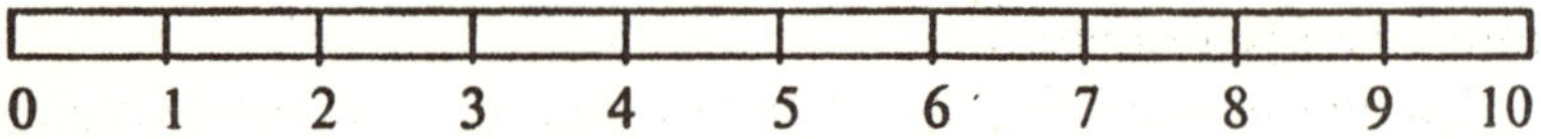

Und, wie ist es ausgegangen? Dann analysieren wir jetzt die Ergebnisse.

Machen wir den Lackmustest unseres Charakters

Mein lieber Leser! Bereiten Sie ein Glas mit Honig oder Ihrer Lieblingsmarmelade vor, ein Fläschchen mit Zyankali und eine saubere Glasschüssel. Der Ablauf ist sehr einfach.

Wenn Sie sich einen Punkt gegeben haben, geben Sie einen Löffel Honig und neun Löffel Zyankali in die Schüssel. So ist ihr Charakter.

Wenn Sie sich zwei Punkte gegeben haben, nehmen Sie zwei Löffel Honig und acht Löffel Zyankali. Es wird angenehmer schmecken, falls Sie das noch beurteilen können, bevor Sie Ihre Glieder von sich strecken.

Hut ab, wenn Sie sich neun Punkte gegeben haben, weil Sie zu Honig oder Marmelade nur einen einzigen Löffel Zyankali mischen!

Frage: Was ist da für ein Unterschied? Dass man länger zum Sterben braucht? Nein, wer sich acht oder neun Punkte gegeben hat, unterscheidet sich in keiner Weise von den anderen Selbstmördern.

Und damit Sie sich meinen Zustand nach dem Umgang mit so einem Charakter wie Ihnen gut merken können, machen Sie Folgendes.

Nehmen Sie anstelle von Zyankali Katzenkacke mit einem Herstellungsdatum, das Ihrem Alter entspricht…

Die, die sich einen Punkt gegeben haben, geben in ihre Schüssel einen Löffel Honig und neun Löffel Kacke. Die anderen machen es genauso, entsprechend ihrer Selbsteinschätzung.

Bei wem schmeckt es am besten? Wer hat eine neun? Neun Löffel Honig und ein Löffel dieser Nahrungsergänzung! Die Hauptsache ist, es gut zu mischen!

Verstehen Sie? Jeglicher Umgang mit Ihnen hinterlässt einen sehr interessanten Beigeschmack im Mund. Dieses ekelhafte Zeug merkt man sich für immer.

Einmal wandte sich nach so einem Seminar eine Dame an mich und sagte:

»Was haben Sie mit mir gemacht? Ich bin so ein Leckermaul, und jetzt kann ich schon den dritten Tag keine Marmelade mehr anschauen!«

Es stellte sich heraus, sie hatte eine sehr starke Vorstellungskraft. Und ich spreche solche Garstigkeiten bewusst aus, damit sie sich gut einprägen.

Sie sind ein erwachsener Mensch, vielleicht sind Sie wesentlich älter als ich, aber ich kann sagen, dass ich mich in einer Sache, in der kleinsten, besser auskenne als Sie – im Verhalten eines chronisch Kranken, eines schwarzen Schafs im Geschäft oder im Leben. Ich wühle hier eben schon seit zwanzig Jahren jeweils zehn Stunden herum!

Das, was Sie zum ersten Mal zur Verteidigung Ihrer Situation aussprechen, habe ich schon tausende Male gehört. Sie haben noch nicht einmal den Mund geöffnet, da weiß ich schon, welche Worte Sie aussprechen zur Rechtfertigung, warum Sie nicht gesund sein können. Das ist alles nicht neu.

Für mich ist es kein Geheimnis, wie sich Menschen rechtfertigen, wie sie ihre Krankheit verteidigen. Aber die Hauptsache ist, dass ich weiß, wie man sie aus diesen Krankheiten und Problemen herausziehen kann. Ja, genau so ist es!

Ich erkenne die schwarzen Schafe, bei denen die Gesundheit auf sich warten lässt, und weiß, welche Argumente sie anführen, wie sie sich verhalten. Und ich sehe, welche Mimik und welches Verhalten Menschen haben, die als Sieger aus ihrem Leiden hervorgehen.

Sie haben schon einen Test zur Verödung des Charakters absolviert, als Sie die Frage beantwortet haben, ob Sie an Ihre Genesung glauben, darauf hoffen, daran zweifeln etc. …

Sie haben sich seither um nichts verändert! Anders konnte es auch gar nicht sein! Als ich die Menschen studierte, die gesund aus einer Krankheit hervorgegangen sind, fiel mir ein erstaunlicher Unterschied auf im Vergleich zu denen, die in ihrem Leiden stecken bleiben.

Das Verhältnis der Genesenden zu sich ist voller Achtung, Dankbarkeit und Anerkennung. Sie finden in jeder Handlung Freude.

Sie haben sich also eine Note gegeben. Und nach welchen Kriterien eigentlich? Hm? **In Wirklichkeit ist das Kriterium nur der Charakter! Das Stereotyp Ihres Denkens ist eigentlich Ihre Norm.** Aber jeder Schritt in Richtung Wunscherfüllung vergrößert Ihren Kummer.

Sie wollten zur Vollständigkeit Ihres Glücks eine Schrankwand kaufen. Sie haben sie! Oh! Nach zwei Tagen scheint Ihnen, dass sie noch besser hätte sein können. Sie ist ein bisschen niedrig, und die Farbe ist auch nicht ganz ideal, und besonders geräumig ist sie auch nicht, wie sich herausstellt.

Und jedes Mal, wenn Sie sie betrachten, sind Sie traurig, anstatt sich zu freuen. Sie möchten, dass sie besser ist!

»Ich bin ein wenig unzufrieden mit dem Haus, das ich gebaut habe. Ich hätte es etwas höher bauen sollen und breiter. Schade, dass nur vierzig Zimmer drin sind, eines mehr hätte ich gut noch brauchen können!«

Und das neue Haus wird zu einem ewigen Vorwurf an die eigene Adresse wegen Ihrer mangelnden Weitsicht.

So einem Menschen fehlt immer »ein ganz kleines bisschen«, ein Minimum zum vollständigen Glück. Er ist nur ein ganz kleines bisschen unglücklich.

Aber kann man etwa ein ganz kleines bisschen krank sein?

Kann man ein ganz kleines bisschen tot sein?

Ein ganz kleines bisschen Feigling?

Ein ganz kleines bisschen Verräter?

Ein ganz kleines bisschen gewissenlos?

Ein ganz kleines bisschen schwanger? Gibt's das oder nicht?

Das gibt's nicht. Einverstanden?

Stellen Sie sich vor, dass ein Mensch, der ein ganz kleines bisschen unglücklich ist, plötzlich beschlossen hat, Chef zu werden, weil ihm gerade das noch zum vollständigen Glück gefehlt hat. Er wird zum Beispiel Leiter einer Firma.

Aber er ist nur einige Monate glücklich. Nach einiger Zeit kommt wieder das Gefühl der Mangelhaftigkeit hoch.

Jetzt will er zum vollständigen Glück Generaldirektor werden. Er wird es. Aber das Glück vermehrt sich nicht, er wird ständig von dem Gefühl verfolgt, dass irgendetwas fehlt. Um sich vor dem Unglück zu schützen, das ihm auf dem Fuße folgt, will er noch höher hinaus. Und so weiter, immer weiter.

Und Sie denken ewig nach, saugen an Ihren Fingern und finden schließlich einen Grund zur Unzufriedenheit und – haben gleichzeitig einen Genuss daran.

Was, hab ich vielleicht nicht recht? Diese Klugmenschen haben sogar eine Devise gefunden: »Die Unzufriedenheit mit dem Erreichten ist der Preis des Fortschritts!«

Morgens stehen Sie auf, den ganzen Tag bis zum Abend sind Sie auf der Suche nach einem ungenügenden gespenstischen »Etwas«, um morgen glücklich zu sein. Und das täglich bis ans Lebensende!

Sie sind immer ein wenig – zumindest mit irgendetwas – nicht ganz zufrieden, und deshalb bleiben Sie Ihr ganzes Leben einen Tag hinter dem Glück zurück.

Die Unzufriedenheit mit sich selbst führt immer zur Zerstörung jedes schöpferischen Prozesses. Das ist ein Sumpf, welcher alles Beginnen in seinen Schlund zieht. Sie bauen mit einer Hand etwas auf und reißen es mit der anderen wieder ein.

Wann werden Sie leben? Wann?

Wann werden Sie lernen, sich an jedem Atemzug zu freuen?

Atmen Sie jetzt ein und aus. Und alles, was Sie in diesem Augenblick gefühlt haben, kehrt nie mehr zurück. Das ist alles!

Stellen Sie sich vor, es könnte kein zweites Ein- und Ausatmen mehr kommen. Was Sie jetzt fühlen, was Sie jetzt sehen, wer sich jetzt neben Ihnen befindet, daraus setzt sich das Leben zusammen. Denken Sie nicht nur an den morgigen Tag, sondern räumen Sie schon heute auf mit Ihren Forderungen ans Leben, den Kränkungen, dem Ärger usw. usf.

Verschieben Sie Ihr Leben nicht auf morgen, leben Sie, lieben Sie, kreieren Sie, freuen Sie sich heute, jetzt! Jajaja! Gerade jetzt, mein Lieber!

Nach der gleichen Bewertung, die Sie sich selbst verpasst haben, kann man sagen, dass in Ihnen das Böse herrscht.

Sie haben sich wieder einmal mit Ihrem Charakter gemessen und ausgerufen: »Das ist ein bisschen wenig!«

Jede Anschaffung oder Errungenschaft im Leben bringt Ihnen im Endeffekt noch mehr Unglück, noch mehr Kummer, Enttäuschung und Traurigkeit.

Aber das Schlimmste ist, dass das Leben vorübergeht. Ein Mensch, der an der Schwelle zur Ewigkeit steht und zurückblickt, beginnt plötzlich die Sinnlosigkeit vieler Wünsche, Errungenschaften und Anschaffungen zu verstehen. Das ist der Augenblick, wo die wahrhaftige Enttäuschung und Trauer einsetzt, aber dann ist es zu spät.

Der berühmte Heerführer Alexander der Große begriff vor seinem Tod, was er angerichtet hatte und wofür er sein Leben verschwendet hatte. Er, der fast die ganze Welt erobert hatte, ersuchte, ihn mit offenen Händen zu begraben.

Und als man ihn zur Grabstätte trug, hat man seine Hände aus dem Sarg herausgestreckt mit den Handflächen nach oben, damit alle sehen konnten, dass er mit leeren Händen ging. Damit die Menschen diesen Fehler verstanden und ihn nicht in ihrem Leben wiederholten. Das ist eine historische Tatsache.

Nicht einmal eine Stecknadel können Sie mitnehmen. Ist es also die Mühe wert, mit einer solchen Hartnäckigkeit sein Leben für den Erwerb von materiellen Werten zu verschwenden? Vergessen Sie nicht die innere Arbeit an sich!

Krankheit und Charakter – das ist eine spiegelgleiche gegenseitige Abbildung.

Charakter und Schicksal sind ein und dasselbe.

Die Veränderung des Charakters führt zu einer Veränderung des Schicksals. Auf diesem Weg ist Ihr Hauptfeind – Sie selbst!

Eine geringe Selbstbewertung ist die größte Zerstörungskraft, ist der Tod. Hass ist Gift. Ein Mensch, der sich selbst hasst, hasst auch seine Umgebung.

Sie sind nicht einverstanden?

Dann sagen Sie mir, ob Sie einen anderen Menschen lieben können, wenn Sie sich selbst nicht lieben? Können Sie jemand nähren, wenn Ihr Topf leer ist?

Nein!

Ein Mensch, der sich selbst nicht achtet, kann auch keinen anderen achten. Ein Mensch, der sich nicht liebt und sich nicht annehmen kann, ist nicht in der Lage zu lieben. Sie können nicht etwas geben, was Sie nicht haben.

In einem der heiligen Bücher heißt es im Namen Gottes: »Liebe deinen Nächsten wie dich selbst.«

Jetzt haben wir zusammen die zerstörerischsten Seiten des Charakters eines chronisch kranken Miesepeters besprochen. Aber unter Anstrengung des Willens kann man den Charakter in eine bessere Richtung verändern.

Die erste Aufgabe lautet: Schreiben Sie alle negativen Seiten Ihres Charakters, die Sie beseitigen möchten, in eine Liste, und daneben schreiben Sie alle positiven Seiten, die Sie gerne stärken und entwickeln möchten. Diese Aufgabe ist die eigentliche Grundlage für viele Übungen, von denen später die Rede sein wird.

Das Tor zur Hölle

Der junge Kaiser ging mit seinem Gefolge durch die Stadt. Das Volk fiel ihm zu Füßen und rief:

»Es lebe der Kaiser!!!«

Der Schatzmeister folgte ihm und überschüttete das Volk vor den Augen des Herrschers mit goldenen Münzen.

Die Leute waren bereit, einander die Ohren abzubeißen, die Augen auszustechen, im Dreck zu wühlen auf der Suche nach hinuntergefallenen Münzen, und riefen verzweifelt in der Hoffnung, dass noch die eine oder andere Münze herabfallen würde:

»Es lebe der Kaiser!!!«

Die Soldaten wachten darüber, dass sich alle vor dem Herrscher verbeugten, und versetzten denen Peitschenschläge auf den Rücken, die ihren Kopf nicht neigten.

Ein Soldat zog das Schwert, um einem bloßfüßigen, dreckigen, abgerissenen Mönch den Kopf abzuschlagen, welcher mit stolz erhobenem Haupt dem Kaiser entgegentrat.

Als der Soldat mit dem Schwert ausholte, hörte er die gellende Stimme seines Herrn:

»Halt!!!«

Er hielt verwundert ein. Wie das! Der Kaiser hatte das selbst befohlen, und es war schon mehr als ein Kopf von den Schultern gerollt.

Aber das, was in der Folge passierte, erschütterte alle!

Der junge Kaiser sprang von seinem Rennpferd, lief diesem frechen Kerl entgegen, fiel auf die Knie und küsste den Saum seines schmierigen Umhangs.

Das Gefolge war schockiert. Eine Woge des Staunens ging durch das Volk. Was für ein Wunder! Wie hatte man den Kaiser reingelegt! Erst später erkannte jemand aus dem Gefolge in diesem zerlumpten Mönch den Altkaiser. Vor einigen Jahren hatte er auf den Thron verzichtet, hatte seinem Sohn die Macht übergeben und war auf Wanderschaft gegangen, um nach der Wahrheit zu suchen.

»Sei gegrüßt, Vater. Auf deine Rückkehr …«

»Nein, nein, mein Sohn, ich bin noch nicht zurückgekehrt. Ich war an dem einen Ende der Welt, jetzt muss ich noch zum anderen Ende, und der Weg führt durch dein Land.«

»Das ist dein Herrschaftsgebiet, Vater!«

»Nein, Sohn, das ist dein Herrschaftsgebiet.«

»Du siehst schlecht aus, Vater, du bist sehr abgemagert. Ein Ross für den Kaiser!«

»Nein, nein, ist nicht nötig. Du weißt doch, ich habe ein Gelübde abgelegt, zu Fuß zu gehen und zu betteln. Wenn du deinem alten kranken Vater unbedingt helfen willst, dann lege mir einige Kupfermünzen in diese Schüssel, damit ich mir Brot kaufen kann. Mehr braucht dein Vater nicht.«

Der Sohn war empört, als er die kleine schmutzige Holzschale für die milden Gaben sah.

»Schatzmeister!«

Der Schatzmeister lief herbei.

»Fülle diese Schale!«

»Mein Sohn, mehr als in diese Schale passt, kann ich nicht annehmen.«

Nach der ersten Hand voll Münzen begann das Volk zu munkeln, dass irgendein Bettler ein ganzes Vermögen bekommen habe. Jeder war bereit, diesen Vagabunden zu erwürgen. Sie schrien:

»Es lebe der Kaiser! So einem Bettler schenkt er solch einen Reichtum!«

Und dem Schatzmeister drehten sich die Augen zur Stirn. Die Münzen fielen in die Schale, aber die Schale blieb leer.

»Was ist das für ein Wundergefäß, Vater?«

»Schatzmeister, was starrst du! Füll die Schale!!!«

Und mit jeder Hand voll wunderte er sich mehr und mehr. Ein ganzer Sack Gold war in dieser Schale verschwunden, aber sie blieb leer.

»Was ist das für ein seltsames Gefäß, Vater?!«

»Mein Sohn, siehst du, in was für ein Unglück dein Vater geraten ist? Wenn du kannst, mach mich heute satt.«

Der Sohn nahm die Schale, drehte sie verwundert in seiner Hand, betrachtete sie von allen Seiten, knallte sie wütend auf den staubigen Weg und befahl:

»Anfüllen!«

Die Diener brachten Sack um Sack, bis der Schatzmeister sagte:

»Gebieter! Das Gold ist zu Ende!«

»Schick Eilboten aus, die sollen noch mehr ranschaffen! Solange diese widerliche Holzschale nicht voll ist, rühren wir uns nicht von der Stelle!«

Es wurden noch viele schwere Säcke in die Schale geschüttet, aber sie blieb nach wie vor leer. Beim vierzigsten Sack hielt es der Sohn nicht mehr aus:

»Was ist das für ein Satansgefäß? Was hast du für eine Teufelsschale gebracht, Vater? Vierzig Säcke voll Gold haben wir aufgebraucht, und sie ist immer noch leer! Wie und mit was kann man sie denn füllen?«

»Ach, mein Sohn, ich bin glücklich, wie bin ich glücklich, dass du schlauer bist als ich. Du hast schon beim vierzigsten Goldsack gefragt, was das für eine Schale ist. Ich aber habe, bis ich das endlich begriffen habe, mein ganzes Leben in diese Schale geworfen, die halbe Welt, tausende Konkubinen, den ganzen erdenklichen und nicht erdenklichen Reichtum der Erde. Mein Sohn, auch meine Gesundheit habe ich da hineingeworfen. Ich habe *alles* hineingeworfen, aber die Schale blieb leer. Weil sie aus meinen Wünschen gemacht ist. Das ist die Schale der Wünsche …«

Auch Sie, lieber Leser, besitzen diese Schale.

Auf der Jagd nach dem nächsten Wunsch haben Sie Ihre Jugend, Ihre Gesundheit, Ihre Schönheit und Ihr Glück in diese Schale geworfen.

Sie hat Ihre Seelenruhe, Ihre Lebensfreude verschluckt, Sie hat Sie Ihre wahren, heiligen Träume nicht realisieren lassen. In diese Schale haben Sie Ihr ganzes Leben geworfen.

Vor Ihnen liegt vielleicht noch ein Drittel. Und wenn Sie die Schale jetzt nicht verschließen, zieht sie auch das Ihnen verbliebene Leben hinein.

Sehen Sie das wirklich nicht?

Jedes Mal, wenn Sie sagen »Es reicht nicht«, trainieren Sie in sich das negative Verhältnis zu sich und zu allem, was Sie erreicht haben, entwerten Sie alle gelebten Jahre, das ganze Leben!

Während Sie sich selbst bekritteln, vergleichen Sie sich weiter mit anderen, und nicht von Ihrer besten Seite! Die schwache Selbstbewertung ist aus der Schale der Wünsche gekommen – das ist die Urgrundlage des Unglücks, der Unzufriedenheit, der Fehlschläge …

Schauen Sie in sich hinein. Selbst wenn Sie Ihre Sehkraft in einem Tag zu 100 Prozent wiedergewönnen, wären Sie immer noch nicht zufrieden. Stimmt's?

Verändern Sie, solange es noch nicht zu spät ist, Ihr Verhältnis zu sich, zu Ihrer Umwelt und zum Leben, finden Sie in sich etwas Wahrhaftiges, Wertvolles, Echtes, Ewiges und entwickeln Sie es.

Jetzt heben Sie die rechte Hand. Streicheln Sie Ihren Kopf zumindest dafür, dass Sie durch die Lektüre dieses Buches einen Versuch machen, sich Ihrer Gesundheit anzunehmen und die Sehkraft wiederherzustellen.

Auch wenn Ihnen das eine oder andere nicht gelingt – das ist nur anfangs so. Lernen Sie, sich die kleinen Fehlschläge zu verzeihen. Finden Sie Dankbarkeit zu sich einfach dafür, dass Sie da sind.

Man kann immer etwas finden, um sich zu loben.

Wenn Sie etwas für sich verändern möchten und dabei doch der Gleiche bleiben wollen, betören Sie sich mit Illusionen. Entschuldigen Sie, aber es ist sinnlos, ein Geschwür zu salben, wenn ein rostiger Nagel drinnen ist, die Wunde wird sich so oder so öffnen. Der rostige Charakter, der sich in Ihrem Körper befindet, hat ihn in Schwierigkeiten gebracht.

Wie schwer es auch sein mag: Für jeden Tag, für jede erledigte Arbeit muss man mit Willensanstrengung Achtung vor sich selbst hervorrufen, denn gerade von hier aus nimmt die Bildung der Persönlichkeit ihren Anfang.

Denken Sie vielleicht, nur Sie haben Probleme?

Alle haben sie in ausreichendem Maß! Nicht zufällig heißt es: »In jedem Haus sitzt eine Laus!« Aber die Hauptsache ist, man verhält sich nach der Regel: Wenn du eine Situation nicht verändern kannst, verändere dein Verhältnis zu ihr.

Alles wird nur im Vergleich erkannt. Gerade deshalb kann man sagen, dass das Leben in allen seinen Formen herrlich ist.

Vielleicht hat jemand keinen Mann und leidet darunter und quält sich. Aber betrachten Sie einmal diese verheirateten Matronen! Im Vergleich dazu sind Sie einfach ein glücklicher Mensch!

Vielleicht sind Sie unzufrieden mit Ihrem Mann, dann betrachten Sie die einsamen Frauen, mit welch hungrigen Blicken sie Ihren Mann anstarren.

Alles wird im Vergleich begriffen.

Wenn Sie sich für sehr alt halten, dann sprechen wir uns in zwanzig Jahren wieder. Dann werden Sie sagen:

»Ach, wie jung war ich damals, ich ging noch selber auf die Toilette!«

Das ist das Leben!

Warten Sie nicht, bis zwanzig Jahre verstrichen sind, um die Freuden des heutigen Tages zu genießen!

Vielleicht sind Sie traurig, weil Sie eine schwere Krankheit haben? Aber eine Krankheit ist der anderen nicht gleich.

Zum Beispiel haben Sie Magenschmerzen. Sie kommen zum Doktor, und er sagt:

»Wann waren Sie zuletzt beim Arzt?«

»Ich gehe überhaupt nicht zum Arzt.«

»Jetzt sind Sie doch gekommen«, sagt der Arzt, »Sie haben eine Krebserkrankung in fortgeschrittenem Stadium.«

Sie fangen zu weinen an:

»Herr Doktor, kann es nicht ein Magengeschwür sein?« Jetzt würden Sie sich über die Nachricht freuen, dass es sich um ein Magengeschwür handelt. Es stellt sich heraus, Sie haben jahrelang darunter gelitten, und jetzt fangen Sie an, sich danach zu sehnen!

Sie gehen wie betäubt nach Hause, und alles andere interessiert Sie nicht mehr. Sie wissen, dass Sie nur noch kurze Zeit zu leben haben, und alles rundherum hat seinen Sinn verloren.

Es interessiert Sie nicht mehr, was die Menschen von Ihnen halten, warum der Nachbar nicht grüßt, was Sie für einen Teppich haben, einen alten oder einen neuen!

Ihr Auto rostet durch und geht kaputt, aber Sie haben Ihr Leben für dieses Auto hingegeben!

Die Möbel werden altersschwach, aber Sie haben schon einen Teil Ihres Lebens an diese Möbel verschwendet! Alles ist leer in dieser Welt, alles ist Illusion, alles ist vergänglich.

Was bleibt vom Menschen – außer dem guten Andenken – nichts!

Eine Umwertung der Werte ist eingetreten. Das, worüber Sie sich noch gestern Sorgen machten, was Sie quälte, woran Sie litten, sieht heute aus wie ein harmloses Wehwehchen.

Erst jetzt haben Sie den wahren Wert der Dinge und Ereignisse im Leben begriffen, aber leider…

Zwei Wochen später bekommen Sie ein Schreiben aus der Polyklinik. Sie gehen hin, und der Arzt fällt fast auf die Knie vor Ihnen und fleht Sie an:

»In Namen aller Heiligen!!! Verzeihen Sie bitte!!! Im Labor hat man die Analysen vertauscht. Sie haben ein Magengeschwür.«

Sie gehen auf die Straße hinaus und rufen voller Freude:

»Ich hab ein Geschwür!! Ich habe ein Geschwü-ü-ü-ür!!!

Alles wird im Vergleich erkannt, mein Lieber. All unsere Traurigkeit, alle unsere Freuden sind relativ. Versuchen Sie, jede Minute Ihres Lebens zu schätzen. Ein Augenblick, und es kann zu Ende sein!

Lernen wir also, auch im Allerschlimmsten etwas Gutes zu sehen. Auf ein und dasselbe Problem kann man von verschiedenen Seiten blicken, man kann es unterschiedlich bewerten und auf verschiedene Weise an seine Lösung herangehen. Noch ein Beispiel:

Zwei Schüler, die Raucher waren, spazierten durch den Park und trauten sich nicht, sich eine anzuzünden. »Morgen müssen wir den Lehrer fragen, ob wir rauchen dürfen«, beschlossen sie. Am nächsten Tag kommt einer der beiden ganz verstört und sieht, dass der andere raucht.

»Was, du rauchst?«, wundert er sich. »Mir hat es der Lehrer nicht erlaubt.«

»Und was hast du ihn gefragt?«

»Ich hab ihn gefragt, ob ich rauchen kann, während ich meditiere«. Er hat mich fortgejagt und sehr böse ausgesehen.

»Da liegt der Fehler! Ich habe ihn gefragt: Darf ich meditieren, während ich rauche? Und er hat ja gesagt.«

Was fühlen Sie,

wenn Sie an eine Zitrone denken?

Wenn Ihnen die Theorie noch nicht reicht und sie noch nicht bei Ihnen angekommen ist – hier ist noch ein Schlüssel.

Schauen wir uns an, wie unsere Vorstellung funktioniert. Wie funktioniert der Zweifel oder der Glaube an die eigene Genesung?

Betrachten wir das am Beispiel des »BILDES EINER ZITRONE«.

Machen Sie es sich bitte bequem. Schließen Sie die Augen. Nein, halt, warten Sie. Erst müssen Sie lesen, was Sie mit Ihren geschlossenen Augen zu tun haben.

Stellen Sie sich in Gedanken eine reife, saftige Zitrone vor.

Nehmen Sie sie in die Hand, fühlen Sie die etwas unebene, poröse, elastische Oberfläche, fühlen Sie ihr Gewicht und den Umfang. Stellen Sie sich Farbe, Geruch und Lichtreflexe auf der Zitrone vor.

Führen Sie sie zu Ihrem Gesicht, atmen Sie das Aroma mit voller Brust ein. Erinnern Sie sich, was für ein kühles, feuchtes, zartes, saftiges Fleisch sie hat.

Stellen Sie sich vor, Sie machen den Mund weit auf und beißen ein großes Stück ab.

Machen Sie den Mund zu! Ich hab gesagt in der Vorstellung!

Essen Sie die Zitrone wie einen Apfel. Der kalte, saure, duftende Saft fließt durch den ganzen Mund. Schlucken Sie ihn, und kauen Sie die Zitrone samt Schale ohne Zucker weiter.

Beißen Sie noch ein Stück ab. Bravo! Sind Sie fertig? Hat's geklappt? Sie sind echt toll!

Jetzt schauen wir uns an, wie der Organismus auf diese fantasierte Zitrone reagiert hat. Hat sich Speichel im Mund gebildet? Ja!?

Eine Frage: Haben Sie auf Ihre Drüsen gedrückt? Haben Sie zu ihnen gesagt: »Stellen Sie bitte Speichel her?«

Haben Sie Ihrem Magen gesagt:

»Kannst du bitte Magensaft produzieren?«

Sie haben das nicht gemacht, Sie haben sich nur vorgestellt, dass Sie die Zitrone essen, die Restarbeit hat Ihr Organismus ohne Ihre Mitwirkung erledigt. Der Magen hat sich schon bereitgemacht, die nicht existierende Zitrone zu verdauen, und sitzt jetzt gekränkt da und schaut von unten nach oben durch die Speiseröhre:

»Du Affe, du hast mir eine Zitrone versprochen, und jetzt gibst du sie mir nicht! Wo ist sie?«

»Das Bild der Zitrone« ist einer der Mechanismen, welcher unserer Arbeit an uns selbst zugrunde liegt. Das ist nur einer der Schlüssel, die ich Ihnen in diesem Buch liefere!

Das Arbeitsprinzip des Gehirns bei erwachsenen Menschen ist gleichartig, das heißt, das Gehirn arbeitet über Vermittler, deren Rolle das Wort spielt. Das Wort »Gesundheit« ist der Vermittler, über den Sie das erwerben wollen, was man Gesundheit nennt.

Versuchen Sie jetzt die Augen zu schließen und an die Gesundheit zu denken. Denken Sie, denken Sie. Strengen Sie so stark wie möglich das an, was Sie nicht im Kopf haben, nämlich Ihre Gehirnwindungen. Denn das, was man trainiert, entwickelt sich.

Was entsteht im Kopf und im Körper? Hm?

Natürlich nichts!

Machen wir noch ein kleines Experiment zum Thema: »Ich

will gesund sein.« Eine Übung mit der poetischen wissenschaftlichen Bezeichnung »Fressen«.

Mit geschlossenen Augen erinnern Sie sich an eine riesige reife Bengalische Nuss, öffnen den Mund und beißen ein Stück ab, es darf ruhig ein größeres Stück sein! Kauen Sie, kauen Sie, meinetwegen bis zum Jüngsten Tag!

Und, hat's geklappt?

Ich weiß genau, welche Frage in Ihrem Kopf aufgetaucht ist.

Was ist eigentlich eine Bengalische Nuss?

Als Mann sage ich Ihnen bedeutungsvoll und delikat: Weiß der Teufel, was eine Bengalische Nuss ist!

Wenn ich es wüsste, hätte ich sie bestimmt beschrieben. Diese Nuss habe ich selbst erfunden!

Wenn Sie sich das Ziel setzen »Ich will gesund sein«, reagiert Ihr Organismus mit dem gleichen Unverständnis, wie Sie auf die »Bengalische Nuss« reagiert haben, und fragt:

»Was ist denn das? Chef, erkläre, was du willst! Beschreibe es mir in einer verständlichen Sprache.

Warum hat der Organismus auf die Zitrone reagiert? Weil Sie, wenn Sie an die Zitrone denken, in erster Linie an Umfang, Gewicht, Farbe, Geruch denken, stimmt's? Der Unterschied liegt also darin, dass ein kranker Mensch, der sagt, dass er gesund sein will, seinen Organismus in eine Sackgasse führt. Es läuft darauf hinaus, dass er etwas will, was er nicht kennt.

Jede Ihrer Aussagen wie »Ich will gesund sein« wird vom Organismus aufgenommen wie »ich du nix verstehen«.

Er fragt:

»Sag, was willst du? Zeig mir, was ich tun soll!«

Das Wort »Gesundheit« ist für ihn Abrakadabra. Weil es zum zweiten Signalsystem, dem System der Sprache, gehört, das in Bezug auf die Genesung sehr schwach wirkt.

Aber auf die Wörter »Eine Kakerlake ist in Ihrer Badehose«

bekommen Sie sofort eine Gänsehaut. »Eine Kakerlake ist in Ihrer Badehose!«

Gänsehaut oder nicht? Wenn nicht, dann fangen Sie ein fettes Exemplar von einer Kakerlake und lassen Sie sie in Ihre Hose gleiten. Sie werden sich das Gefühl merken!

Aber Sie haben wohl auch ohne dieses Experiment alles richtig gespürt, weil Sie Kakerlaken schon gesehen haben, Hosen tragen und sich das Bild real vorgestellt haben und weil deshalb eine Reaktion eingetreten ist.

Ich habe noch eine Gesetzmäßigkeit gefunden, warum der Kranke in seinem Leiden stecken bleibt: Vom frommen Wunsch, von der reinen Absicht, gesund zu sein, gelangen Sie ins Nichts.

Achtung! Wenn Sie sich an die Arbeit an der Sehkraft machen, stellen Sie sich eine klare, exakte und konkrete Aufgabe. Der Organismus beginnt sofort, sie zu verwirklichen.

Wenn Sie willentlich ein Bild der Genesung herstellen und Freude darüber empfinden, dass Sie gesund werden, beginnen Sie bewusst den Organismus zu lenken, weil Sie ihm eine konkrete Aufgabe erteilen. Und er ist gezwungen, sich ohne auszuscheren Ihrer Aufgabe zu unterwerfen und den Auftrag auszuführen.

Im »Bild der Zitrone« haben Sie überhaupt nicht an den Speichel gedacht, die Reaktion kam ganz von selbst. Der Organismus reagiert auf ein Bild.

Der Schluss ist folgender: Gedanke und Bild haben eine konkrete, materielle Kraft.

Das heißt, mithilfe eines Bildes nehmen Sie den ganzen Organismus unter Ihre Führung. Das ist das erste Gebot.

Und jetzt noch eine weitere Vorbereitungsübung: »Das Bild der fünf Finger«.

Halten Sie Ihre Hand vor das Gesicht und wählen Sie einen der fünf Finger an der Hand. Betrachten Sie ihn aufmerksam ohne Unterbrechung. Beginnen Sie, ihn mit Liebe zu studieren, ihn von innen und außen zu erkunden. Teilen Sie diesem Finger Ihre Gedanken mit – über die Augen, über die Seele und über den Geist. Legen Sie die reinsten und aufrichtigsten Gefühle in diese Übung. Vergessen Sie nicht das Lächeln.

Was fällt Ihnen auf? Wie ist die Sensibilität dieses Fingers im Vergleich zu den anderen?

Haben Sie bemerkt, dass er der Empfindung nach sich mit jeder Sekunde stärker von den anderen unterscheidet?

Wodurch genau?

Was empfinden Sie dort? Wärme, Schwere? Ein Kribbeln? Ein Anschwellen? Ein Pulsieren?

All das ist richtig. Es kann auch zu anderen individuellen Empfindungen kommen!

Einige Hörer meiner Kurse sagen:

»Ich fühle nur noch diesen Finger. Die anderen sind, als würden sie nicht existieren.«

Die Schärfung der Aufmerksamkeit auf einen Körperteil ruft die Zuschaltung von zusätzlichen Rezeptoren hervor und erhöht ihr Informationsvolumen. Ihre Aufmerksamkeit verändert die Empfindlichkeit dort, wohin Sie sie richten.

Somit üben Sie auf diesen Teil einen Einfluss aus, und zwar sowohl einen positiven als auch einen negativen, in Abhängigkeit davon, welche Emotionen und Gedanken Sie hineinlegen.

Der gleiche Mechanismus wird zugeschaltet, wenn Sie mit Ihren Augen arbeiten. Das ist die so genannte ideomotorische Reaktion des Organismus auf die Gedanken.

Fühlen Sie jetzt Ihren Rücken?

Eine unerwartete Frage? Ja natürlich!

Und wenn dort irgendein kleines Insekt krabbelt? Die Aufmerksamkeit schärft sich, und Sie erhalten von dort vollständige Informationen von der Berührung durch die Beinchen dieses Insekts.

Das heißt, eine geschärfte Aufmerksamkeit in einem bestimmten Körperbereich ruft im Gehirn eine erhöhte Informationsfülle über diese Zone hervor. Und das äußert sich in erhöhter Sensibilität...

Oder ein anderes Beispiel. Ich nerve Sie noch nicht mit meinen Beispielen? Dann ist es ja gut!

Haben Sie jemals in einem Fluss oder im Meer gebadet?

Eine idiotische Frage, natürlich haben Sie! Dann versuchen Sie an die Mittagsstunde eines heißen Tages am Strand zu denken. Blauer Himmel, das Wasser schäumt unter den Strahlen der hellen Sonne, es fliegen weiße Möwen herum, in der Ferne sieht man Segelboote und hört man Musik. Kinder quietschen freudig am Ufer.

Sie gehen bis in Schulterhöhe ins Wasser. Eine Welle nach der anderen streichelt den Körper. Versuchen Sie, sich das noch klarer vorzustellen, und Ihr Körper wird reagieren.

Was für ein Genuss! Ein sanftes Lüftchen umspült das feuchte Gesicht. Schließen Sie die Augen und stellen Sie sich vor, wie Sie im Wasser stehen. Ein Dampfer ist vorbeigefahren, und eine große Welle kommt näher. Sie erwarten die Welle mit stockendem Herzen. Die nächste Welle.

Sie sind entzückt, aber ein Krokodil, das begeistert auf eine Begegnung mit Ihnen wartet, nä-ä-ä-hert sich la-angsa-a-a-m unter dem Wasser an und macht seine Zähne bereit zur Liebkosung Ihres Hinterteils!

Was fühlen Sie?

Einen leichten Schauder und eine Gänsehaut an einem heißen Mittag!

Genau das ist die ideomotorische Antwort. Jede Körperzelle reagiert auf Ihre Gedanken.

Das heißt, die Sicherheit, mit der Sie über Ihre Kräfte verfügen, wird sich überall niederschlagen, im ganzen Körper, in jeder Zelle!

Wenn Sie glauben, dass Sie ein MENSCH mit Großbuchstaben sind, wenn Sie wissen, dass Sie die allerschönste Frau auf Erden sind, dass Sie ein Mann sind, wie er im Buche steht, werden auch Ihr Äußeres und Ihr Verhalten und die Ergebnisse aller Ihrer Bemühungen dem inneren Zustand entsprechen. Gedanken haben materielle Kraft, mein Lieber, vergessen Sie das nicht!

In der Antike hieß es: »Bevor du nachdenkst, überleg es dir.«

Probieren wir ein Bild der Jugend an:

Es steht Ihnen!

Lieber Leser! Sind Sie auch der Meinung, dass die Menschen in unserer Zeit schlechter, bösartiger, aggressiver, neidischer geworden sind als z. B. vor fünf Jahren? Ja?

Dann gebe ich Ihnen die Antwort. Wenn rundherum alle schlecht sind, sollten Sie den Grund in sich selber suchen. So wie Sie, so sind auch die Menschen in Ihrer Umgebung. Das Ähnliche erkennt das Ähnliche. Beobachten Sie es selbst!

Nur ein starker Mensch regt sich niemals auf und greift niemals an. Schauen Sie in die Natur, welcher Hund am lautesten kläfft und sich mit allen anlegt: ein kleiner Hofhund, der am liebsten den Schwanz einziehen und sich in eine Ecke verdrücken würde. Er lebt nach dem Prinzip: Angriff ist die beste Verteidigung.

Ein Mensch, der sich selber überhaupt nicht wertschätzt und ständig nur daran denkt, wie schwach er ist, wird einem Köter ähnlich. Er kläfft und stürzt sich auf alle; alle um ihn herum sind solche Mistkerle! Wo ein schwacher Geist ist, werden Aggressionen vorgezeigt.

Also zeigen wir nicht mehr unsere Schwäche und fangen wir an, in uns ein Bild der Vollkommenheit herzustellen. Einverstanden?

Dann beantworten Sie die Frage: Wodurch unterscheidet sich das Denken eines Erwachsenen von dem Denken eines Kindes? Haben Sie die Antwort?

Dadurch!

Kinder denken in Bildern und Erwachsene in Worten. Deshalb werden jetzt die Kinder unsere Lehrer sein. Wir wollen zusammen in die Kindheit reisen.

Sind Sie bereit?

Es wird uns etwas schwerfallen, weil wir beide so eine verderbte Wahrnehmung haben, wir sind so erwachsen wie ein alter morscher Baumstumpf bei Frostwetter.

Besonders schwerfallen wird diese Übung Buchhaltern, Wirtschafts- und Finanzfachkräften, Ingenieuren und jenen, bei denen der Magen-Darm-Trakt ein gewisses Übergewicht hat.

Jetzt werden wir unser Idealbild basteln, wo Sie äußerlich das Ideal in Person sind und innerlich die Harmonie in Person, wo eine Krankheit einfach nicht vorhanden ist. Wo das Gesicht jung und gutmütig und nicht alt und mürrisch ist und wo man die Wangen rot leuchten sieht, selbst wenn man von hinten schaut.

Versuchen Sie, sich dem Bild der Natürlichkeit anzunähern. Die Kinder fantasieren, denken in Bildern, die Erwachsenen aber denken in Worten.

Wenn wir »Gurke« sagen, stellt sich ein Kind sofort ein gebogenes, grünes, aromatisches Ding voller Pickel vor. Der Erwachsene gibt eine Definition, eine Formulierung: »Eine Gurke ist eine Gartenpflanze aus der Familie der Kürbisgewächse mit einer länglichen grünen Frucht«, dann versucht er, sich den Gegenstand entsprechend seiner Beschreibung vorzustellen.

Welch ein Unterschied in den Sichtweisen!

Das Bild der Gesundheit und das Bild der Jugend sind Synonyme für das Wort »Gesundheit«. Erinnern Sie sich an die Bengalische Nuss? Sehen Sie!

Die Wörter »Gesundheit« und »Bengalische Nuss« sind ähnlich in ihrem Wesen.

Das heißt, wir werden jetzt fantasieren und ein Objekt unserer Vorstellungskraft herstellen, ein Muster, ein Ideal, an dem wir uns danach äußerlich und innerlich messen werden.

Bemühen Sie sich, das wie früher zu machen, wie in der Kindheit. Erinnern Sie sich bitte, wie Sie in der Kindheit getanzt haben, wie Sie gespielt haben.

Oder wollen Sie lieber beobachten, wie Kinder spielen?

Für mich zum Beispiel war das eine Entdeckung. Einmal saß ich zu Hause, arbeitete an meinem Schreibtisch, und die Kinder – meine Tochter und ihre Freundin aus dem Nachbarhaus – spielten zu zweit Verstecken.

Im Zimmer gibt es nur einen Lehnsessel und ein paar Decken in der Ecke.

Wissen Sie, wie sie einander suchen?

Die eine verhängt ihren Kopf, alles andere schaut heraus, und die andere geht herum und sucht, aber sieht sie nicht!!! Verstehen Sie? Sie bemerkt sie einfach nicht! Sie kommt herein, die Augen suchen, aber sehen nicht.

Was glauben Sie, tut sie nur so, als würde sie nicht sehen?

Einige Zeit später, als es Zeit ist, findet sie sie. Und die, die gefunden wird, erschreckt sich so, dass sie erstarrt! Sie hat sich doch so gut versteckt, als sie ihren Kopf unter eine Decke gesteckt hat!

Ich betrachtete die beiden, ihre Mimik war die von einem richtigen Schrecken und echter Freude. Alles war echt.

Warum erinnere ich mich plötzlich daran und warum habe ich überhaupt von den Kindern gesprochen?

Ich gebe Ihnen damit eine kleine Erklärung, woher die Übung kommt, die wir gerade zusammen machen werden.

Einmal rief mich ein Freund aus der Zeitungsredaktion an und sagte:

»Hör zu, wir fahren ans Meer. Hast du Zeit?«

Ich sagte:

»Hab ich!«

»Es fährt eine ganze Gruppe von Psychologen, und ich fahr

mit als Journalist. Wenn du willst, schreib ich dich in die Liste, du bist doch Psychologe? Kannst du dir das vorstellen? Für 35 Tage auf die Krim, auf Staatskosten. Das Meer, Wein, Schaschlik, Mädchen, Liebe unter freiem Himmel, Therapie im Gebüsch …«

Ich war einverstanden. Wem gefällt es nicht, sich ein paar Wochen aushalten zu lassen?

Was für ein Wort: sich aus-halten lassen!

Ich fuhr los. Und ich fand mich in einem Sanatorium für Waisenkinder im Vorschulalter, die an Diabetes litten.

Am ersten Tag stand ich unter Schock! Das soll das Meer sein? Das sollen die Mädchen sein? Und die Buschtherapie?!!

Ich begann mich zu interessieren, zu welchem Zweck wir hierher gekommen waren. Wozu waren hier Psychologen gefordert?

Es stellte sich heraus, dass sich an diesem Meeresufer drei gleichartige Sanatorien befanden. Die Medikamente bezogen sie alle aus derselben Apotheke, die Nahrungsmittel kamen aus demselben Lebensmitteldepot. Luft und Meer sind auch für alle gleich!

Warum aber kam es nur in einem der drei Sanatorien zu Genesungen von Diabetes, aber in den beiden anderen nicht?

Aus diesem Grund waren schon mehrere Kommissionen dahin entsandt worden, sie hatten alles überprüft, aber nichts gefunden und am Ende gesagt: »Nur Psychologen können den Grund für die Genesung der Kinder in diesem Sanatorium herausfinden.«

Und ich, der ich mich zufällig und noch dazu auf fremde Kosten unter diesen Psychologen befand, verurteilte meinen Kopf dazu, sich mit diesem Problem abzuquälen.

Die Moskauer Psychologen arbeiteten zwei Wochen, schrieben einen Nullachtfünfzehn-Bericht, blieben dann noch zur eigenen Erholung dort und fuhren schließlich nach Hause.

Ich aber blieb drei Monate hängen, weil ich zur Wahrheit vordringen wollte.

Von allem anderen abgesehen, ergab es sich so, dass einige vier- bis fünfjährige Kinder sich an meinen Hals hängten, in der Annahme, ihr Papa sei gekommen. Vielleicht habe ich deshalb später drei Kinder adoptiert.

Ich musste die wirklichen Gründe der Genesung der Kinder herausfinden. Und ich fand sie. Dank dessen werden auch Sie genesen.

Nach etwa eineinhalb Monaten der Beobachtung begann mir aufzufallen, dass sich die Spiele dieser Kinder von denen der anderen unterschieden.

Gerade in der kindlichen Wahrnehmung, gerade in der kindlichen Aufrichtigkeit, gerade in der kindlichen Vorstellungskraft verbirgt sich das Geheimnis.

Auf welche Weise genesen sie also? Wie funktioniert die kindliche Vorstellungskraft? Bevor wir das erfahren, müssen wir wissen, wie Kinder zur Krankheit stehen.

Und wie denn?

Überhaupt nicht!

Sie gewöhnen sich einfach nach kurzer Zeit, etwa nach zehn Tagen, an die Krankheit wie an neue Hosen. Sie können sich an alles anpassen.

Das Einzige, woran die Kinder sich nicht gewöhnen können, ist das Fehlen der Eltern. Sie haben eine ständige natürliche Sehnsucht, ein instinktives Bedürfnis nach elterlicher Liebe und Schutz. Mutter Natur hat es so eingerichtet, dass ein Kind in der Nähe von Erwachsenen sein soll.

Achtung, der Schlüssel!

Was für eine Besonderheit haben Kinder? Sie sind ewig hungrig nach Aufmerksamkeit, nach Zärtlichkeit, nach Liebe, besonders kleine Kinder. Wie viel Sie Ihr Kind auch streicheln, es ist ihm immer zu wenig. Nach zwei Minuten steht es wieder hungrig vor Ihnen.

Und stellen Sie sich die Situation vor. Der Vater kommt nach Hause, macht die Glotze an, da kommt das Kind zur Tür herein. Der Papa:

»Wie gehts? Wie war dein Tag? Komm her, küss deinen Papa, Kerlchen! Und jetzt geh zur Mama, geh, stör den Papa nicht. Geh zur Oma!«

Das war's. Das Kind hat nicht das bekommen, wonach es ein kolossales Bedürfnis hat.

Und Mama gibt ihm gleich einen Klaps auf den Hinterkopf:

»Weg von dem heißen Backrohr, du verbrennst dich noch.«

Und die Großmutter, statt das Kind zu streicheln, sitzt da und erzieht:

»Brave Mädchen sollen so und so sein. Brave Buben tun so was nicht.«

Und plötzlich, wenn das Kind erkrankt, geschieht ein Wunder. Der Vater vergisst seinen Fernseher und hüpft auf seinen Hinterbeinen herum, bereit, jeden Wunsch zu erfüllen.

Und Mama, die nicht erlaubt, dass das Kind seinen Kopf in das heiße Backrohr steckt und ihm x-mal einen auf den Popo klatscht, sie rotiert, bedient ihr Kleines und leidet mit.

Die Großmutter liest Märchen vor und singt Lieder für das Kind. Und der Großvater taucht plötzlich schnaufend aus dem Nichts auf. Alles ist auf den Kopf gestellt.

Es wird gespeichert: Die Stillung von Liebeshunger und Liebesdurst hängt mit der Krankheit zusammen!

Ich fragte die Kinder:

»Meine Lieben, sagt mir bitte, wenn ihr besonders wollt, dass man euch den Kopf streichelt oder euch was Gutes sagt, was macht ihr dann?«

Zwei von dreien antworten:

»Ich sage, dass mir der Kopf wehtut oder der Bauch.«

Es sieht so aus, als würde sich das Kind verstellen. Stimmt's? Aber…

Ein Kind kann sich nicht verstellen, weil seine Gedanken sich augenblicklich im Körper materialisieren, und es fängt an, wirklich krank zu werden.

Die Kinder, die bei ihren Eltern sind, nehmen die Krankheit als eine Quelle der Liebkosung, der Sorge, der Aufmerksamkeit und der Liebe wahr. Und Waisenkinder haben ebenfalls eine gewaltige genetische Sehnsucht nach Liebkosung, ein natürliches Bedürfnis nach Schutz.

Diese Kleinkinder wenden sich an die Mitarbeiter des Sanatoriums, die Erzieher und Ärzte, und fragen:

»Warum kommen Eltern zu der da und nicht zu mir?«

Die Erzieher können ja nicht sagen: »Du hast überhaupt keine Eltern«, und antworten:

»Du hast auch Eltern.«

»Und wo sind meine Eltern? Und warum kommen sie nicht und nehmen mich mit? Und wann kommt meine Großmutter? Und der Großvater?«

Man antwortet ihnen:

»Du bist jetzt krank. Wenn du gesund bist, kommen sie und nehmen dich mit.«

Die Mitarbeiter in dem Sanatorium wussten selbst nicht, dass ihr Betrug die Genesung unterstützt! Sie hatten doch gelernt, dass die Krankheit unheilbar ist.

Und die Kinder, die ihre unersättlichen Wünsche nach Aufmerksamkeit und Liebe befriedigen wollen, machen sich auf die Suche nach Wegen zur Genesung. Und es stellte sich heraus, dass dieser gewaltige innere Ruf fähig ist, jede schreckliche Krankheit zu vernichten.

Ein zwei- oder dreijähriges Kind interessiert sich plötzlich:

»Was ist eigentlich eine Krankheit? Und was heißt genesen?«

Es bekommt zur Antwort:

»In deinem Blut ist zu viel Zucker! Du sollst keinen Zucker essen!«

Die Kleinen beginnen sehr schnell zu ergründen, dass irgendein Kobold namens Krankheit sie von der Quelle der Liebe, des Schutzes und der Ruhe trennt.

Ich schloss Freundschaft mit einem dieser Küken, einem dreijährigen Mädchen, und fragte sie:

»Sag mir bitte, was bedeutet deine Krankheit?«

Sie erklärte es mir:

»In mir drinnen gehen viele Stück Zucker eins hinter dem andern her. Deshalb kommen meine Eltern nicht zu mir.«

»Und wenn du sehr große Sehnsucht nach deinen Eltern hast, was machst du, damit sie schneller kommen?«

Sie hielt sich mit ihrer Faust an meinem kleinen Finger fest und führte mich in den Hof.

Dort standen an die siebzig verschiedenfarbige Plastikwannen. Am Morgen füllt sie ein Mitarbeiter des Sanatoriums aus einem Schlauch mit Meerwasser.

Das Wasser erwärmt sich in der Sonne, und gegen Mittag lässt man die Kinder in diese Froschtümpel. Die setzen sich hinein und zappeln um die Wette.

Das Mädchen stieg in seine Wanne und fing an herumzuspritzen und murmelte dabei einige Wörter. Ich verstand sie mit Mühe. Wie sich herausstellte, wiederholte sie die ganze Zeit: »Ich bin aus Zucker, ich bin aus Zucker, ich bin aus Zucker.«

Ich fragte sie:

»Warum sagst du: ›Ich bin aus Zucker‹?«

Bis heute erinnere ich mich an ihre Augen, die aufgerissen waren, als hätte sie einen Idioten vor sich. Wie kann so ein erwachsener Mensch das Verständlichste nicht verstehen! Der Zucker verschwindet doch im Wasser!

Die Vorstellungskraft arbeitet bei Kindern buchstäblich. Und sie spielen jedes auf seine Art, und dieses Spiel heilt sie, wie sich herausstellte.

Erst später, als ich den Erziehern davon erzählte, riefen sie wie aus einem Munde: »Deshalb wollen viele unserer Kinder kein zweites Mal in dasselbe Wasser!«

Sie sehen offenbar, dass sich der »Feind« dort auflöst, und warten darauf, bis dieses Wasser weg ist. Verstehen Sie?

Im Kontakt untereinander tauschen sie schnell ihre Erfahrung beim Genesen aus, bei der »Technik der Wiedergewinnung ihrer Eltern«. Ich habe mehrere Methoden von ihnen erfahren. Eine davon will ich Ihnen noch mitteilen.

Und so werden wir heute fantasieren wie die Kinder.

Bemühen Sie sich, Ihrer Vorstellungskraft freie Bahn zu lassen und in Ihrer Fantasie alles zu sehen, zu empfinden und zu spüren, was Sie sich als zugehörig zu einem harmonischen, vollkommenen Menschen vorstellen.

Abgemacht?

Also, wir werden in die Kindheit zurückfallen.

Wozu brauchen wir das?

Passen Sie auf! Wir kommunizieren untereinander, ich erkläre und versuche, Ihnen etwas zu beweisen. Sie aber zweifeln, Sie glauben es nicht, Sie machen ein Gesicht, als würden Sie an etwas anderes denken…

Als ich mit Kindern an der Sehkraft arbeitete, fiel mir folgende Besonderheit auf: Von hundert Brillenträgern gewannen hundert schnell ihre Sehkraft wieder.

Sie kommen zu den Übungen. Ihre Aufmerksamkeit reicht höchstens für fünf Minuten, bereits nach fünf Minuten beginnen sie sich abzulenken, zu flüstern, dann beginnen sie zu schwätzen. Sie tun nur so, als würden sie zuhören. Und in

Wirklichkeit verstehen sie überhaupt nichts, sie dringen nicht in die Materie ein, es ist ihnen schnurzegal.

Worüber ich auch immer gesprochen habe, sie erinnern sich nur an die letzten paar Sätze, alles Übrige haben sie vergessen. Weil sie keine klugen Beweise brauchen.

Das ganze Paradox liegt darin, dass sie nicht verstehen, wovon die Rede ist, sie fragen nichts, sie wollen keine detaillierten Erklärungen. Wenn ich aber sage:

»Kinder, nach Hause!« – verschwinden sie mit Freuden.

Aber warum kommt die Sehkraft dann bei allen wieder zurück? Auch von 200 Kindern erhielten 200 die Sehkraft wieder. Es gab keinen Fall, wo es nur 199 waren – es klappte immer bei allen!

Von hundert tauben Kindern fangen bei hundert die Ohren an, sich zu öffnen. Sie verstehen überhaupt nicht, wovon ich spreche, aber bei allen gibt es ein hundertprozentiges Ergebnis.

Einmal sagten wir ihnen im Unterricht:

»Ihr müsst wissen, Kinder, unsere erwachsenen Hörer, eure Mamas und Papas, Opas und Omas, beseitigen ihre Schrammen. Ihr werdet an euren Schrammen noch arbeiten und spezielle Übungen machen.«

Am nächsten Tag kommt ein Kind:

»Meine Schramme ist verschwunden!«

Nur einmal wurde ihnen gesagt, dass die Erwachsenen ihre Schrammen selbst beseitigen, das ist alles! Das reichte! Wir machten überhaupt keine Übungen mit ihnen. Aber die Schrammen verschwanden …

Woran liegt es?

Kinder denken einfach bildhaft. Die Wünsche und Bemühungen der Kinder erfüllen sich immer irgendwie von selbst. Bei ihnen ist das zweite Signalsystem noch nicht stark entwickelt – Gott sei Dank!

Das zweite Signalsystem, das sind die Wörter; die Sprache ist der Vermittler zur Umwelt in unserer Wahrnehmung. Die mündliche Rede ist die leichteste, einfachste, primitivste Form der Kommunikation.

Und in dieser Primitivität verharren wir Erwachsenen. Denn wenn ich Ihnen sage, was Sie tun müssen und wie Sie es tun müssen, so sage ich Ihnen durch eine Gasmaske: »Schauen Sie, was für eine schöne, duftende Blume!«

Und Sie schauen und riechen durch die Gasmaske und sagen:

»Hab ich nicht kapiert! Erklären Sie mir das noch einmal!«

Das zweite Signalsystem ist, bildhaft gesprochen, eine Gasmaske, durch die wir einen Geruch aufnehmen wollen.

Versuchen Sie, sich aus kindlicher Erinnerung zu sehen.

Ich zum Beispiel bin letztes Jahr meiner Kindheit begegnet. Als ich in meinem Elternhaus war, stieg ich auf den Dachboden. Plötzlich erinnerte ich mich, dass ich hier ein Zimmer hatte, ein riesiges Zimmer, in dem ich vor dreißig Jahren herumgegangen war. Das war mein Palast.

Ich stieg also hinauf, aber ich fand mein Versteck nicht. Außer einer dicken Schicht Staub war da nichts. Und plötzlich erblickte ich in einem Winkel etwas Bekanntes. Ich ging in die Hocke und kroch hinein. Es stellte sich heraus, dass meine Körpergröße es damals erlaubt hatte, mit erhobenem Kopf da hindurchzugehen.

Ich fand die Stelle, wo ich immer meine Reichtümer aufbewahrt hatte. Als ich nachsah, lagen dort Stücke von Porzellangeschirr. Verschlüsse von Limonadeflaschen und Geld aus Alufolie von den Schokolademünzen, die ich zum neuen Jahr bekommen hatte. Ich ging immer mit ausgebeulten Hosentaschen, weil ich all diese Schätze mit mir umhertrug.

Ich erinnere mich, dass ich ein Spielzeug besaß, das sonst niemand hatte. Das war ein richtiges Auto. Es konnte überall fahren, sowohl über die Heizkörper als auch über das Fensterbrett, wo auch immer. Und in Wirklichkeit war das nur ein Teil von einem Motorradakku.

Verstehen Sie jetzt, wie stark die kindliche Vorstellungskraft ist? Erinnern Sie sich, wo Ihre ungehobenen Schätze liegen, wo die Kostbarkeiten vergraben sind?

Das heißt, wenn wir jetzt fantasieren werden, dann versuchen Sie so zu fantasieren wie in der Kindheit.

In dieser Fantasie versuchen Sie zu sehen, zu empfinden und sich gerade so zu erleben, wie Sie zu sein beabsichtigen, zu sehen und zu erleben, wie Ihre Beine aussehen, Ihre Hände, Ihr Rumpf, Ihr Gesicht, die Augen. Wie soll es drinnen aussehen, in der Seele? Spüren Sie ein Gefühl der Leichtigkeit, der Harmonie, der Friedlichkeit und des Glücks.

Anfangs denken wir uns das und schaffen uns ein Bild wie ein Künstler, und dann erinnern wir uns an die samtene Haut, die Geschmeidigkeit des Körpers, die Ruhe in der Seele etc. Jetzt versuchen wir, nicht nur mit den Augen zu arbeiten, sondern mit dem ganzen Organismus. Fangen wir an, zu fantasieren…

Stellen Sie sich vor, Sie sind ein unsterblicher Mensch. Könnten Sie den Menschen Ihr Geheimnis verraten? Könnten Sie irgendjemand von Ihrer Unsterblichkeit erzählen? Hm?

Nein! Man würde Sie in tausend Stücke reißen, um Sie im Labor zu untersuchen und zu erforschen und eine Methode zu finden, wie man selbst unsterblich werden kann.

Man würde endlos experimentieren, und Sie könnten sich gegen diesen Haufen Menschenfresser nicht wehren. Deshalb sind Sie gezwungen, wenn Sie unter den Menschen sind, wie alle auszusehen, wie alle zu altern, um dann jedes Mal wegzugehen, Ihren Raum zu wechseln… und vielleicht an den alten Platz zurückzukehren als Sohn oder Enkel dessen, der Sie damals waren.

Jetzt darüber, wie Sie unsterblich wurden.

Vor mehr als zehntausend Jahren überfiel ein Feind Ihren Stamm, und alle mussten sterben. Sie sind der Einzige, der dieses Gemetzel überlebt, und mit einigen Verletzungen entgehen Sie der Verfolgung.

Der Feind folgt Ihrer Spur, und Sie fühlen schon seinen heißen Atem im Rücken. Ein Pfeil in das eine Bein, ein Pfeil in das andere. Vor Entsetzen kriechen Sie in eine Berghöhle und drücken sich an eine Felswand, um sich vor den näher kommenden Schritten zu verstecken.

Hier findet sich eine schwache Stelle an der Grenze zu einer parallelen Dimension. Ihr inneres Entsetzen setzt einen Mechanismus in Gang, und plötzlich fallen Sie, nachdem Sie sich durch eine enge Spalte gedrückt haben, in eine Nachbarhöhle und bleiben dort einige Tage sitzen.

Ihre Wunden verheilen unnatürlich schnell, die Kräfte kommen zurück, und wenn Sie gestärkt sind und an die Oberfläche treten, bemerken Sie, dass alles wie in einem Spiegelbild aussieht.

Die Sonne steigt von der anderen Seite hoch. Und die Zeit geht nach rückwärts.

Hinter diesem Hügel haben Sie Ihre Ansiedlung gesucht, aber nicht gefunden. Außer wildem Gras ist nichts da! Keinerlei Spuren von der Anwesenheit eines Menschen.

Sie kehren wieder in die Höhle zurück und erinnern sich, wie Sie dahin gekommen sind, wie Sie die Spalte gefunden haben am Schnittpunkt zweier Welten. Und von diesem Augenblick an beginnt Ihr Leben neu.

In dieser Welt altern Sie wie alle, Sie leiden und machen Krankheiten durch wie alle gewöhnlichen Menschen. Aber eines schönen Tages halten Sie es nicht mehr aus: Die Wehwehchen, die grauen Haare, die Runzeln überwältigen Sie, Sie gehen wieder in die Berge und öffnen die Tür in die andere

Dimension und treten in die Welt ein, wo die Zeit rückwärts fließt.

In kurzer Zeit beginnen Sie sich zu erneuern, weil das Gesetz der Kompensation wirkt. Das ganze Unglück liegt nur darin, dass diese Welt nur Ihnen zugänglich ist.

Niemand sonst kann da hinein. Und weil der Mensch die Einsamkeit nicht aushält, müssen Sie immer wieder zu den Menschen zurückkehren.

Sie haben gesehen, wie die Pyramiden gebaut wurden, wie die Menschen die reine blauweiße Glasur davongetragen haben, die einst die Pyramiden bedeckte. Sie haben gesehen, wie Babylon verfiel, Sie waren in den Reihen Dschingis Khans…

Und irgendwo gibt es ein Haus, das Sie sich aus eigener Kraft erbaut haben vor Tausenden und Abertausenden Jahren. Ein einstöckiges kleines Häuschen, da, wo die vier Elemente ineinander übergehen.

Dort gibt es weder Staub noch Verwesung. Alles wird in unberührter Form aufbewahrt. Diesen Teppich hat Ihnen der Kaiser selbst geschenkt. Und die Ritterrüstung gehörte dem Vater von Heinrich IV.

Im ersten Stock ist Ihr Schlafzimmer. Die Fenster gehen nach allen vier Richtungen. Stellen Sie es sich vor.

In der einen Richtung der Ozean, in der anderen endlose Felder, die am Horizont verschwinden, in der dritten ein gepflegter Wald mit sonnengetränkten Blumenlichtungen, in der vierten die Berge. Sie kommen am Abend an, waschen sich und legen sich ins Bett…

Beginnen wir im Augenblick des Erwachens.

Die Fenster sind sperrangelweit offen. Über Nacht ist die Regenerierung in Ihrem Körper bereits in Gang gekommen. Der feine weiße Vorhang am Fenster bewegt sich leise. Sie schließen die Augen.

Der Ozean... Morgen... Sie sind im Bett, die Fenster sind sperrangelweit offen. Eine sanfte, kühle Brise, feucht vom Tau, sie trägt den Geruch der Erde, der Blumen, der Berge, der Nadelwälder, des Ozeans und streichelt liebevoll zärtlich Ihre Haare und Ihr Gesicht und flüstert Ihnen zu:

»Guten Morgen, meine Freude! Guten Morgen, meine Liebe! Glückwunsch zur Rückkehr! Öffne die Augen! Ein zauberhafter Tag erwartet dich!«

Schaffen Sie ein Bild, sehen Sie alles vor sich!

In Gedanken dehnen Sie sich, zärtlich und mit Genuss. Sie öffnen die Augen und sehen, wie die Sonne aufgeht. Allmählich werden Sie munter wie ein Kind und heben Ihren Kopf von Ihrem Wolkenkissen.

Ringsum jubilieren die Vögel und werden verrückt vor Freude, weil jedes Erscheinen Ihrer Person in dieser Welt eine Stärkung alles Lebenden bewirkt, eine Stärkung von allem, was es da gibt. Sie wirken verjüngend auf diese Welt, und die Welt umgekehrt auf Sie.

Sie stehen auf. Stellen Sie es sich vor!

Barfuß schreiten Sie über den kalten Fußboden, steigen die Treppe hinunter, treten auf die Veranda hinaus und...

Mein Gott! Wie rein, wie frisch, wie herrlich! Die gestrige Müdigkeit und Erschöpfung sind wie weggeblasen. Dehnen Sie sich nochmals in Gedanken und lassen Sie die Gelenke knirschen.

Vor Ihnen ist der Sandstrand des Ozeans, die durchsichtige glatte Oberfläche des Wassers. Sie nehmen ein Handtuch und gehen einen kaum sichtbaren Pfad über taunasses Gras, die Morgenfrische und den Duft der Blumen im Atem, in Richtung eines Wasserfalls, wo die Urgewalten toben!

Und das ist nicht einfach ein Wasserfall! Aus einer Quelle in einem Felsspalt geboren, hat er sich den Weg gebahnt, hat die Kraft des Felsens angenommen und sich in einen mächtigen

Strom verwandelt. Jedes Tröpfchen, das die Schwierigkeiten des Wegs überwunden hat, hat sich gereinigt und Zauberkraft erworben!

Während Sie sich dem Fuß des Felsens nähern, treten Sie an Ihren Wasserfall heran und genießen das Spiel der Sonne in den kristallenen Spritzern des Wassers, atmen genussvoll Feuchtigkeit und Reinheit der Luft ein und »lösen sich darin auf«.

Stellen Sie sich vor, in jedem Tröpfchen ist das Sonnenlicht! In jedem Tröpfchen ein Regenbogen! Dieser Wasserfall trägt in seinen Händen den freudigen Perlenschmuck der Reinheit, der Jugend, der Frische, der Wachheit, der Schönheit...

Sie werfen in Ihrer Vorstellung die Kleider ab, und zusammen mit den Kleidern alles Vergangene: das Alter, die Beschwernisse des Lebens, die Kränkungen, die Zweifel, den Stress – alles, was sich in den Jahren angesammelt hat.

Sonne und Wind beginnen, Ihren Körper zu liebkosen. Sie stellen sich vor, dass Sie tief einatmend unter den Wasserfall treten.

Stellen Sie sich vor, dass eine Kaskade von Freude, eine Kaskade von Munterkeit, von Glück, von Frische, von Jugend auf Sie herniederprasselt. Von der Berührung der Zaubertropfen vibriert der ganze Körper, und die Haut wird glatt, geschmeidig, samten, wie bei einem Neugeborenen!

Fühlen Sie, wie das Wasser über die Haut läuft und alles Oberflächliche, Aufgesetzte, Unechte hinwegspült.

Mit jeder Sekunde fühlen Sie eine immer größere Leichtigkeit, Wachheit, Reinheit. Sie genießen, was mit Ihnen passiert, und...

O Wunder! Plötzlich beginnt das Wasser durch Sie hindurchzufließen und alles mitzunehmen, was der Gesundheit fremd ist, alles, was der Ruhe fremd ist, alles, was der Harmonie fremd ist!

Sie sehen, wie ein dicker schwarzer Schleim aus Ihren Verlusten, Kränkungen, Enttäuschungen, Niederlagen und Krankheiten unter Ihren Füßen in dem Zauberwasser verschwindet und sich für immer auflöst!

Sie fühlen, wie Sie mit jeder Sekunde eine immer größere Frische, Leichtigkeit, Kraftfülle, majestätische Schönheit erwerben und damit Stärke, Sicherheit und königliche Gelassenheit!

Sie treten unter dem Wasserfall hervor. Sie stellen sich vor, wie Sie Ihren Körper betrachten: die Beine, die Arme, den Rücken, den Bauch, die Brust, den Nacken, das Gesicht – Sie betrachten sich von der Seite.

O Wunder! Was für eine Vollkommenheit! Was für eine Schönheit! Sie sind der Engel des Lichts! Aber das Wichtigste ist – hören Sie genau hin! Was für eine Harmonie in der Seele, was für ein Licht im Verstand, was für eine Kraft im Geist!

Sie sind mächtig im Hervorbringen, im Schaffen! Sie sind der Engel des Lichts! Sie sind der Engel des Guten! Sie sind der Engel der Liebe! Herzlichen Glückwunsch zur Wiedergeburt!

Prägen Sie sich diesen Zustand ein, damit Sie für die Menschen eine Quelle des Lichts, des Guten, der Inspiration und der Kraft werden. Denn es steht Ihnen noch bevor, auf das Schlachtfeld zurückzukehren, wo Gut und Böse in ewigem Kampf um die Seele des Menschen ringen.

Und jetzt betrachten Sie den Himmel. Sie sehen die Vögel, die hoch droben durch die Lüfte schweben. Und Sie spüren den Wunsch, in Gedanken zu fliegen. Stellen Sie sich vor, wie Sie abheben, um die Reinheit des Himmels aufzunehmen.

Wir breiten die Schultern aus, machen uns fertig für den Flug und machen eine kleine Willensanstrengung. Aufregung, Erwartung des Flugs und jetzt der Befehl zum Abflug! Sie beginnen, sich von der Erde abzuheben. Ganz leicht und frei steigen Sie nach oben und nach vorn.

Vom Gegenwind vibriert der Körper, von dem Gefühl des Flugs freut sich die Seele, jubiliert die Freiheit! Sie streben vorwärts, wo es in den Lüften tost! Und in Gedanken berühren Sie die Reinheit der weißen Wolken, die Bodenlosigkeit des Himmels und saugen sie mit jeder Ihrer Zellen ein! Sie brauchen nur den Wunsch zu haben, Sie brauchen es sich nur vorzunehmen – und Sie fliegen nach oben, nach oben, nach oben …

Wir fantasieren! Wir schaffen ein Bild des Fliegens!

Vorne sind weiße und graue Wolken und dahinter schwarze Gewitterwolken, aber gleichzeitig scheint die Sonne. Der Blitz ist noch fern, aber der Donner kommt näher. Die ersten Tropfen …

Wir saugen das Sonnenlicht ein, wir saugen die Reinheit ein, wir saugen die Frische ein, wir saugen das Bild der Schönheit ein, das Bild der Jugend, das Bild der Scharfsichtigkeit. Stellen Sie sich vor, wie Ihr Körper mit jeder Minute, mit jeder Sekunde eine Eigenschaft nach der anderen annimmt, von der Sie geträumt haben.

Wir fantasieren einen Flug! Wir nähern uns den weißen Wolken, die das Märchen der Kindheit in sich tragen, das Märchen der Jugend, die erste Liebe, die reine, erhabene Liebe, die Sternennächte, und wir fliegen mitten hindurch …

Sie hören die Hymne der Jugend, der Sorglosigkeit, der Freiheit in sich. Ein dichter, schwerer Regen nähert sich, er ist schon zu sehen. Weit vorne ein Regenbogen über den Feldern, und Sie saugen den Duft des feuchten Heus ein, das Aroma von bekannten und unbekannten Blumen. Und Sie fliegen! Sie sind frei!

Sie fliegen der zukünftigen Naturkraft entgegen, dorthin, wo sich zwei *große Verliebte begegnet sind, Himmel und Erde, in einer gemeinsamen Ekstase der Liebe!!!* Und von dieser Ekstase im Himmel braust ein Gewitter auf. Es gießt in Strömen, blitzt und donnert.

Stellen Sie sich das Bild vor! Erinnern Sie sich an die Geräusche eines Gewitters, versuchen Sie, sie jetzt zu hören. Ein Blitz reißt für einen Augenblick das Fenster in eine erstaunliche benachbarte Welt auf, und Sie sehen klare Bilder.

Stellen Sie sich vor, Sie befinden sich im Himmel, mitten in den tobenden Elementen und verleiben sich die Kraft des Blitzes ein …

Der Platzregen wäscht alles Vergangene von Ihnen und erfüllt Sie mit frühlingshafter Frische und Reinheit. Sie spreizen im Flug Arme und Beine auseinander und ziehen die Zauberkraft der Elemente in sich hinein: den tobenden Sturm der Liebe, den Orkan des Schaffens, die lang ersehnte Reinheit, die heiß herbeigewünschte Wachheit, die Frische, die Leichtigkeit, die Großzügigkeit, die Güte!

Jedes Härchen, jede Zelle, jedes Blutgefäß, sie alle sammeln diese Kraft; eine Welle nach der anderen gebiert dieses Wachstum.

Merken Sie sich das innere Gefühl der Freiheit! Halten Sie es fest! In diesem fantasierten Flug können Sie alles aufnehmen, was Sie als vollendet ansehen!

Bravo! Toll! Super! Fantasieren Sie und merken Sie sich das! Sie sehen sich in Vollendung! Mehr! Wir fügen noch ein paar Striche hinzu, wie ein genialer Künstler.

Wir fantasieren weiter! Stellen Sie sich vor, dass Sie zu Ihrem Häuschen zurückkehren. Das Gewitter liegt weit hinter Ihnen. Sie landen am Treppenaufgang. Stellen Sie Empfindungen her, schaffen Sie Gefühle! Gehen Sie in das Haus, treten Sie an den Spiegel und betrachten Sie sich. Sie sehen sich als starken, jungen, gesunden, scharfsichtigen Menschen. Freuen Sie sich an Ihrem Anblick!

Und jetzt der Tanz. In diesem fantasierten Tanz versuchen Sie die Prinzessin zu sein, der König, der Herrscher, die Herrscherin, wer auch immer Sie sein wollen!

Stellen Sie sich vor: Sie sehen einen riesigen Saal, ein glänzendes Parkett, Säulen und hinter den Säulen das Meer und die Sternen- und Mondnacht. Sie können die Sterne zählen, von denen Sie jeden auf dem Firmament unterscheiden können. Musiker in weißen Gewändern betrachten Sie mit jubelnden und gütigen Augen. Sie werden nur für Sie spielen.

Sie erscheinen im Ballkostüm, und alle Anwesenden richten ihre entzückten Blicke auf Sie. Die Musiker haben wohl auf diesen Augenblick gewartet und setzen bei Ihrem Erscheinen zu einem majestätischen Walzer an.

Sie tanzen mit dem geliebten Menschen, Sie lassen nicht die Blicke voneinander, Blicke voller Zärtlichkeit, Liebe und Glück, voller Hoffen und Träumen und Trachten.

Wir hören jetzt den feierlichen Walzer und beginnen in unserer Fantasie, stehend und mit geschlossenen Augen, zu tanzen. Wir drehen uns in dem vorgestellten Tanz.

Wir lassen unserer Fantasie freien Lauf. Wir sehen uns von innen und von der Seite. Wir merken uns das! Wir merken uns alles: sowohl den Wasserfall als auch den Flug und jetzt den Tanz! Und die Hauptsache – wir merken uns den inneren Zustand, den Zustand der Seele!

Und jetzt ein Tango! Aufstellung! Im Gesicht ein feines Lächeln. Die Schultern ausgestreckt wie Flügel. In den Augen Glanz, Feuer, Ausgelassenheit, Jugend, Glück, Liebe! Bravo!! Toll!!!

Und jetzt heben wir beide Hände über den Kopf, strecken uns und öffnen die Augen. Sie dürfen »Miau!« sagen. Haben Sie es gesagt? Gott sei Dank haben Sie nicht verlernt, in einer normalen Sprache zu sprechen.

Jetzt vergleichen Sie bitte Ihr heutiges Aussehen mit dem Bild aus Ihrer Fantasie. Gibt es einen Unterschied? Ja?

Dieser Unterschied ist der Arbeitsumfang, den wir in den nächsten eineinhalb bis zwei Monaten zu bewältigen haben.

Und merken Sie sich: Die Liebe, die Achtung vor sich selbst, die Aufmerksamkeit für sich selbst können nicht fruchtlos sein.

In jedem von uns ist eine Kraft verborgen

Viele von uns kennen ihre inneren Möglichkeiten nicht, aber in jedem sind sie vorhanden, man muss nur verstehen, sie zu wecken und sie zu seinen Gunsten arbeiten lassen.

Das, was Sie im Leben in jeder Beziehung erreicht haben, ist nur ein kleiner Teil des in Ihnen schlummernden Potenzials. Ich sage das als Experte mit langjähriger Arbeitserfahrung. Eine Bestätigung dafür sind Extremsituationen.

Einige Beispiele.

Was meinen Sie, woher eine siebzigjährige Frau die Kraft nahm, um mit ihrem vierzigjährigen Sohn auf dem Rücken dreißig Kilometer durch Schneeverwehungen zu gehen, ohne ihn ein einziges Mal auf den Boden zu setzen? Das ist eine Tatsache!

Als die Leute mit einer Schneeraupe zu der Unglücksstelle fuhren, um die Übrigen zu retten, die unter dem Traktor liegen geblieben waren, sahen sie auf dem ganzen Weg dahin nur eine einzige Fußspur.

Wie konnte eine Frau in St. Petersburg im siebten Stock mit einer Hand ihr zweijähriges Kind halten und sich nur mit dem Zeige- und Mittelfinger der anderen Hand an einem Ziegel festhalten, bis Hilfe eintraf?

Und als man sie herunterholte, konnte sie ihre Finger nicht mehr öffnen. Einige Stunden musste man sie beruhigen, damit sie die Hand ihres Kindes losließ. Welch eine übernatürliche Kraft!

Aber diese Kräfte befinden sich in schlummerndem Zustand, weil zur Versorgung des Magen-Darm-Trakts kein besonderer Aufwand erforderlich ist. Deshalb sind auch nur 3–4 Prozent des Gehirns aktiv. Aber der Mensch kann sehr vieles: Gedanken lesen, die Zukunft sehen usw.

Sie haben auch diese Kräfte, lieber Leser. Wir müssen einen Zugang zu diesen Kräften finden. Aber lediglich mit dem Wunsch des Verbrauchers »Ich will essen!« öffnet sich diese Tür nicht, weil sie in eine Zauberwelt führt, wo sich Ihre Wünsche erfüllen werden.

Das ist die Welt, wo Sie Herrscher sind. Die Tür zu dieser Welt öffnet sich mit drei Schlüsseln: mit der Kraft des Willens, der Seele und des Verstandes. Man muss die drei in eins gießen. Sind Sie bereit? Dann nichts wie los!

Der verzweifelte Klageschrei eines Maulesels...

Die »Oktave«,

was ist das?

Das ist die Bezeichnung für eine spezielle Übung, die auf die Weckung der verborgenen Kraft gerichtet ist, die in jedem von Natur aus angelegt ist und die Sie zur Genesung führen wird. Worin liegt das Wesen der Übung?

In zwanzigjähriger Arbeit habe ich oftmals die »OKTAVE«* erläutert, aber ich war niemals zufrieden damit, wie mir das gelungen ist. Warum? Weil nur ein Verrückter versuchen kann, zu erklären, was das Glück ist, was die Zärtlichkeit und was die Liebe ist!

Sagen Sie bitte: Könnten Sie mit Worten die höchsten und klarsten Seelenempfindungen wiedergeben? Versuchen Sie es! Geht es? Mir fällt das auch sehr schwer.

Und dennoch versuche ich's, denn es bleibt mir nichts anderes übrig.

Was ist also die »OKTAVE«?

Das ist eine besondere Übung zum Training des Geistes! Welche Gefühle und Empfindungen man dabei auslösen muss, versuche ich jetzt zu erklären.

Stellen Sie sich vor: Sie gehen auf einer Straße, und ein ein-

* Zur Bedeutung des Begriffes »Oktave« bei Norbekov vgl. P. D. Ouspensky: *Auf der Suche nach dem Wunderbaren*, O. W. Barth, Weilheim 1966. Nach den russischen Sufi-Gelehrten Ouspensky und dessen Lehrer G. Gurdjieff ist das »Gesetz der Oktave« oder »Gesetz der Sieben« eines der wichtigsten kosmischen Grundgesetze, das zu einem besseren Verständnis aller physischen, psychischen und spirituellen Phänomene und Prozesse verhilft (Anm. des Verlages).

oder zweijähriges Baby kommt Ihnen entgegen. Jetzt läuft es zu Ihnen, Sie nehmen es auf den Arm, es umarmt Sie mit seinen winzigen Ärmchen, drückt sich an Sie, küsst Sie mit warmen, weichen, feuchten Lippen. Sie fühlen den quellreinen Atem in Ihrem Gesicht, und alles ringsum hört zu existieren auf!

Sie fühlen sich vor diesem Winzling wie ein starker, mächtiger Beschützer, wie ein Titan. Und gleichzeitig füllt sich Ihre Seele mit Reinheit, Zärtlichkeit, Glückseligkeit und Liebe! Füllt sich Ihre Seele oder nicht? Ja!!!

Oder Sie sehen: Auf der Straße vor Ihnen geht Ihr Sohn. Sie schauen ihn an, und Ihr Herz quillt über vor Stolz: »Das ist mein Sohn!«

Genau solche Gefühle und Empfindungen dienen als Grundlage, als innere Stütze Ihrer besten Bestrebungen, auf die Ihr Ziel sich bauen wird.

Und gleichzeitig ist die »OKTAVE« die bewegende Kraft zur Verwirklichung des Ziels.

Die »OKTAVE« ist die Kunst, seinen Körper zu lenken, ihm zu befehlen und ihn zu zwingen, sich schrittweise äußerlich und innerlich zu *dem* Bild umzuformen, zu welchem Sie das wünschen.

Das ist die Behauptung, das ist das innere Gefühl, dass es *genau so sein wird, wie Sie das wollen!*

Die »OKTAVE« ist die bewusste Bildung von Sicherheit, Kraft und Macht in der Seele!

Die Alten haben gesagt: »Wie oben, so auch unten.« Leicht abgewandelt könnte man sagen: »Wie innen, so außen.« Die innere Arbeit bringt Nutzen!

Werter Leser, sagen Sie, denken Sie, dass Sie ein Mann sind, glauben Sie, dass Sie ein Mann sind? Hoffen Sie, dass Sie ein Mann sind, oder zweifeln Sie daran, dass Sie ein Mann sind, oder wissen Sie, dass Sie ein Mann sind? Welche Antwort wählen Sie?

Eine analoge Frage stellen wir den Frauen. Würden Sie darüber nachdenken und bezweifeln, dass Sie eine Frau sind, nicht etwa ein Mann? Nein!

Und jetzt erfassen Sie, was für eine Empfindung innerlich entsteht, wenn Sie sicher wissen, dass das so ist und nicht anders! Als wären Sie ein guter Zauberer, der von der Kraft seiner Zauberei überzeugt ist. Sie geben nur den Befehl und gehen! Ihr Wille ist so stark, dass sich alles Erdachte sofort realisiert!

Solch eine innere Haltung bezüglich der Gesundung muss man zielbewusst in sich herstellen.

Die »OKTAVE« ist das Zusammentreffen von Überzeugtheit, Entschlossenheit, Kraft, Stärke, Festigkeit mit Zärtlichkeit, Liebe, Güte mit dem Gefühl des Fluges und der Freude.

Das ist die gelassene Ruhe und das sichere Wissen, dass etwas so sein wird, wie Sie das wünschen!

Woher soll man diese Empfindungen schöpfen? Aus gelebter Erfahrung!

Ich erzähle Ihnen eine Geschichte.

Es treffen sich drei Hundertjährige. Sie setzen sich und trinken Tee und beginnen zu diskutieren, welches Musikinstrument besser ist. Einer sagt:

»Was Besseres als die Flöte gibt es nicht.«

Der Zweite:

»Du hast überhaupt keinen Geschmack. Von Flöte bekomme ich Durchfall… Aber die Geige!«

Sie wenden sich an den Dritten, der sagt:

»Meine Freunde! Hilft dir deine Geige, männliche Heldentaten zu vollbringen? Und hilft dir deine Flöte?«

Beide fallen über ihn her:

»Hast du dein Hirn verschluckt? Wir sprechen von der Musik und nicht von vergangenen Zeiten. Ich schaue schon zwanzig Jahre keine Frauen mehr an, und er dreißig. Und du?«

»Ich sage ja, mit mir ist alles in Ordnung. Deine Alte ist vor sechzig Jahren gestorben, und deine vor fünfzehn. Meine Frau schminkt sich bis heute … Ich hab ihr gestern das feinste Eau de Cologne geschenkt.«

Sie stürzen sich wieder auf ihn:

»Jetzt mach schon, erzähl, was das für eine Musik ist. Ich bringe heute meinen Neffen mit seinem Tonband, soll er es aufzeichnen, vielleicht kommt ja bei uns auch was heraus.«

»Jaaaa, in der Nacht hört man diese Musik in unserem Dorf. Du machst das Fenster auf und lauschst. Aber in letzter Zeit ist sie irgendwie selten zu hören.«

»Was für eine Musik?«

»Wenn ich diese göttliche Musik höre …«

»Langweile uns nicht! Was für eine Musik?!«

»Das ist … wenn nachts der Esel brüllt … Wenn mitten in der Nacht der Maulesel schreit, fühle ich mich wie ein Jüngling von achtzehn Jahren.«

Die beiden Alten begriffen: Es hatte einmal drei Älteste im Dorf gegeben, aber jetzt waren es nur noch zwei, denn der dritte war verrückt geworden.

»Schaut mich nicht so an. Erinnert ihr euch, als ich das erste Mal zu meiner Alten auf ein Rendezvous gegangen bin?«

»Wir erinnern uns, wir haben Schmiere gestanden.«

»In der Nacht kletterte ich über den Zaun. Und als ich durch die Dunkelheit schlich, habe ich ihrem Maulesel auf den Schwanz getreten. Der hat losgebrüllt. Aber erinnert ihr euch, wie bösartig ihr Vater war?«

»Klar!«

»Ich klopfte ans Fenster, nahm sie auf den Arm und trug sie

zum Garten. Ach, was war das für eine Mond- und Sternennacht! Unter einem blühenden Apfelbaum belohnte mich Gott mit Honig aus ihrem Mund. Ich fühlte an ihren Haaren, wie göttlich es im Himmel riecht. Aber von dem Geschrei dieses verdammten Maulesels begannen alle Esel im Dorf zu schreien: I-a-a-a. i-a-a-a, i-a-a-a! Ich war bereit, sie umzubringen, weil sie uns damals fast unser Stelldichein verdarben.«

Und jetzt öffnen wir nachts die Fenster, legen die Hände auf die Ohren und sitzen und warten. Wenn die Maulesel zu schreien beginnen, ist bei uns die erste Liebesnacht...

Wissen Sie jetzt, was die OKTAVE ist?

Jeder hat sein eigenes Bild, seinen Eselsschrei. Das ist das lebensbejahende Streben zum Licht, zum Guten, zur Liebe, zu dem, womit Sie Ihre Kraft, Ihre Größe, Ihre Jugend und Gesundheit gleichsetzen.

Jede Handlung, die uns zum inspirierten Tun, zum Schaffen führt – bei der Sie von ganzem Herzen sagen: »Schluss! Genug Sklave der Krankheit und der Not gewesen!« – ist auch die »OKTAVE«!

Die »OKTAVE« kann man in allem finden: sowohl in einem Freudenschrei als auch in einem Lied, das aus der ganzen Seele gesungen wird, in einem guten Wort, das mit Gefühl ausgesprochen wurde, in lichten Erlebnissen und...

Jeder findet irgendetwas, was ihm heilig ist.

Während der Übung rufen Sie anfangs künstlich die Gefühlspalette hervor, dann legen Sie allmählich an Intensität zu, dann noch mehr, und weiter, bis im ganzen Körper und besonders im Bereich des kranken Organs die Hymne des schöpferischen Tuns erklingt, bis jede Körperzelle eine Resonanz erhält.

Das innere Streben, der innere Impuls muss den Ton angeben im Körper, um alle anderen Gedanken und Gefühle niederzuhalten, zu vernichten und zu Pulver zu zermahlen, die dem schöpferischen Beginnen fremd sind.

Ihre »OKTAVE« muss alle Unsicherheit, Zweifel und Ängste kurz und klein schlagen. Sie FÜR IMMER vernichten!

Versuchen Sie, Ihre Bedeutsamkeit zu fühlen, Ihre Kraft, Ihren Einfluss, Ihre Schönheit, und das in sich zu bestätigen und Schritt für Schritt zum Ziel vorwärtszuschreiten.

Jeden Tag bemühen Sie sich, diese Empfindung mit neuen Nuancen zu ergänzen, mit einer neuen Palette von Gefühlen. Je nach Fortgang des Trainings werden Sie ein ruhigerer, stärkerer, selbstsicherer Mensch werden, ein Schutz, eine Stütze für die Menschen, die Sie umgeben. Sie werden für sie eine Oase in der Wüste sein, Sie werden das Licht, das Gute und die Liebe zu ihnen tragen.

Wenn Sie mit den Augen zu arbeiten beginnen, werden Sie die Empfindung, die Haltung, den Befehl an die Augen schicken, so zu sein, wie Sie das wollen. Dort schaffen Sie Freude und bekommen die Antwortreaktion.

Es kann Wärme entstehen, ein leichtes Pulsieren oder jede andere physische Reaktion. Die »OKTAVE« ist die innere Verschmelzung mit dem Bild der Jugend, das Sie gerade hergestellt haben.

Aber wie immer beachten Sie die Sicherheitsregeln. Achten Sie darauf, dass das Herz ruhig arbeitet, dass der Kopf klar ist und der Atem gleichmäßig geht. Innen ist eine gelassene Ruhe und das absolute Wissen, dass es so sein wird, wie Sie das wollen.

Sie müssen wissen, dass Sie jedes Ihrer Probleme in Ruhe lösen können, dass Sie in jeder Hinsicht der Aller… oder die Aller… sind!

Keine Anspannung! Mit anderen Worten, Ihre Aufgabe ist es, Ihren Organismus unter ruhiger Kontrolle zu halten, und die Genesung wird wie von selbst erfolgen. Das muss die Gelassenheit des Gebieters sein, die Gelassenheit des Schöpfers, die Gelassenheit des Liebenden, des Geliebten, eines mächtigen Menschen. Stellen Sie diese innere Haltung her!

Schultern gerade, ein stolzes Lächeln im Gesicht und los gehts! Unseren gedanklichen Blick richten wir auf die Augen und rufen dort eine Antwortreaktion hervor.

Erinnern Sie sich an das Bild mit der Zitrone oder an das Bild mit den fünf Fingern: Wie hatte der Organismus reagiert? Jetzt werden die Augen die Funktion dieses Fingers ausüben. Das innere Bemühen muss sehr stark sein. Das ist eine innere Haltung vom Typ:

ICH BIN DER WILLE
ICH BIN DIE KRAFT
ICH BIN DIE LIEBE
ICH BIN DAS VERZEIHEN
ICH BIN DIE MACHT
ICH BIN DIE JUGEND
ICH BIN DIE GESUNDHEIT
ICH BIN DIE WEISHEIT
ICH BIN DIE LEBENSFREUDE
ICH BIN ALLES SCHÖNE
ALLES HÄNGT VON MIR AB
ALLES LIEGT IN MEINEN HÄNDEN

Dieser Drang muss herrschen und muss jeden Zweifel vernichten, der von selbst das Weite suchen wird. Warten Sie nicht, dass er Sie verlässt, nachdem er zum Abschied gesagt hat:

»Nun gut, auf Wiedersehen, du jagst mich fort, also gehe ich.«

Er wird sich mit Zähnen und Klauen in Ihrem Bewusstsein festhalten.

Sagen Sie einfach:

»Nieder mit dir!«, und verstärken Sie die innere Gewissheit Ihrer Jugend, Gesundheit und Ihres guten Mutes. Okay?

Zwingen Sie sich, sich als PERSÖNLICHKEIT, als MENSCH mit Großbuchstaben wahrzunehmen. Stellen Sie das innere Gefühl her, dass niemand auf der Welt besser ist als Sie. Wir ziehen einen weichen samtenen Handschuh auf eine stählerne Hand und übernehmen komplett die Kontrolle! Hat's geklappt? Toll!

Diese Übung kann jederzeit angewandt werden: bei der Korrektur der Sehkraft oder bei der Arbeit mit jedem anderen kranken Organ, bei der Gelenksgymnastik und bei den Übungen für die Augen, aber auch beim Wäschewaschen, beim Aufräumen der Wohnung, beim Fahren mit öffentlichen Verkehrsmitteln usw. Und besonders nach einem unangenehmen Gespräch mit dem Chef oder in anderen vergleichbaren Lebenssituationen.

Diese Übung kann man auch auf der Straße machen, unter Menschen. Diese werden auf Sie Druck ausüben und – ohne das selber zu ahnen – versuchen, Sie in jemand nach ihrem Bilde zu verwandeln, das heißt in eine gleichförmige Masse.

Wie fühlen Sie sich jetzt auf der Straße, wenn Sie auf mürrische Gesichter treffen? Merken Sie, dass Sie sich von ihnen unterscheiden? Ja?

Wodurch?

Sie haben alle Schablonengesichter, Rüssel und Schnauzen wie Kinderschaufeln. Wie das? Weil es so üblich ist. Alle sind so unterwegs!

Aber Sie sind eine PERSÖNLICHKEIT!

Eine sehr wichtige Bemerkung! Wenn Sie die Übungen ausführen, aber der Kopf dabei voller fremder Gedanken ist, werden all Ihre Bemühungen reine Zeitverschwendung sein!

Beim mechanischen Ausführen ist die ganze Arbeit für die Katz. **Üben muss man im Zustand der »OKTAVE«! Nur dann werden Sie Erfolg haben!**

Sagen wir, ich habe Probleme mit der Kniescheibe. Ich schicke meinen gedanklichen Blick dorthin und stelle mir das Bild der Gesundheit mit dieser Kraft vor, mit der ich im Bild der Jugend flog und tanzte, und schicke das Bild zu der Kniescheibe. Dann verstärke ich bewusst die positiven Empfindungen, ich lasse sie an Kraft zunehmen und fange eine physische Antwortreaktion von dort an.

Die »OKTAVE« ist für Sie etwas Altes und gleichzeitig etwas Neues: die Kunst, durch Anstrengung des Geistes etwas herzustellen, die Kunst, sich zu ver-wan-deln in den, der Sie sein möchten!

Äußerlich zeigt sich das überhaupt nicht, nur im Gesicht muss ein feines Lächeln und entspannte Ruhe liegen. Der Rücken ist gerade. Der Kopf ist hell und klar. Der Atem ruhig. Das Herz schlägt gleichmäßig.

Die »OKTAVE« funktioniert innerlich!

Die Geschichte von einem meiner Hörer

Heute ist er ein in Mittelasien bekannter Komponist. Aber erst vor wenigen Jahren, als er minus 18 Dioptrien hatte, hatte man ihm schriftlich mitgeteilt: »Wir raten Ihnen, täglich zu üben, mit geschlossenen Augen durch die Wohnung zu gehen und sich die Lage der Gegenstände einzuprägen. Wenn Sie dann blind sind, wird es Ihnen leichter fallen, sich daran zu gewöhnen.« Mit anderen Worten, man schlug ihm vor, sich schrittweise auf die künftige Blindheit vorzubereiten.

Damals beschloss er, sich das Leben zu nehmen. Es ist einfach furchtbar für einen Mann in den besten Jahren, auf Kosten seiner Frau leben zu müssen! Aber er hatte nicht die Kraft, die Hand gegen sich selbst zu erheben.

Sein ganzes seelisches Erleben drückte sich in einem musikalischen Werk aus, das zur Hymne der Genesung wurde. Diese Musik hat er Ihnen gewidmet, den Menschen, die nicht vor der Krankheit zu Kreuze kriechen und sich ergeben möchten, Menschen, die im Leben Sieger sein möchten!

Zu hören ist diese Musik nur in unseren Kursen. Wir nennen diese Hymne, wie auch die Übung selbst, die »OKTAVE«. Dieses Werk besteht aus zwei Teilen. Den ersten Teil schrieb er während der Krankheit im Verlauf einiger Monate. Es ist ein Stück voller Verzweiflung.

»Dann aber«, erzählte er, »**hörte ich im Fernsehen** von Ihrem System der Wiederherstellung der Sehkraft. Ich kam nach Moskau und begann mit dem Programm. Die Verzweiflung wich sehr schnell einer Beruhigung. Dann begann sich ab und zu in mir das lawinenartige Gefühl zu regen, dass ich gesund werde. Mir lief es heiß und kalt über den ganzen Körper!

Bald bemerkte ich: Die Sehkraft begann, sich in kurzen Lichtblicken zu verbessern. Hoffnung stieg in mir auf – ist es wirklich möglich, dass ich sehen werde? Aber manchmal kam von ganz tief drinnen die Antwort: ICH WERDE SEHEN!!!«

Im zweiten Teil des Werkes erklingt die Ruhe, die in eine stürmische Welle der Selbstbehauptung übergeht: »ICH BIN DIE KRAFT! ICH BIN DIE GESUNDHEIT! ICH BIN DER LEBENSMUT!« Und die Hymne endet mit der Aufforderung, mit dem Befehl: »SO SOLL ES SEIN!«

Er wurde Sieger!

Und auch Sie werden es sein!

Im letzten Jahr bekam dieser Mensch einen Preis als bester Komponist des Jahres von Mittelasien. Und seinerzeit hatte man ihn im zweiten Studienjahr vom Konservatorium verwiesen, weil man sich nichts von ihm versprach.

Es gibt keinen Kranken, der nicht aus seinem Leiden heraustreten kann!

Es gibt keinen Menschen, der nicht reich in jeder Hinsicht sein kann!

Es gibt keinen Menschen, der sich nicht selbst verwirklichen kann!

Es gibt keinen Menschen, der nicht Sieger sein kann!

Es gibt keinen Menschen, der nicht glücklich sein kann!

Auf diesem Weg sind Sie nicht der Erste und auch nicht der Letzte. Die Kunst, sein eigenes Leben zu leben, zu erschaffen, liegt vollständig in Ihrer Hand! Jeder fremde Gedanke muss verschwinden! Klar?

Der Gehende bewältigt den Weg!

Dann drängen wir uns das Bild eines SIEGERS auf.

Das heißt, wir treten in den Kampf mit der schwachen Sehkraft. Sie müssen schon jetzt mit dem Gefühl antreten, dass Sie der Sieger sind! Dieses Gefühl muss man anfangs künstlich hervorrufen!

Fällt das schwer? Macht nix!

Was trainiert wird, entwickelt sich!

Tagtäglich werde ich mit Ihnen den Glauben an sich selbst formen, daran, dass Sie ein Sieger sind, dass Sie ein starker Mensch sind, der fähig ist, den Strom des Lebens zu lenken.

Jeden Morgen zwingen Sie sich durch Willensanstrengung zu fühlen, dass Sie

die Ruhe,
die Herzlichkeit,
die Lebensfreude,

die Zärtlichkeit,
die Schönheit,
der Zauber,
die Güte,
die Stärke,
die Liebe,
die Seelenkraft sind.
Stellen Sie das einfach her!

Die »OKTAVE« ist das Fundament, auf dem Ihre ganze schöpferische Kraft steht.

Jetzt, nach all den Erklärungen, die Frage: Hat denn die »OKTAVE« eine Ähnlichkeit mit dem Satz »Ich will g-g-gesund s-s-sein«, bei dem Sie ein niedriger Bittsteller sind?!!

Während der »OKTAVE« erteilen Sie den Befehl. Sie schaffen sich selbst, alles hängt nur von Ihnen ab! Achten Sie ausdrücklich auf diesen Aspekt!

Es siegt nicht die Technik, sondern der Geist!

Jetzt machen wir uns mithilfe der »OKTAVE« ans Training des Geistes! Das heißt, die »OKTAVE« ist nicht bloß die Anerkennung Ihrer selbst als MENSCH mit Großbuchstaben, als SCHÖPFER. Sie ist die VERWANDLUNG in einen guten, starken, zärtlichen Menschen – einen Menschen, der verzeihen kann, der über die Fähigkeit verfügt, die Menschen mit all ihren Stärken und Schwächen anzunehmen. Das ist der innere BEFEHL der Gesundheit, der Kraft, der Schönheit, der Güte, des Lichts, der Liebe, des Glücks …

Versuchen Sie, durch Anstrengung Ihres Willens einen inneren Ruck, ein inneres Streben zur Genesung sowie die Empfindung des Entzückens darüber herzustellen, dass Sie an sich arbeiten, dass Sie im Begriff sind zu genesen! Verstehen Sie?

Zweifel, Unglauben haben wir alle in Hülle und Fülle. Wohin verzieht sich die Erfahrung eines jahrzehntelangen Festhängens im Leiden? Von selbst gehen diese Dämonen keinen Schritt! Wir müssen sie in Stücke schlagen durch Selbstachtung und Glauben an unsere Kraft!

Die »OKTAVE« ist das vollkommene Gegenteil von Zweifel und Unglauben – sie ist aktives Schöpfertum.

Also, legen wir los!

Aber bitte mit ein bisschen Humor. Beseitigen Sie den hyperklugen Ausdruck aus Ihrem Gesicht – den Ausdruck von Altersschwäche. Versuchen Sie die Haltung herzustellen, dass Sie der beste und schönste Mensch auf der Welt sind, die Herrlichkeit in Person. Stellen Sie nur die Empfindung her, dass Sie die Kraft sind, dass Sie die Güte sind, dass Sie die Jugend sind, aber fallen Sie nicht ganz in die Kindheit zurück!

Richten Sie Ihre Brust gerade! Aber nicht mit den Händen! Lassen Sie einfach die Schultern sinken und strecken Sie den Rücken. Mit den Schulterblättern halten Sie eine Walnuss fest, so dass sie nicht runterfällt. Das soll Ihre normale Haltung sein.

Prüfen Sie Ihre Mimik. Lächeln Sie? Ausgezeichnet!

Den rechten Arm heben wir über den Kopf, vom Himmel holen wir uns die Krone des Gebieters, des Schöpfers und setzen sie uns mit großer Geste auf den Kopf bis an die Ohren, gut?

Jetzt werden wir wie ein Zauberer Wünsche erfüllen – wir müssen nur das Geheiß, den Befehl erteilen.

Dieser Befehl muss ähnlich der Bitte eines Vaters sein, der die Kinder mit Freude nachkommen. Dieses Geheiß ist das Geheiß einer Mutter, die voll Liebe und Zärtlichkeit ist. Das ist der Befehl – eines Zauberers, eines Schöpfers in der Art von »SO SEI ES!«

Erkennen Sie den Sieger in sich! Gut?!

Legen Sie eine Musik auf, die in Ihnen den Wunsch zu leben erweckt, das Streben nach schöpferischer Tätigkeit. Legen Sie zum Beispiel Bachs berühmte Toccata und Fuge d-Moll, BWV 565 auf, oder etwas anderes nach eigenem Ermessen.

Lassen Sie diese Musik durch sich hindurchströmen!

In der ersten Zeit ist es am einfachsten, mit geschlossenen Augen zu üben, weil Sie sich dann nicht ablenken. Wir schließen die Augen.

Den inneren Blick richten wir auf das Gebiet der Augen.

So-o! Die Haltung ist schon flöten gegangen!

Also, die Schultern gerade! Die Wirbelsäule aufrecht! Bitte, den Kopf höher! Im Gesicht die Mimik eines starken, mächtigen Menschen!

Los gehts!

Versuchen Sie einen kreativen Akt!

Mit Gedankenblick gehen Sie den ganzen Körper durch: die Arme, die Beine, besonders die Bereiche, wo Sie Probleme haben.

Unbedingt erfassen Sie mit Ihrer Aufmerksamkeit die Augen, die Ohren, den Hals, den Nasen-Rachen-Raum, Leber und Nieren. Das ist wichtig für die Sehkraft.

Stellen Sie bewusst das Gefühl, das Streben, den Wunsch, die Empfindung her, der zu sein, der Sie werden wollen!

Schrittweise verstärken wir, akkumulieren wir dieses innere Gefühl, diesen Wunsch, dieses Streben.

Und jetzt schaffen Sie im Inneren das Bild dessen, wonach Sie streben! Und schicken Sie durch den ganzen Körper den Wunsch, Ihr Streben, Ihren Befehl – den Befehl der Schönheit, der Gesundheit, des Glaubens – und schaffen Sie eine Resonanz!

Fügen Sie ein neues Gefühlsspektrum hinzu, fügen Sie die Behauptung, die Feststellung Ihrer Kraft, Ihrer Machtfülle, Ihres Vertrauens hinzu! Mehr! Mehr! Verstärkung!

Schaffen Sie einen Frühling in sich! Einen Frühling des Schaffens, einen Frühling der Kreativität, einen Frühling des »Hier-bin-ich«, einen Frühling des Erwachens …

Noch mehr! Bravo! Mehr, mehr, mehr! Wir verstärken die Empfindungen in ansteigender Kurve!

Und jetzt lassen Sie wieder durch Ihren ganzen Körper eine Welle des Befehls. Ein Geheiß, eine Feststellung, dass es SO SEI, wie Sie das wollen. Fühlen Sie, wie Seele und Körper reagieren!

Wir verstärken das Streben nach Schönheit, nach Schöpferkraft, nach kreativem Tun, nach Kraftfülle, und verstärken weiter! Noch mehr, noch mehr und *noch* mehr!

Schicken Sie jedem Bereich eines kranken Organs Ihre Zärtlichkeit, Ihren morgigen Tag, Ihr Streben, Ihr Geheiß und Ihr »Hier-bin-ich«.

Wieder mit neuer Kraft bilden wir das innere Streben nach dem Ideal, um darauf eine Lawine des Befehls zu lenken.

Gedanklich sehen wir unsere Genesung, wir zwingen sie uns auf, wir gebieten uns … und jetzt der BEFEHL!

Eine neue Welle des Strebens, des Wunsches, schön, geliebt und glücklich zu sein, und die Feststellung:

SO SEI ES!

Weiter schicken und verteilen wir in jede Zelle, in jedes Härchen am Körper, in jede Faser unserer Seele das Ideal … den Wunsch zu sehen, zu fühlen, zu leben … und

BEFEHL!

Gedanklich betrachten wir uns in der Zukunft, sehen uns ohne Brille, und alles um uns herum sehen wir scharf, hell, klar, so wie Sie sich das wünschen. Wir sehen und streben und schaffen einen körperlich fühlbaren Drang nach diesem Ziel.

Jedem Härchen flößen wir unsere Liebe ein, flößen ihm unseren morgigen Tag ein, die Kraft unserer Seele, das Licht unseres Verstandes und die Macht unseres Geistes. Damit jede Körperzelle Resonanz zeigt, damit jede Faser unserer Seele in Resonanz schwingt!

Stellen Sie das Bestreben her, das einem Frühlingssturm

gleicht, bei dem eine einzige Berührung durch Sie die Knospen öffnet, spüren Sie das Aufbrechen der ersten Frühlingsblumen im ganzen Körper, überall, womit Sie in Berührung treten.

Stellen Sie die Empfindung her, dass Sie über aller Eitelkeit des Alltags stehen, dass Sie

die Güte sind,
die Liebe sind,
die Jugend sind,
die Gesundheit sind,
das Verstehen sind,
das Verzeihen sind,
ALLES sind,
was für Sie
den wahren MENSCHEN ausmacht!
SO SEI ES!

Annähernde Anatomie

des Auges eines Pithecanthropus. Die Theorie zur Praxis

Bekanntlich ist das Auge ein Verdauungsorgan. Entschuldigen Sie, ich hab da wohl was verwechselt – ein Sehorgan, das Lichtreize aufnimmt. Das Auge hat bei normalen Menschen, welche die Mehrheit bilden, annähernd Kugelform, und bei besonders normalen die Form einer Glaskugel! Als physikalisches Gerät ist es einem Fotoapparat ähnlich – es ist eine dunkle Kammer, worin sich die Seele befindet! In seinem vorderen Teil gibt es eine Öffnung (die Pupille), die die Lichtstrahlen hineinlässt. Und bei Lesern, die mit ihren Augen Schindluder treiben, geht das Licht manchmal in die Gegenrichtung, wie ein Laserstrahl!

Das Auge ist ein vielschichtiges, ja äußerst vielschichtiges Organ. Betrachten Sie die Zeichnung.

Es besteht aus dem Augapfel und den Hilfsaggregaten – den Lidern, dem Tränenapparat und den Muskeln, die den Augapfel bewegen, und natürlich aus Nobelbrillen, die wie zwei Kloschüsseln aussehen. Schauen Sie sich genau an!

Durch den Sehnerv ist der Augapfel mit dem Gehirn verbunden, aber letzteres Organ haben nicht alle!

Die Wände des Augapfels bestehen aus drei Schichten. Innen befindet sich der Glaskörper – eine der drei lichtbrechenden Schichten. Die äußere, die Lederhaut, spielt eine mechanische und eine Schutzrolle und dient zudem als Ort der Befestigung für die Muskeln, die das Auge bewegen. Der vordere, am meisten gewölbte Teil der Lederhaut wird Hornhaut genannt. Die Hornhaut ist die erste lichtbrechende Schicht des Auges.

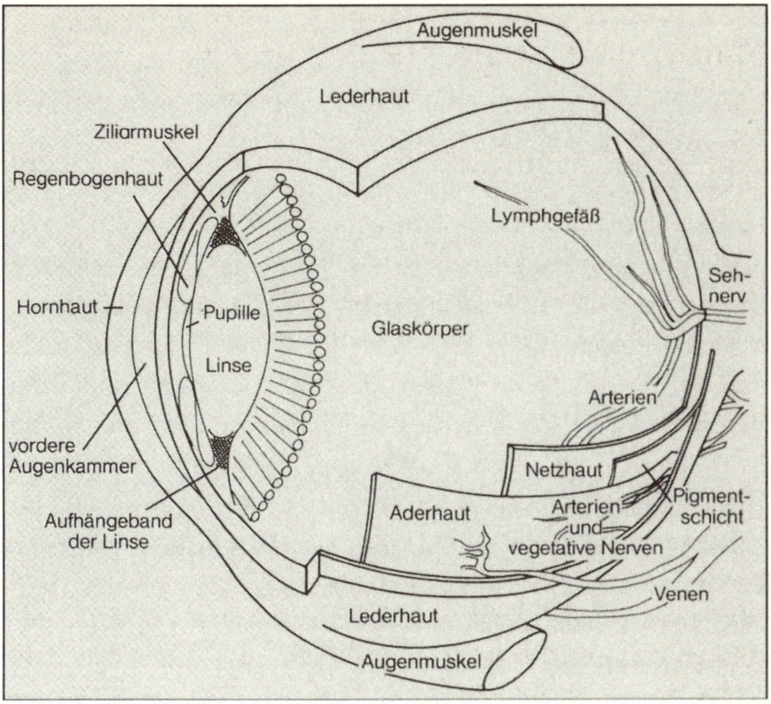

Unter der Lederhaut befindet sich die Aderhaut, in welcher die Blutgefäße eingelagert sind, die sämtliche Gewebe des Auges nähren, nicht zuletzt die Netzhaut.

Es wäre sehr gut, wenn bei den Brillenträgern diese Haut auch noch das Hirn nähren würde, im Fall der Anwesenheit eines solchen!

Die Netzhaut hat einen sehr komplizierten Aufbau und besteht vor allem aus Nervenzellen. Ihrer Herkunft nach ist die Netzhaut ein weit nach außen tretender Teil des Gehirns. In ihren Zellen nehmen die Fasern des Sehnervs ihren Anfang.

Die Netzhaut ist genau der Teil der Augen, mit dessen Hilfe wir praktisch sehen, aber manchmal wollen wir nicht verstehen, was wir mit den eigenen Augen sehen. Sie deckt den hinteren Bereich des Augapfels dicht ab und ist funktionell ähnlich dem Sensor einer Videokamera. Nachdem das Licht die

Netzhaut erreicht hat, überträgt diese über den Sehnerv ein Signal an das Gehirn. Das Gehirn bearbeitet die erhaltene Information und wiederholt häufig empört »Wass'n das für'n Scheiß« – Verzeihung!

Den vorderen Teil der Aderhaut bildet die Regenbogenhaut, liebster Leser. Sie enthält Muskeln, welche die Pupille verengen und erweitern. Die Regenbogenhaut spielt die Rolle einer Blende, die die Kraft des Lichtstroms und die Bildschärfe regelt.

Die Gesamtheit der Muskeln der Regenbogenhaut bildet den Akkomodationsapparat des Auges. Die Akkomodation ist die Fähigkeit des Auges, vom Zustand der trüben Sehkugeln eines betrunkenen Fisches zum Zustand der Stielaugen eines verliebten Marsbewohners hin und her zu wechseln. Die Muskeln der Regenbogenhaut wirken reflexartig, unabhängig von unserem Willen! Und sehr häufig lässt sie uns einfach hängen, die treulose Haut!

Außerdem enthält sie Pigmentzellen, welche, wie wir es ausdrücken, die Augenfarbe bestimmen. In ihrem Zentrum befindet sich die Pupille.

Hinten an der Regenbogenhaut liegt ein durchsichtiger Kristall in Linsenform. Diese Linse ist der Hauptteil des lichtbrechenden Apparats des Auges. Dank ihrer elastischen Eigenschaften kann sie sich stärker oder schwächer krümmen in Abhängigkeit davon, ob ein Gegenstand in der Nähe oder in größerer Entfernung betrachtet wird. Das heißt, sie bläst sich zur Größe eines halben Kopfes auf oder zieht sich auf die Größe eines vollgesoffenen Flohs zusammen! Das ist die so genannte Akkomodation des Auges.

Bei älteren Menschen wird die Akkomodationsfähigkeit schwächer – und es entsteht die Altersweitsichtigkeit. Sie sehen alles sehr gut, was weit entfernt ist, sogar das, was hinter dem Horizont ist, aber das, was sie vor der Nase haben, ist für sie ein Hindernis, ein undurchdringliches Dickicht!

Der größere Teil des Augapfels ist in einer speziellen Vertiefung gelegen, der Augenhöhle. Die vordere Oberfläche ist von einer durchsichtigen Schleimhaut bedeckt, der Bindehaut. Sie schützt den Augapfel vor Infektionen sowie vor zufälligem Staub oder Schmutz.

Die Augen nehmen nicht nur Licht und Farbe wahr. Sie geben uns eine Vorstellung von der Form der Gegenstände und von ihrer räumlichen Lage. Das wird dank den Augenmuskeln ermöglicht. Insgesamt gibt es davon bei jedem Auge drei Paare.

Eines von ihnen sorgt für die Bewegung des Auges nach rechts und nach links, das zweite nach oben und unten und das dritte Muskelpaar erlaubt es den Augen, sich um die optische Achse zu drehen.

Und das vierte – kreuz und quer und diagonal!?

Die Muskeln haben nicht nur Bewegungsnerven, sondern auch solche zum Fühlen. Bei jeder Bewegung der Augäpfel kommt es zu einer Reizung spezieller Nervenenden. Der hier entstehende Reiz wird ebenfalls an das Gehirn übermittelt.

Wenn wir also mit den Augen arbeiten und die Muskeln trainieren, beeinflussen wir auf diese Weise auch die Arbeit des Gehirns. Deshalb ist es so wichtig, die Augenmuskeln zu üben.

Der Mechanismus der Wiederherstellung der Sehkraft

Ersatzteile, Gewindeteilchen, Schrauben, Schraubenzieher und ein Kännchen mit Schmierflüssigkeit sind dem Gerät beigelegt.

»Pfui! Das ist wirklich ein Mistkerl, der Norbekov.
Jetzt kommen wir endlich zum Mechanismus
der Wiederherstellung der Sehkraft!
Nach 200 Seiten leerem Geschwätz!«
Gedankentreibgut von Lesern dieser Zeilen.
Hirnrinde, Stirnbereich, Windung Nr. 2 (die letzte!)

Was ist zu tun und wie? Heute betrachten wir grundlegend, wie wir die Sehkraft wiederherstellen oder »anlassen« können. Achtung! Der Mechanismus der Steuerung des Gesundungsprozesses über die willentliche emotionale Selbstnötigung ist in allen Organen und Körperteilen gleichartig, weil die Arbeit über das Blut durchgeführt wird. Das Prinzip der Blutversorgung der Ohrmuschel und des Daumens ist ungefähr dasselbe.

Jetzt werden wir an der Sehkraft arbeiten. Aber das hat eine direkte Beziehung zur Verjüngung des Organismus insgesamt, zur Normalisierung der Beziehung zur Außenwelt und sogar zu anderen Bereichen des Lebens. Wenn wir über die Sehkraft sprechen, haben wir die ganze Liste Ihrer Leiden und Probleme im Sinn.

Es gibt einen unvergleichlichen Diamanten von riesigen Ausmaßen – das sind Sie! Einen zweiten Diamanten dieser Art gibt es nicht in der Natur.

Das muss man sich mal vorstellen, ein Diamant mit zwei Gehirnwindungen!

Eine seiner Facetten ist die Herstellung guter Beziehungen zu den Menschen, der Umwelt und zu sich selbst, eine zweite Facette ist die Wiederherstellung von Kraft und Jugend, die dritte Facette… die vierte… die fünfte… Es ist Zeit, an diesen Facetten zu arbeiten, damit sie zu strahlen und zu leuchten beginnen.

Anders ausgedrückt, betrachten wir am Beispiel der Wiederherstellung der Sehkraft ein allgemeines Schema, einen Zugang dazu, wie man eine Persönlichkeit werden kann. Wir lernen die Kunst des Siegens.

Wenn Sie diese Kunst in der Praxis erkannt haben, können Sie im Leben viele Ziele erreichen. Und die erstrangige Aufgabe ist es, in sich die herausragende große Kraft zu entdecken und zu entwickeln, die die Natur in Ihnen angelegt hat. Mit ihrer Hilfe schlagen Sie die Krankheit in die Flucht. Alles beginnt bei Ihnen.

Die Wiederherstellung der Gesundheit ist nicht das Endziel, das ist nur die Vorbereitung auf eine neue Lebensetappe, auf die Realisierung anderer Aufgaben, auf die Verwirklichung Ihrer Träume.

Wenn Sie die Formel richtig anwenden, wird die innen entstehende Schwingung eine Resonanz in den Augen finden, und unabhängig davon, ob Sie es glauben oder nicht, beginnt die Sehkraft sich zu verbessern.

Kommen wir endlich zur Sache.

Praktische Anwendung der Formel Ihres Dieners

Den Startmechanismus des Prozesses zur Wiederherstellung der Sehkraft beschreibt eine einfache Formel:

Muskelkorsett → Stimmung → Ergebnis

(Ich werde das immer wieder in abgewandelter Form wiederkäuen, damit sich eine dritte Gehirnwindung bilden kann. Irgendwie müssen wir ja doch die gähnende Leere in Ihrem Schädel füllen!)

Also, erstens: Legen Sie das erforderliche Muskelkorsett an. Sie wissen ja inzwischen, wie das geht.

Zweitens: Heben Sie die Stimmung so lange, bis die Sicht anfängt, besser zu werden.

Das war's!

Gibt's irgendwelche Unklarheiten?

Halten Sie das Muskelkorsett, schauen Sie auf die Tabelle (Anhang 2) und heben Sie die Stimmung, bis die Sicht anfängt, besser zu werden. Das dauert buchstäblich nur ein paar Minuten.

Und wenn die Sicht nicht anfängt, besser zu werden? Ergibt sich bei Ihnen so eine Frage?

Dann heben Sie die Stimmung weiter. Sie zweifeln daran, dass die Sehkraft in Gang kommt? Wenn Sie Zweifel haben, legen Sie Emotionen nach, heben Sie weiter die Stimmung, bis Sie eine leichte Verbesserung der Sehkraft bemerken. Wenn Sie es nicht glauben, würde ich am liebsten auf Ihren Unglauben pfeifen.

Schlüpfen Sie in das Muskelkorsett, heben Sie die Stimmung, und fertig!

Noch Fragen?

Ich hab das Rezept auf drei Worte verkürzt, wie eingangs versprochen. Was bleibt zu tun? Einfach in der Praxis ANWENDEN!

Was ist eine Sehtabelle und wie arbeitet man damit?

Die Trainingstabelle zur Korrektur der Sehkraft ist ein Indikator dafür, ob Sie bei Ihrer Arbeit mit den Emotionen richtig vorgehen, das heißt, wir brauchen sie zur Kontrolle.

Die Tabelle selbst gibt Ihnen überhaupt nichts – sie ist nur ein Stück Papier. Erwarten Sie von ihr keine Wunder, wirken Sie das Wunder selbst!

Ihre Aufgabe ist es, 90 Prozent Ihrer Bemühungen auf Haltung und Stimmung zu richten. Das ist alles!

Halten Sie das Muskelkorsett und heben Sie die Stimmung so lange, bis Sie die Sehkraft am Kragen packen!

Die Tabelle zeigt Ihnen, ob Sie arbeiten oder ob Sie bloß die Tabelle betrachten, in der Erwartung, dass Sie dort etwas entdecken.

Wenn Sie innerlich nicht arbeiten und nicht die erforderliche Stimmung herstellen, können Sie hundert Jahre auf eine Verbesserung warten – es wird vergeblich sein!

Das heißt mit anderen Worten, dieses Papier ist ein Indikator Ihres Charakters. Wenn es ein verödeter Charakter ist, dann …

Aber sobald Sie sich als MENSCHEN mit Großbuchstaben anerkennen, als starke, selbstbewusste PERSÖNLICHKEIT, beginnt die Sehkraft, sich Ihnen zu unterwerfen, und das Ergebnis wird wachsen wie eine Schneelawine.

Das heißt, wenn Sie die Tabelle in die Hand nehmen, überprüfen Sie vor allem Haltung und Mimik. Und auf die Tabelle schauen Sie fast nebenbei. Versuchen Sie nicht, sie durch die Augen zu erblicken.

Sobald Sie die emotionale Stimmung auf das erforderliche Niveau anheben, bemerken Sie sofort und fast nebenbei eine Verbesserung der Sehkraft. Damit Sie verstehen, wie Sie zu schauen haben, bringe ich ein Beispiel für Männer.

Stellen Sie sich vor, Sie gehen auf der Straße mit Ihrer Frau, und einige schöne Mädchen kommen Ihnen entgegen. Wie blicken Sie auf ihre Beine, wenn Ihre Frau daneben ist?

Richtig! Unbemerkt, insgeheim! Genauso muss man auf die Tabelle blicken.

Wie hält man die Tabelle und wie arbeitet man in jedem konkreten Fall?

1. Bei Weitsichtigkeit (falls Sie eine Brille für die Nähe tragen) halten Sie sie in einer Entfernung von 15–20 cm vor Ihre Augen.
2. Falls Sie kurzsichtig sind (wenn Sie eine Brille für die Ferne tragen), halten Sie sie im Abstand der ausgestreckten Hand. Bei schwacher Kurzsichtigkeit, wenn Sie bei der Entfernung die letzte Zeile der Tabelle gut sehen, befestigen Sie die Tabelle an der Wand und finden Sie Ihre Arbeitszeile heraus. Wie das geht, lesen Sie weiter unten.
3. Wer sowohl in der Ferne als auch in der Nähe schlecht sieht, das heißt, wer einen Astigmatismus hat, der kann arbeiten

wie bei Kurz- oder bei Weitsichtigkeit, es macht keinen Unterschied, weil Ihr Ergebnis nicht davon abhängt.

4. Ein Auge sieht normal und das andere schlecht. Decken Sie das gesunde Auge mit einer Binde ab oder verschließen Sie es mit der Hand. Die Tabelle halten Sie wie in Punkt 1 oder 2 – abhängig von der Art der Fehlsichtigkeit und der Dioptrienzahl.
5. Beide Augen sehen schlecht, aber eines noch schlechter. Arbeiten Sie mit beiden Augen. Eines davon wird schneller gesund, ab da arbeiten Sie wie in Punkt 4.
6. Ein Auge ist weitsichtig, das andere kurzsichtig. Da wir im Verlauf des Tages zweimal mit der Tabelle arbeiten werden, üben wir einmal mit dem einen Auge (das andere wird verbunden) und das andere Mal mit dem anderen.
7. Bei Glaukom, grauem Star, Atrophie des Sehnervs, Distrophie und Degeneration der Netzhaut arbeiten wir nach der allgemeinen Formel, aber wir schenken den Entspannungsübungen für die Augen unsere besondere Aufmerksamkeit. Ich warne Sie gleich: Sie werden etwas langsamer vorankommen als die anderen. Das ist nicht weiter schlimm! Alles hängt von Ihrer Einstellung und Ihrem Bemühen ab.

Also, haben Sie verstanden, wie Sie die Tabelle halten müssen? Jetzt die Frage:

Wie findet man seine Arbeitszeile?

Sie beginnen die Tabelle von der obersten Zeile anzuschauen, lassen schrittweise Ihren Blick nach unten gleiten und finden die Zeile, über der Sie noch gut lesen können und unter der alles verschwimmt. Diese Zeile nennen wir die Grenzzeile. Das ist Ihre Arbeitszeile.

Sobald Sie diese gut und deutlich sehen, rücken Sie eine Zeile weiter nach unten.

Achtung!

Nur keine Hast beim Wechsel der Arbeitszeile, auch wenn Ihre Augen das »fordern«. Festigen Sie zuerst das Ergebnis!

Während der Arbeit mit der Tabelle kommt es häufig zu übertriebenem Eifer, welcher hier nicht am Platze ist. Halten Sie diesen zurück, wenn Sie nicht wollen, dass der Prozess der Wiederherstellung der Sehkraft gebremst wird!

Das ist eine wichtige Vorsichtsregel. Fahr langsam, dann kommst du weiter.

Wenn Sie bei der Arbeit an der Kurzsichtigkeit im Abstand eines ausgestreckten Armes die letzte Zeile schon gut lesen können, befestigen Sie die Tabelle an der Wand und wählen Sie wieder eine Arbeitszeile in der oben beschriebenen Weise.

Sie wissen, dass die Augen ein Teil des Gehirns sind. Sie sind indirekt mit allen Organen verbunden. Etwa 80 Prozent der Information nimmt der Mensch über die Augen auf und nur 20 Prozent über die anderen Sinnesorgane.

Unsere Augen spiegeln sowohl die Gesundheit als auch den Zustand der Seele und die Stimmung wider. An den Augen kann man erkennen, ob jemand ein guter oder ein schlechter Mensch ist, ob er krank ist oder gesund. Nicht umsonst heißt es: Die Augen sind der Spiegel der Seele.

Die Augen reagieren sehr schnell auf die Aufmerksamkeit von Ihrer Seite, deshalb können Sie, wenn Sie mit den Augen arbeiten, schnell eine Verbesserung bemerken.

Bei den anderen Organen ist das nicht sofort zu bemerken, und deshalb pflegen wir häufig, einer alten Gewohnheit folgend, zu jammern und uns selbst schlecht zu machen: »Bei mir klappt es nicht, ich bin nicht so wie die anderen, bei mir ist alles ganz anders etc.«

Aber wenn Sie ständig die Ergebnisse Ihrer Arbeit vor sich sehen, haben Sie kein Recht mehr, an Ihren Kräften zu zweifeln!

Also, wenden wir die Formel an.

Durch Willensanstrengung nehmen wir das Muskelkorsett an, das heißt die Haltung und Mimik eines gesunden, glücklichen, voller Grazie durch das Leben galoppierenden Menschen an: eines jungen Hengstes, wenn Sie ein Mann sind, und einer fröhlichen Stute, wenn Sie eine Frau sind.

Hoppla!

Ihre Größe wird zwei Meter, die Brust ist rund wie ein Rad, den Bauch ziehen Sie ein, bis er an die Wirbelsäule stößt!

Wenn Sie sitzen, setzen Sie sich senkrecht, wie auf einen Blumentopf. Rücken Sie von der Lehne weg. Das Becken bleibt auf der Sitzfläche, aber den Scheitel ziehen Sie nach oben, nach oben, nach oben …

Was fällt Ihnen auf? Der Bauch wird kleiner, und an der Stelle, wo man die Taille vermutet, beginnt etwas zu ziehen und enger zu werden. Im Gesicht ein idiotisches Lächeln! Ausgezeichnet!

Sodann beginnen Sie, den inneren Zustand an die äußere Maske anzupassen. Künstlich, bewusst lösen wir eine innere Freude aus. Auf die Frage »Worüber freuen wir uns?« antworten wir: »Über das, was wir jetzt ohne Brille sehen werden!«

Was kommt heraus?

Das Auge beginnt sofort zu reagieren. Die Buchstaben und Zeichen schicken sich an, mit Ihnen Verstecken zu spielen. Sie werden einmal deutlicher, um dann wieder zu verschwimmen. Ein Aufblitzen der Bildschärfe, das schnell wieder verschwindet. Das heißt, auf der Trainingstabelle beginnen Sie, eine augenblicksweise Verbesserung der Sehschärfe festzustellen. Bald werden diese seltenen, ausnahmsweisen »Aufblitzer« in eine gemeinsame Welle zusammenfließen. Das Ergebnis wird sich akkumulieren analog dem, wie sich eine Perlenkette aus einzelnen Perlen zusammenfügt.

Wenn Sie Ihre innere Resonanz auf das erforderliche Niveau angehoben haben, beginnt die Sehkraft, sich Ihrem Willen zu unterwerfen, weil diese Resonanz die Wirkung eines Grund- oder Kammertons erhält.

Der Wille bringt die Emotion in Bewegung, und die Emotion zwingt entweder die Resonanz der Gesundung und Schaffenskraft oder die Resonanz der Gleichgültigkeit und Zerstörung herbei. Je nach dem, was Sie hineingeben, ist auch das erhaltene Ergebnis!

Das innere Schwungrad schafft die Bewegung, welche mit jedem Mal Kraft zulegt und sich in der Qualität des Sehens spiegelt. In unserer Terminologie bedeutet das: Die Sehkraft kommt »in Gang«.

Also, die Sehkraft kommt in Gang!

Das ist alles!

Von diesem Augenblick an ist es nicht mehr nötig, die Stimmung weiter zu erhöhen, weil Sie die erforderliche Welle bereits erwischt haben.

Von jetzt an ist es Ihre Aufgabe, die Stimmung ca. zehn Minuten zu halten und sich diesen Zustand einzuprägen, ihn auf das innere Magnetophon des Bewusstseins aufzuzeichnen und in Zukunft bewusst abzurufen. Ihre Sehkraft wird ständig besser und besser werden.

Das heißt, wir wirken über die Emotionen.

Die Emotion ist eines der stärksten Instrumente!

Das erforderliche theoretische Minimum haben Sie, jetzt müssen Sie das nur noch in die Praxis umsetzen.

Nun zu der Frage, wie sich die Sehkraft regeneriert

Nachdem wir den Mechanismus in Gang gesetzt haben, das heißt, wenn Sie auf der Tabelle das Aufblitzen von Deutlichkeit zu sehen begonnen haben, wird die Wiederherstellung der Sehkraft wellenartig vor sich gehen.

Achtung!

Der Mechanismus der Wiederherstellung der Sehkraft ist folgender: Ein bis zwei Stunden lang gibt es eine Verbesserung, Verbesserung, Verbesserung, dann eine halbe bis eine Stunde Verschlechterung, danach wieder Verbesserung usw.

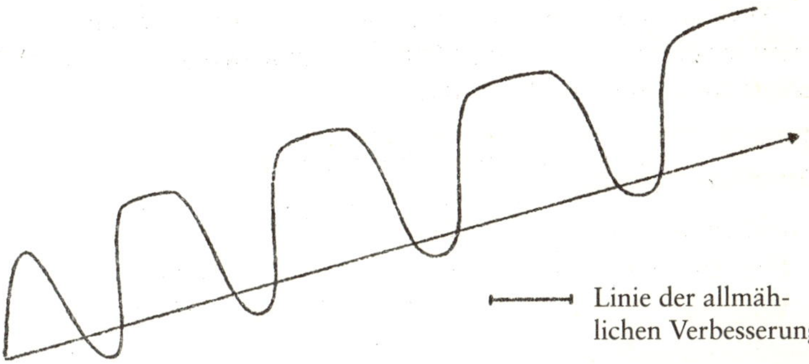

Solche Schwankungen sind bei allen Menschen unterschiedlich. Bei manchem mögen diese Perioden nur Sekundenlänge haben: 5–6 Sekunden Klarheit, dann 2–3 Sekunden Verschwommenheit und dann wieder Klarheit. Die Phase des Fortschritts kann auch zehn Minuten dauern, gefolgt von 2–3 Minuten Rückfall. Bei dem einen werden die Erfolgskurven in Stunden zu messen sein, bei anderen in Tagen. Aber die allgemeine Tendenz ist so: **Immer folgt einer längeren Periode der Verbesserung eine kürzere Periode der Verschlechterung!**

Lassen Sie sich nicht unterkriegen! Insgesamt wird die Sehkraft, ungeachtet solcher Schwankungen, fortlaufend besser.

Die Kurve der Verbesserung der Sehkraft geht immer nach

oben. Die Hauptsache ist, die Arbeit fortzusetzen. Mit jedem Tag wird der Prozess der Wiederherstellung der Sehkraft an Tempo zulegen.

Vergessen Sie nicht: Es gibt das Gesetz der Trägheit. Wenn Sie das Schwungrad in Bewegung gesetzt haben, muss man seine Bewegung ständig in Schwung halten, sonst lässt die Bewegung aufgrund des Reibungswiderstandes nach und kommt schließlich zum Stillstand.

Achtung! Gefahr!

Eine Dame erzählte: »Ich hatte +7 Dioptrien. Fünf Dioptrien bin ich losgeworden, aber die letzten beiden kriege ich nicht weg. Warum?«

Weil sie gut begonnen, aber schlecht geendet hatte. Sie begann nach den ersten Erfolgen träge zu werden, sie machte die Übungen ohne Engagement, zum Abhaken eben – die Emotionen reichten nicht mehr aus.

Der Automatismus ist der Feind jedes guten Unterfangens!

Weg mit jeglicher Trägheit! Erst führen Sie die Sache zu Ende. Abgemacht? Ausgezeichnet!

Also, nehmen Sie die Tabelle in die Hand, finden Sie Ihre Arbeitszeile, legen Sie das Muskelkorsett an! Vergessen Sie nicht, das Lächeln breit zu ziehen!

Rufen Sie gezielt innere Freude hervor darüber, dass sich die Sehkraft zu bessern begonnen hat. Wir machen alles mit dem Kopf voran!

Dann verstärken wir die Emotion so lange, bis die Sehkraft in Bewegung kommt.

Die Klarheit wird in der Art eintreten, wie wenn man bei einem Objektiv die Schärfe einstellt oder mit der Hand bei einem Radioempfänger die gewünschte Frequenz sucht.

Haben Sie das leise Aufblitzen einer Verbesserung bemerkt?

Sehr gut! Fixieren Sie für sich sofort diesen Zustand: »Ich hab's! Es ist mir gelungen, die erforderliche Welle zu finden!« Ein deutliches Aufblitzen in Richtung Verbesserung wird auf alle Fälle nach 30 Sekunden Arbeit mit der Tabelle eintreten.

Die Sehkraft ist in Bewegung! Glückwunsch! Ihre Aufgabe ist jetzt, in sich hineinzuhören, die Empfindung zu registrieren und sich einzuprägen, was Sie gemacht haben, wie Sie den inneren Zustand verändert haben, damit die Sehkraft beginnen konnte, sich Ihnen zu unterwerfen.

Das nächste Mal werden Sie diesen inneren Zustand bewusst aufrufen und sich bemühen, ihn so lange wie möglich zu halten.

Da Sie selbstständig lernen, ist es erforderlich, dass irgendjemand oder irgendetwas die Funktion eines Sekundenzählers erfüllt. Besprechen Sie ein Tonband, indem Sie von eins bis dreißig zählen (siehe übernächstes Kapitel »Drei Durchgänge zu je 30 Sekunden in einer Sitzung«).

Ihre Aufgabe ist es, während des Zählens Ihre Stimmung zu heben. Wenn die ersten Blitzer einer Verbesserung auftreten, achten Sie auf den inneren Zustand und merken Sie sich, bei welcher Zahl das war.

Zum Beispiel wird das Bild anfangs bei der Zahl 20 schärfer.

Beim nächsten Mal versuchen Sie, dass es bei 15 so weit ist und dann bei 10.

Weiter. Nach 30 Sekunden halten Sie die innere Stimmung weiter auf der gleichen Ebene. Und die Sicht wird immer besser und besser werden. Beim nächsten Mal muss schon eine leichte zusätzliche Verbesserung eintreten, zum Beispiel bei der Zahl 5.

Der Prozess vollzieht sich wellenförmig: Das Aufblitzen von Schärfe kommt und geht, aber mit jedem Tag, mit jedem Training werden diese Blitze früher kommen und länger anhalten.

Schrittweise fließen einzelne Zeichen und Fragmente zu einer ganzen lesbaren Arbeitszeile zusammen.

Also schaffen Sie mithilfe des Muskelkorsetts und der Emotionen Ihr einzigartiges Instrument für die Korrektur der Sehkraft!

Für die Wiederherstellung der Sehkraft reicht es, zweimal täglich je 10 Minuten zu trainieren.

Wie ruft man die Verbesserung der Sehkraft hervor – haben Sie es sich gemerkt? Dass man jedes Mal den Zustand fixieren muss: »Das ist es! Es ist gelungen, die nötige Welle zu kriegen!« – haben Sie sich das gemerkt? Bravo! Super!

Aber auch die Vorsichtsregeln nicht vergessen!

Es gibt interessante Situationen. In der Stadt Nabereschnye Tschelny war ein Mann sehr strebsam. An fünf Seminartagen hob er ständig die Hand. Die Verbesserung erfolgte mit großen Schritten, aber dann machte sie plötzlich Halt. Ich fragte ihn:

»Warum kommen Sie nicht weiter? Was ist passiert?«

»Ich sehe die letzte Zeile nicht«, sagte er.

»Mit welcher Zeile haben Sie begonnen?«

»Mit der zweiten von oben.«

Wie sich herausstellte, hatte er im Abstand der ausgestreckten Hand die zweite Zeile nur mit Mühe entziffern können und war an nur fünf Abenden bis zur letzten Zeile gekommen. Das ist kategorisch verboten! Er verletzte die Vorsichtsregeln, und der Prozess der Wiederherstellung der Sehkraft kam zum Stillstand. Einfach so! Passen Sie auf! Spannen Sie Ihre Augen nicht an. Beschleunigen muss man schrittweise.

Wollen Sie vor dem Start ein Geheimnis erfahren? Das Prinzip der Wiederherstellung der Sehkraft und der Beseitigung jeder beliebigen anderen Krankheit ist ein und dasselbe. Sie benützen das grundlegende Instrument – Ihren kreativen Geist.

Indem Sie die erforderlichen Emotionen erzeugen, über das Blut zwingen Sie den Organismus zu genesen, das heißt, Sie beginnen, diesen Prozess selbst zu steuern.

Die drei Etappen der Wiederherstellung der Sehkraft

Die ganze Arbeit teilen wir in drei Etappen. Die erste ist kurz und dauert nur zwei, drei Tage. Wir nennen sie das »Anlassen« der Sehkraft.

Dann beginnt sofort die zweite – die Wiederherstellung der Sehkraft. Diese Etappe ist bei jedem sehr individuell. Wenn jemand 2 Dioptrien und weniger hat, dauert sie vielleicht acht Tage. Darüber haben wir schon gesprochen.

In acht Tagen stellen Sie die Sehkraft wieder her, und am neunten gehen Sie in die dritte Etappe über – die Gewöhnung an die normale Sehkraft. Sehr wichtig ist es, gerade in diesem Moment die Arbeit nicht zu unterbrechen.

Einige machen den Fehler zu glauben – nur weil sie die Brille abgelegt haben –, dass schon alles gemacht ist und keine Wünsche mehr offen sind. Aber wir wollen, dass sich ein bedingter Reflex zum normalen Sehen einstellt, dass es gewohnheitsmäßig wird für den Organismus und dies vom Gehirn fixiert wird. Der bedingte Reflex tritt im Verlauf von 20–40 Tagen ein.

Stellen Sie sich folgende Situation vor: Sie haben begonnen zu arbeiten. Die ersten Ergebnisse sind zur Hand. Bildhaft gesprochen kommt die Kontrollkommission mit der Inventarliste und sagt:

»Bei Ihnen steht: Augen – zwei Stück, grauer Star. Zeigen Sie her.«

Er prüft – alles ist am Platz. Ausgezeichnet! Machen wir weiter. Sie beginnen zu arbeiten, und der graue Star beginnt sich aufzulösen. Bei der nächsten Überprüfung:

»So-o! Bei uns steht: Augen – zwei Stück, grauer Star.«

Dann die Prüfung.

»Die Augen sind gesund. Aber wo ist der graue Star? Stellen Sie ihn auf den Platz zurück! Er ist bei uns unter der Nummer 761200-08 verzeichnet.«

Der Organismus beginnt, sich zu wehren und sein Ergebnis zu verteidigen. In physischer Hinsicht zeigt sich das in Form einer zeitweiligen Verschlechterung des Zustandes. Das Wichtigste ist – nicht stehen zu bleiben. Wenn Sie weiter üben, wird das nächste Mal das Ergebnis vom Hirn in die Inventarliste aufgenommen:

»Augen – zwei Stück, gesund.«

Das geschieht etwa am vierzigsten Tag. Wenn jetzt ein Problem mit den Augen auftritt, beseitigt das Gehirn dieses von selbst, weil in der Inventarliste eine neue Norm eingetragen ist. So entsteht der bedingte Reflex des guten Sehens.

Normal sehende Augen befinden sich bereits – bildhaft gesprochen – mit einer Inventarnummer in der Liste Ihres Gehirns.

Nach diesem System musste ich mit einer Gruppe von Blinden arbeiten. Die Kranken mit einer Atrophie des Sehnervs gingen als Sieger aus ihrem Leiden hervor. Sie dagegen sind im Vergleich dazu mit Ihrer Diagnose ein armseliger Simulant! Verstanden? So ist das!

Werter Leser, wie fühlen Sie sich ohne Brille? Wie ohne Hosen auf der Straße? Kann es sein, dass Sie überhaupt nicht ohne auskommen? Grämen Sie sich nicht. Sie sind nicht allein.

Einmal stellte ich in einem Seminar diese Frage. Einige Personen hoben die Hand, und eine Dame sagte: »Ich sehe mich sogar im Schlaf mit Brille.«

Was soll man da tun?

Es gibt einen guten Ausweg. Heute oder morgen schauen Sie sich dekorative Brillen ohne Dioptrien an, zum Beispiel Sonnenbrillen, aber nur mit hellgrünen Gläsern. Oder Sie tauschen die Gläser Ihrer Brille gegen gewöhnliche.

Haben Sie erlebt, wie schwer sich Kinder manchmal von Scheinbrillen entwöhnen? Wenn Ihnen auf der Nase irgendetwas fehlt, ist das unbehaglich.

Das heißt, Sie setzen eine Attrappe, eine Scheinbrille auf, um sich normal zu fühlen. Es gibt Junkies, es gibt Alkies, und es gibt Brillies (selbst ausgedacht!).

Heute schon setzen Sie eine Brille mit weniger Dioptrien auf, das heißt eine schwächere.

In zwei, drei, vier Tagen wird Ihnen diese Brille bereits angemessen sein. Aber in diesem Moment sollten Sie sie durch eine noch schwächere ersetzen.

Drei oder vier Tage, und es kommt der Moment, wo Sie auch mit dieser Brille normal sehen. Dann setzen Sie eine Attrappe auf, damit Sie die körperliche Unannehmlichkeit leichter überwinden können. Klar?

Achtung!

Für eine Verbesserung um eine Dioptrie braucht man 4–6 Tage. Die Dioptrien schneller zu senken verbietet sich, weil eine zu schnelle Arbeit zum Abbremsen des Prozesses führen kann.

Die Natur liebt keine Hast. Es ist absurd, an jungen Keimlingen zu ziehen mit dem Ziel, dass sie schneller wachsen. Wenn Sie 20, 30 Jahre eine Brille getragen haben, machen einige Tage mehr oder weniger gar nichts aus. Also fassen Sie sich in Geduld, arbeiten Sie ohne Hast, und konzentrieren Sie sich auf das Wesentliche.

Wenn Sie –12 oder +12 oder einen Astigmatismus oder grauen Star haben, hat das absolut nichts zu bedeuten! Sie werden alle nach derselben Formel arbeiten und nach derselben Norm den Test für die Normalisierung Ihrer Augen machen.

Der mittlere Wert für sehr gute Schüler ist: 1 Dioptrie in zwei Tagen. Für Faulenzer –1 Dioptrie in sechs Tagen, das ergibt durchschnittlich 1 Dioptrie in vier Tagen, was bedeutet, dass sich die Sehkraft pro Tag um etwa 0,25 Dioptrien korrigieren lässt.

Bei Ihnen sind Zweifel aufgetreten: »Und wenn ich nicht so schnell bin? Und wenn ich nachhinke?«

Mich beunruhigen diese Fragen nicht, lieber Leser! Ich pfeife auf sie! Sie werden die Norm schaffen, ob Sie wollen oder nicht. Ein Student hat drei Aufgaben: Lernen, Tests schreiben und die Prüfung machen.

Ein Zurückbleiben ist strafbar. Also, wenn Sie 2 Dioptrien haben, haben Sie insgesamt etwa acht Tage zur Verfügung. Das heißt, ein volles Programm zur Wiederherstellung der normalen Sehkraft beläuft sich für Sie auf etwa acht Tage.

Und danach gehen Sie zur dritten Pflichtetappe über, zur Eingewöhnung, vorausgesetzt, Sie wollen das erzielte Ergebnis bewahren.

Drei Durchgänge

zu je 30 Sekunden in einer Sitzung

Die Korrektur der Sehkraft

Endlich die Pra-a-axis! Wir haben ausgeharrt!

Werter Leser! Wie alt sind Sie in Ihrer Seele? Falls mehr als 16 Jahre, heißt das, Sie sind schon entschlafen. Einigen wir uns darauf, dass wir in unserer Seele 16 Jahre alt sind. Korrigieren Sie Ihre Schultern.

Jetzt hüpfen Sie im Stand auf einem Bein. Schlagen Sie sich alle Dummheiten Marke »Ich bin Großmutter« oder »Ich bin Chef« oder »Ich bin Gelehrter« aus dem Kopf.

Dann stellen Sie eine sorglose, unbekümmerte Stimmung her. Weg mit dem Todernst aus Ihrem Gesicht, Sie sehen ja aus, als ob Sie auf dem Klo sitzen und Verstopfung haben.

Ein Lächeln, die Haltung eines Siegers! Weg mit der Brille!

Nehmen Sie den Gesichtsausdruck eines fünfjährigen Kindes an, das zum ersten Mal vor einem Weihnachtsbaum sitzt. Klappen Sie die Augendeckel auf und zu.

Gehen Sie mit Ihrem inneren Blick den ganzen Körper durch. Wie ist Ihre Haltung, Ihre Mimik?

Stellen Sie im Inneren die frohe Erwartung her, dass Sie jetzt um einiges besser sehen werden, und lassen Sie die Freude darüber als Welle durch sich hindurchströmen.

Weiter! Legen Sie noch ein bisschen mehr Emotionen nach! Bravo!

Jetzt halten Sie die Tabelle in der Ihnen entsprechenden Entfernung und schauen mit verliebten Augen auf die Arbeitszeile.

Stellen Sie gewollt eine gute Stimmung her und heben Sie sie beständig an. In der Seele spüren Sie den Genuss am Vorgeschmack des Ergebnisses.

Haben Sie einmal am Objektiv einer Kamera die Schärfe eingestellt? Erinnern Sie sich an das Gefühl, wenn das verschwommene Bild klar zu werden beginnt und allmählich scharf wird? Super!

Mit dieser frohen Erwartung von Klarheit und Schärfe des Bildes gleiten Sie 30 Sekunden lang mit beiden Augen leicht und fließend auf Ihrer Arbeitszeile nach rechts und nach links, nach rechts und nach links, ohne mit dem Blick irgendwo hängen zu bleiben, ohne anzuhalten, ohne sich auf einzelne Elemente zu fixieren. Und alle 2–3 Sekunden heben Sie weiter Ihre Stimmung an.

Mit den Augen machen Sie leichte Bewegungen, aber das Wichtigste ist was?

Sie rufen Freu-eude hervor!

Das Allerwichtigste – Sie stellen einen Zustand der Freude her und lassen sie wellenartig durch die Augen strömen, Sie lösen Dankbarkeit an Ihre eigene Adresse aus und Sicherheit über den Erfolg!

Das heißt, Sie verfolgen nicht die Zeile! Sie schauen auf die Zeile, aber konzentrieren sich auf den inneren Zustand, Sie geben den Augen eine Art Vorschuss, und die Augen fangen an, sich unterzuordnen.

Wenn Sie nur passiv dastehen und warten, wann die Sicht besser wird, passiert gar nix! Außer Enttäuschungen werden Sie nichts bekommen. Es darf hier keine Konsumhaltung geben!!!

Damit Sie nicht in Gedanken die Sekunden zählen und sich dadurch ablenken, zählen Sie auf ein Tonband bis dreißig und spielen es neunmal ab – wir werden dreimal drei Durchgänge von je 30 Sekunden machen.

Wenn Sie Ihre Emotionen auf das erforderliche Niveau angehoben haben, werden Schimmer einer Verbesserung des Sehens nicht lange auf sich warten lassen. Sobald die ersten flüchtigen »Blitze« von Klarheit und Schärfe des Bildes aufzutauchen beginnen, bemühen Sie sich, die Stimmung auf dem gleichen Niveau zu halten; und die nächsten 30 Sekunden fahren Sie fort, auf diesem Niveau zu arbeiten.

Hats geklappt? Ausgezeichnet! Schaffen Sie in Ihrem Inneren eine Welle von Dankbarkeit und Achtung vor sich, einen Strom von Freude und Stolz darüber, dass Sie an sich arbeiten! Ich bitte nur um eines – vergessen Sie nicht zu blinzeln, damit Sie keine Stielaugen kriegen.

Wenn die Arbeit ein paar Mal unverändert vor sich geht, fügen wir eine neue Nuance an Empfindungen hinzu, bis zum ersten Schimmer einer Verbesserung! Beobachten Sie die innere Einstellung, vergessen Sie nicht, Sie sind ein fünfjähriges Kind, das offen und neugierig mit verwunderten Augen auf die Welt schaut. Steigen Sie ein in diese Rolle, werden Sie ein Kind.

Oder erinnern Sie sich farbenprächtig an die schönsten und hellsten Episoden aus Ihrem Leben: die erste Liebe, das erste Füttern und Baden Ihres Kindes, die Zartheit seiner Berührung, ein Abend- oder Morgenrot usw. Vertiefen Sie sich in angenehme Erinnerungen, damit Ihr Herz leicht und froh wird!

Also, die ersten 30 Sekunden haben wir gearbeitet. Zwinkern Sie leicht mit den Augen.

Die nächsten 30 Sekunden arbeiten wir analog. Vergessen Sie nicht zu zwinkern!

Und noch einmal arbeiten wir 30 Sekunden in diesem Zyklus.

Danach entspannen wir die Augen mithilfe der »Pfeif-drauf-Übung« (sie wird im nächsten Kapital beschrieben).

Überprüfen Sie Haltung und Mimik.

Überprüfen Sie das Muskelkorsett. Wo ist es denn?!

Trara, trara, trara!

Sie haben bereits begonnen, sich zufriedenzugeben, verstehen Sie?! Sie haben begonnen, sich selbst eine Grube zu graben. Das ist nicht zulässig!

Man darf sich nicht vor der Zeit Ruhe gönnen, aber man soll auch nichts übereilen!!!

Erinnern Sie sich an das Beispiel mit meinem Zuhörer aus Nabereschnye Tschelny? Finden Sie die goldene Mitte.

Die Hauptsache: die Qualität der Arbeit unter Beachtung der Vorsichtsregeln.

Der zweite Zyklus wird abwechselnd mit jedem Auge durchgeführt, wobei für jedes Auge die passende Arbeitszeile gewählt wird, wie oben beschrieben.

Die ersten 30 Sekunden mit dem einen Auge, die zweiten mit dem anderen, die dritten wieder mit dem ersten (beim nächsten Mal umgekehrt).

Als Nächstes machen Sie unbedingt Entspannungsübungen, und erst danach arbeiten wir das abschließende dritte Mal mit beiden Augen.

Und wieder lassen wir die Augen ausruhen.

Die Augen öffnen wir ruhig und langsam, dabei bemühen wir uns, die Ruhe beizubehalten. Wir nehmen die Tabelle und…

Haben Sie eine Überraschung erlebt? Bravissimo!!!

Ohne die innere Einstellung zu verlieren, schreiten wir mit neuen Kräften zum dritten, abschließenden Zyklus von dreimal 30 Sekunden.

Drehen Sie sich dafür so, dass das Licht in einem anderen Winkel auf die Tabelle fällt. Noch einmal von vorn!

Die Brust! Das Lächeln! Die Stimmung! Wir sind beim dritten Zyklus. Schalten Sie die Aufnahme des Zählens ein. Wir arbeiten weiter. Registrieren Sie für sich eine zusätzliche Verbesserung? Jedes Mal machen Sie ein kleines Schrittchen nach vorn.

Wir legen die Tabelle zur Seite und machen Übungen zur Entspannung. Stellen Sie im Herzen Dankbarkeit zu sich her, weil Sie einen weiteren Schritt auf dem Weg zur Gesundung und Vervollkommnung gemacht haben.

Übungen zur Entspannung

1. Öffnen Sie langsam und ruhig die Augen! Blinzeln Sie ganz leicht, ohne Anspannung, wie eine Mücke mit ihren Flügeln.

2. Und jetzt die Übung mit der wissenschaftlichen Bezeichnung: *»Pfeif-drauf-Übung«*.
   Legen Sie eine angenehme, entspannende Musik auf.

Wärmen Sie Ihre Handflächen auf, um den Energiestrom zu den Händen zu erhöhen. Dazu lassen Sie die Hände bis zum Sonnengeflecht sinken, damit die Energie besser fließt, und reiben sie aneinander. Sie reiben weiter und führen die Hände zu den Augen.

Formen Sie dabei die Hände zu einer Schale, die Sie zum Abdunkeln auf die Augen legen. Die Finger liegen überkreuzt an der Stirn. Die Wurzeln der kleinen Finger berühren sich und liegen an der Nasenwurzel, wo gewöhnlich das Brillengestell aufliegt.

Korrigieren Sie die Hände so, dass kein Licht eindringt und gleichzeitig die Wimpern nicht die Handflächen berühren. Erst dann schließen Sie die Augenlider.

Die Energie aus den Handflächen geht direkt auf die Augäpfel. Damit die Energie ohne Hindernis fließen kann, muss sich der Kopf in einer Linie mit der Wirbelsäule befinden.

Jetzt dürfen Sie die Augäpfel nach hinten »loslassen«, die Lider und das Gesicht entspannen. Die Kiefer sind locker, die Zunge ebenso, die Schultern und Arme hängen ganz locker, die Ellenbogen sind etwas zur Seite gedreht. Die Muskeln des ganzen Rumpfes sind entspannt.

Stellen Sie bitte einen Zustand von Losgelöstheit, Ruhe, Gedankenlosigkeit und Leere her. Sie können auf alles pfeifen!

Wir betrachten jetzt die Dunkelheit oder jedes beliebige Bild, das im Bewusstsein entsteht.

Man kann in Gedanken bewegliche Objekte betrachten, und zwar in einer Entfernung, in der Sie physisch schlecht sehen, aber in Ihrer Vorstellung sehen Sie auch in dieser Entfernung sehr scharf.

Oder wir stellen uns abwechselnd irgendein Objekt einmal in der Nähe, dann wieder in der Ferne vor.

Sehr nützlich ist es, während der Entspannung in Gedanken die Arbeitszeile auf der Tabelle zu betrachten und sich vorzustellen, dass sie klar und deutlich vor Ihnen erscheint!

Richten Sie Ihre Aufmerksamkeit auf den Nabel. Schaffen Sie im Inneren die Empfindung der vollständigen Ruhe und Entspannung. Denken Sie an nichts als an die Liebe zu sich selbst, zu Ihren Augen, zum Leben.

Danach richten Sie Ihre Aufmerksamkeit in die Lebergegend (rechts unterhalb der Rippen) und lenken all Ihre Zärtlichkeit, die Sie empfinden können, dorthin. Fühlen Sie deutlich die Reaktion im Körper, wie in der Übung »Das Bild der fünf Finger«.

Dann richten Sie analog die Aufmerksamkeit in die Nierengegend (am Rücken etwas über dem Gürtel), senden Sie den Nieren ebenso in Gedanken Liebe und Zärtlichkeit und wünschen Sie ihnen von ganzem Herzen Gesundheit. Erspüren Sie die Antwortreaktion im Körper und schaffen Sie Dankbarkeit zu sich selbst.

Lassen Sie die Hände sinken, aber öffnen Sie die Augen nicht.

Gönnen Sie sich eine vollständige Erholung. Stellen Sie sich vor, dass der Hauch eines Lüftchens Sie streift, schaukeln Sie leicht von einer Seite auf die andere und entspannen Sie sich vollkommen.

Lassen Sie die Muskeln von Waden und Oberschenkeln,

von Becken, Gesäß, Kreuz, Nacken und Gesicht los. Alles außer den Muskeln der Harnblase!

Stellen Sie sich vor, es ist Morgen. Sie sind auf einem Hügel, unten liegt ein Fluss. In der Nacht fiel ein warmer Sommerregen, die Blätter auf den Bäumen glänzen. Ein Lüftchen vom Fluss her streichelt sie, und das Sonnenlicht dringt hindurch, sodass die Blätter selbst Licht ausstrahlen. In Seele und Körper herrscht absolute Gelassenheit.

Und jetzt öffnen Sie ruhig die Augen. Übrigens, reißen Sie niemals Ihre Augen heftig auf! Man sollte sie auch niemals zusammenkneifen. Das alles schafft Anspannung, welche nicht erwünscht ist.

Wenn Sie jetzt unter Bewahrung der inneren Ruhe die Tabelle in die Hand nehmen, erwartet Sie eine Überraschung!

Sie haben noch einen zusätzlichen Sprung zum Besseren registriert? Bravo! Ich bin stolz auf Sie!

Das heißt, Sie haben alles richtig gemacht. Während der Entspannung und des Ausruhens verbessert sich die Sehkraft weiter!

Wie ist Ihre Stimmung? Haben Sie Ihr Lächeln nicht vergessen?!

Wir heben die Emotionen noch um eine Stufe, in der Seele ist alles okay-okay, ganz leicht und beschwingt, und Sie empfinden Wärme in den Augen.

Bewahren Sie dieses Gefühl den ganzen Tag über, und wenn Sie es plötzlich verlieren, machen Sie die Übung möglichst bald noch einmal.

3. Die Energie auf die Augen richten.

Anfangs reiben wir die Hände, wie das in der Pfeif-drauf-Übung beschrieben ist.

Der Körper ist gerade, der Kopf in einer Linie mit der Wir-

belsäule, die Augen sind geschlossen. Die Zeige- und Mittelfinger beider Hände werden direkt senkrecht auf die Augen gerichtet.

Der Abstand von den Fingerspitzen bis zu den Augen beträgt nur 1–2 mm, aber wir berühren die Lider nicht mit den Fingern. Wir fühlen, wie die Energie in die Augen strahlt und sie von innen erfüllt.

Jetzt führen wir analog die Mittelglieder der beiden Daumen (dazu muss man die Daumen abbiegen) zu den geschlossenen Augen und erfüllen sie mit Energie. Die Ellbogen sind dabei erhoben und seitwärts gerichtet, der Kopf bleibt gerade.

Ein Rüffel

für den,
bei dem die Augen nicht besser werden.

Jetzt möchte ich etwas Dreck auf Ihren klugen Kopf leeren, welcher Sie in Krankheiten und Problemen festhält.

Wenn im Verlauf des Trainings in Ihrem Kopf Zweifel und Gedanken wie »Hilft es oder hilft es nicht? Oder hilft es doch?« auftreten, dann war's das! Sie sind verdammt zum Absturz in ein Eisloch, wo Sie so weiterplanschen können wie bisher. Ich saß einmal sechs Jahre lang in so einem Eisloch fest.

Also, jede Übung, welche Sie ausführen, ist nur eine Hülle, eine Verpackung, aber das Wesen ist etwas ganz anderes.

Stellen Sie sich vor: Sie kommen in ein Geschäft und anstelle der Pralinen kaufen Sie nur die Verpackung. Haben Sie von der einen Nutzen? Die Schokolade bleibt im Geschäft, und Sie nehmen nur die glänzende Verpackung mit und gehen. Pech gehabt!

Die Übung ist nur eine Form – ein leeres Gefäß.

Sie suchen eine Übung, Methoden, Mittel, das heißt ein Gefäß, eine Hülle, eine Verpackung, und vergessen, sich um die Hauptsache zu sorgen – um den Inhalt, um den inneren Zustand.

Und wenn der Inhalt Schwefelsäure ist? Ändert sich das Wesen der Säure in Abhängigkeit davon, wo sie hineingeschüttet wird – in ein Weinglas aus Bleikristall oder in eine Konservenbüchse aus dem Mülleimer?

Ändert es sich? Nein?

Der Körper ist auch so ein Gefäß. Sagen Sie bitte, wodurch wird der Körper korrigiert? Durch Körperübungen.

Sie machen Übungen, das heißt, Sie bringen das Gefäß in Ordnung, aber der Inhalt, die erwähnte Schwefelsäure, bleibt und fährt damit fort, Sie zu zerfressen.

Das Wesen Ihres Charakters ändert sich nicht durch Übungen, Tabletten und Prozeduren. Er hat schon einmal Ihre Gesundheit zerstört und wird ein anderes Mal wieder genau das Gleiche machen. So einfach ist das!

Wenn Sie vorhaben, einen gesunden Körper zu erwerben, müssen Sie den Charakter zum Besseren ändern, in Richtung schöpferisches Handeln.

Ihr liederliches Verhältnis zur Gesundheit rechtfertigen Sie natürlich damit, dass Sie sich der Familie, der Wissenschaft, der Arbeit etc. hingegeben haben. Es kommt eine lange Liste zustande, nicht?

Aber versuchen Sie, der Mutter Natur mit diesen Argumenten und Nachweisen zu kommen. Ihr ist es ganz egal, wem oder was für einem Ziel Sie sich hingegeben haben!

Die Gesetze sind dieselben und unbedingt zu befolgen. Wer sie nicht befolgen will – darf krank werden und sich selbst vernichten, um Platz für gesündere Menschen zu machen.

Sie haben immer die Wahl. Das heißt, wenn wir nicht unsere Art der Beziehung zu uns selber verändern, können wir gleich das Kreuz hinter unserem Namen machen.

Die Sehkraft beginnt sich erst in dem Moment mit Siebenmeilenstiefeln zu regenerieren, in dem Sie sich als MENSCHEN mit Großbuchstaben anerkennen, als starke PERSÖNLICHKEIT. Das Ergebnis wird an Ihnen haften wie eine Klette.

Jedes »Trara, trara« an die eigene Adresse, jede Form der Selbstgeißelung und des Zweifels an den eigenen Kräften wird als Kränkung der PERSÖNLICHKEIT empfunden.

Sie betrachten die Tabelle in einer Konsumhaltung, wie durch das Fenster eines Kassenschalters! Aber bevor man hinzutritt und die Hand ausstreckt, muss man arbeiten!

Also noch einmal! Wenn Sie die Tabelle betrachten, nehmen Sie vor allem das richtige Muskelkorsett an, die stolze feierliche Ausstrahlung eines Siegers, eines Gebieters. Das Gesicht verschwimmt in einem Lächeln. Die Mundwinkel ziehen Sie bis hinter die Ohren, aber nicht weiter als einen Meter.

Das Gesicht drückt bewusst hergestellte Freude aus. Sie halten dieses für Ihren Zustand unnormale Muskelkorsett und schaffen im Innern (auch wenn Sie sich das aus den Fingern saugen müssen) eine gehobene Stimmung. Worüber lächeln Sie? Darüber, dass Sie gleich ein bisschen besser sehen können. Bewusst stellen Sie die Erwartung eines positiven Ergebnisses her, fertig!

Ich habe noch keinen Menschen getroffen, bei dem sich nach dieser Methode die Sehkraft nicht verbessert hätte, glauben Sie mir.

Seinerzeit war ich Trainer im Kampfsport. Ein Bursche trainierte mit einer unerklärlichen Wut. Ich wollte ihn fortjagen, aber er ging nicht.

Die Technik beherrschte er vorzüglich, und er ließ beim Trainingskampf keinen einzigen Schlag aus. Aber er hatte ein Problem – er hatte kein Selbstvertrauen. Vor jedem Gegner hatte er Angst. Die Angst, die zur Selbsterhaltung dient, hat jeder. Aber bei ihm verwandelte sich diese Angst in Zweifel an seinen Kräften. Im Zweikampf verlor er immer.

Ich sagte ihm: **Nicht die Technik siegt, sondern der Geist!** Aber es änderte sich nichts.

Einmal kam der beste Karatekämpfer der kasachischen Polizei zu mir zu Besuch.

Ich bat ihn, meinen Schülern seine Kampftechnik zu zeigen, und sagte ganz nebenbei, dass unter ihnen ein sehr guter Techniker sei. Mit ihm müsse man vorsichtig sein.

Somit hatte ich in seiner Seele Zweifel gesät. Und dann, als meine Jungs kamen, sagte ich zu ihnen:

»Morgen kommt zu uns ein Prahlhans und Schwätzer. Er tut sich hervor, als wäre er der beste Kämpfer. Man muss ihm eine Lektion erteilen. Ich weiß, dass jeder von euch ihn vernichten kann.

Dann zeigte ich auf einen Neuling, der nicht einmal das Bein heben konnte, und fügte hinzu:

»Du kannst ihn zermalmen.«

Und zu meinem Angsthasen sagte ich:

»Du, Techniker, lehr ihn ein wenig das Fürchten.«

Bei der Begegnung machte mein Junge aus diesem Champion eine Frikadelle! Als ich ihm den Namen des Gegners nannte, hätte mein Angsthase beinahe eine Fehlgeburt erlitten …

1994 waren in Hiroshima die Asienspiele. Drei Jungs unter den Medaillenträgern waren aus Taschkent. Mein ängstlicher Schüler wurde Erster. Er schlug alle – die Chinesen, die Taiwanesen, die Koreaner –, weil er einmal eine Lektion gelernt hatte: **Bevor man in den Kampf geht, muss man sich selbst besiegt haben.**

Klar?

Wir haben uns selbst die Krone aufgesetzt und nehmen die Steuerung des Gesundungsprozesses in unsere eigene Hand! Sogar wenn Sie mit Brille geboren wurden, irritiert mich das nicht. Sie werden trotzdem Ihre Sehkraft wiederherstellen.

Die Vorsichtsregeln

1. Ziehen Sie vom ersten Tag des Trainings an keine negativen Schlüsse über sich und Ihre Fähigkeiten.

2. Arbeiten Sie an Ihrer Sehkraft immer ohne Brille, auch und erst recht, wenn Sie die Augen geschlossen haben!

3. Nehmen Sie eine schwächere Brille als die, die Sie gewöhnlich tragen, und setzen Sie sie noch heute auf. Mit jeder Verbesserung der Sehkraft wird Ihnen auch diese Brille »zu groß« werden.
   Wechseln Sie sie bis zu dem Punkt, wo die Notwendigkeit einer Brille überhaupt entfällt.

Wenn Sie bei Ihrer alten Brille bleiben, träumen Sie nicht von einem Erfolg!

In den ersten Tagen der Arbeit mit der Tabelle beginnt die Verbesserung kaum merklich, vorsichtig, ächzend. Und alles, was Sie erworben haben, wird vorläufig sehr schwankend sein.

Wenn Sie Ihre alte Brille auch nur fünf Minuten aufsetzen, wird die alte Gewohnheit, jahrzehntelang ein Drahtgestell auf der Nase zu tragen, sofort in Erinnerung gerufen. Und dann wird es bedeutend schwerer werden, zu dem erarbeiteten Ergebnis zurückzukehren.

Aufbauen ist schwerer als niederreißen! Die Arbeit, mit deren Hilfe Sie Ihr Ziel erreichen, ist sehr leicht zu zerstören. Sie müssen in der Seele für immer den Weg zurück verschließen, nur dann werden Sie vorwärtsschreiten.

4. Wenn Sie ohne Brille auskommen können, und das bezieht sich vor allem auf jene, deren Sehschwäche bei 1,5 bis 2 Dioptrien liegt, dann verabschieden Sie sich schon heute für immer von ihr! Setzen Sie sie niemals mehr und nirgends mehr auf (außer wo unbedingt nötig, wie beim Autofahren). Brillen sind Krücken für die Augen.

5. Während der Korrektur der Sehkraft darf man die Augen weder zusammenkneifen noch weit aufreißen. Arbeiten muss man ohne Überanstrengung.

6. Lassen Sie sich Zeit! Eine Zeile der Tabelle reicht für zwei bis drei Arbeitstage – das sind 0,25 Dioptrien pro Tag.

7. Geben Sie sich nicht mit dem erreichten Ergebnis zufrieden, machen Sie weiter! Sobald Sie sich zufriedengeben, stehen bleiben, nachlassen, hört die Sehkraft auf, sich zu verbessern. Erinnern Sie sich? Schwungrad – Trägheit – Stillstand.

Wie kann man die chronische Rückkehr zum Leiden überwinden?

Wenn nach der Genesung Krankheiten wieder auftreten, geschieht das hauptsächlich zwischen der zweiten und dritten Etappe, also vor der Eingewöhnung. Der Kranke gesundet, aber im Gedächtnis ist diese Krankheit noch vorhanden.

Zum Beispiel beginnt er aus Gewohnheit, morgens die Brille zu suchen, und plötzlich fällt ihm ein: »Ich sehe doch auch ohne Brille gut.« Aber dabei fühlt er sich aus irgendeinem Grund unbehaglich. Die alte Gewohnheit beginnt Druck auszuüben.

Und diese Periode der Unbehaglichkeit muss man überwinden. Eine chronische Rückkehr zum Leiden ist das alte Programm, das immer noch im Kopf arbeitet. Und zudem …:

»Der Mensch erwartet stets das Schlechte«

Um Sie vor Fehlern zu schützen, erzähle ich Ihnen etwas aus meiner Praxis.

Bei uns in der Gruppe war ein Junge mit einem großen Leukom am Auge. Er arbeitete an sich, und im Ergebnis blieb von dem Leukom nichts als ein kaum sichtbares Fädchen.

Der Junge ließ sich untersuchen und ein Wort des Augenarztes ließ ihn wieder erblinden. Die Eltern hatten den Arzt nur gebeten, ihn anzuschauen, der aber sagte: »Es kann nicht sein, dass der Junge sieht, ich habe ihn das letzte Mal untersucht, das ist unmöglich.«

Der Arzt, der einem Kranken sagt, dass er unheilbar ist, ist ein Verbrecher, der sich für den Herrgott hält.

Einmal kam zu mir ein Kollege aus dem Zentrum für Augen-Mikrochirurgie zu einem Praktikum, ein guter Arzt. Er trug immer ein dickes Buch mit sich herum. Als ich es anschaute, war es ein Lexikon über Augenkrankheiten aus dem Jahr 1928.

Ich fragte ihn:

»Was machen Sie mit so einem alten Buch?«

Er antwortete:

»Ein besseres gibt es nicht.«

Das heißt, alle Errungenschaften der Wissenschaft seither interessieren ihn nicht, er kennt sie nicht. Hüten Sie sich! In jedem Beruf finden sich Nieten, es gibt keine Familie ohne schwarze Schafe. Ein räudiges Schaf verdirbt die ganze Herde.

Und was hat es damit auf sich, dass der Mensch stets das Schlechte erwartet? Der Patient saugt negative Information auf wie ein Schwamm.

Zum Beispiel: Ein Arzt, ein hervorragender Experte, kompetent und aufmerksam, behandelt einen Schwerkranken. Er verordnet eine Therapie, kontrolliert ihren Verlauf und muntert den Patienten unentwegt auf. Zweifellos wird der Effekt groß sein. Und plötzlich sagt irgendeine Schwester nebenbei vor sich hin:

»Solange ich hier arbeite, habe ich niemals gesehen, dass ein Patient von dieser Krankheit geheilt wurde.«

Diese Worte platzen in die Seele des Patienten, säen Zweifel und machen alle Bemühungen des Arztes zunichte.

Schützen Sie sich vor den Besserwissern, die anfangen, Ihnen ihre Meinung zu sagen.

Meiden Sie den Kontakt zu anderen Brillenträgern, besonders bis zum endgültigen Abschluss der Arbeit in der dritten Etappe – der Eingewöhnung.

Die Menschen können jene nicht leiden, die ihnen nicht ähnlich sind. Erinnern Sie sich an die Sätze über die Menge und die Persönlichkeit? Die Worte anderer Menschen haben einen sehr starken Einfluss. Seien Sie Ihr eigener Kopf!

Stellen Sie sich vor, Sie haben beschlossen, Ihre Sehkraft wiederherzustellen. In Ihrer Umgebung befinden sich ein paar Brillenträger, die auch gut sehen wollen, aber wenn sie erfahren, dass man dafür täglich 15–20 Minuten trainieren muss, sind sie entsetzt. Sie gehen augenblicklich in die Offensive:

»Das ist nicht möglich, das ist Blödsinn, ich glaube das nicht, Papier ist geduldig, Scharlatanerie…«

Warum? Weil diese Menschen mit einer derartigen Ablehnung ihre himmelschreiende Ignoranz und Faulheit verteidigen. Also, mein lieber Leser, hüten Sie sich, wahren Sie die ökologische Reinheit Ihres Bewusstseins. Sichern Sie sich ab! Hier lauert die Gefahr!

Denken Sie daran: In unserem Arbeitsprozess wechselt sich eine Periode der Verbesserung der Sehkraft wellenartig mit einem geringen Rückfall ab. Und da der Mensch stets das Schlechte erwartet, ist der Rückfall von einer stärkeren emotionalen Reaktion begleitet als die Verbesserung. Aber wenn man sich erinnert und bewusst an diese Sache herangeht, kann man verhindern, in die Falle zu tappen, die Ihnen Ihr Charakter gestellt hat.

Wir werden uns eine neue Gewohnheit aneignen.

Und Sie? Haben Sie Zweifel daran, dass Ihre Sehkraft sich zu bessern beginnt? Hören Sie auf Ihre innere Stimme, welche Antwort sie gibt. Im Falle einer positiven müssen Sie beweisen, dass Ihre Augen quadratisch sind!

Wissenschaftliche Voruntersuchung zur Bewerbung um den akademischen Doktorgrad, weiß der Teufel welcher Wissenschaften, auf alle Fälle zum Thema:

Der Mechanismus der Entstehung

eines zweiten Kraftschubes
auf der Flucht
vor einer wilden Horde
manisch-sexueller Mäuse

Oder:
Wissenschaftliche Begründung der Anwendung
eines Mechanismus zur Behandlung des Verschwindens
der Augen hinter Sehkrücken, sprich Brillen

In unserem Organismus gibt es Bereiche, die die Rolle eines Akkumulators spielen, der den energetischen Impuls sammelt und bereithält. Ihn kann man mit einer zusammengedrückten Metallfeder oder mit einem Katapult in Kampfbereitschaft vergleichen. Ein plötzliches Rascheln, ein Schrecken, die Hand erzittert und der Stein fliegt los. Der Körper hat die entsprechende Pose eingenommen, das Muskelkorsett hat sich verändert.

Die erste Phase der Eingewöhnung geschieht über einen blitzartigen Nervenimpuls. Er ähnelt einer Explosion und wirkt nur kurze Zeit. Die Stabilitätsreserve des Organismus ist in diesem Fall gering. Als Beispiele mögen Sprinter dienen, welche sich auf kurze Distanzen vollständig verausgaben.

In dem Moment schüttet das Hormonsystem Reserven aus seinen Speichern aus. Es kommt zu der zweiten Anpassung des Organismus an die Umwelt. Das ist zu vergleichen mit Mittelstreckenläufern. Sie laufen anfangs langsamer als im Sprint und verausgaben ihre Kräfte schrittweise. Bei ihnen ist die Intensität der Einwirkung gering, aber hält länger an.

Wenn die Hormone schon das ihre geleistet haben, kommt es in unserem Organismus zur »allgemeinen Mobilmachung«, das ganze Volk wird auf die Beine gestellt, und das geschieht über das Blut. In dem Moment bekommt man einen neuen Kraftschub oder, wie man sagt, den »zweiten Atem«. Der Organismus ist dadurch zu längeren erhöhten Belastungen bereit. Das ist vergleichbar mit dem Marathonlauf.

Es stellte sich heraus, dass eine nicht unwichtige Rolle in der Anpassung des Organismus an neue Bedingungen die roten Blutkörperchen, die Erythrozyten, spielen.

Ist das für Sie eine Neuigkeit? Ertappt!

Wir haben ja davon schon gesprochen, als die Rede war von der Gesetzmäßigkeit der katalytischen Aktivität der membrangebundenen Azetylcholinesterase der Erythrozyten und Chloroblasten von biologischen Systemen bei ihrer Anpassung an die innere und äußere Umwelt. Also gut! Das Ganze noch einmal in verständlicher Sprache!

Dass die roten Blutkörperchen den Gasaustausch vollführen, das weiß sogar ein Schulkind. Aber sie arbeiten auch noch als Briefträger und Kuriere zur Übergabe von langfristigen Befehlen über Veränderungen auf allen Ebenen, die vom zentralen Nervensystem ausgehen.

Die Erhöhung der emotionalen Stimmung, die wir durch Willensanstrengung auslösen, wirkt auf das Zwischenhirn (Thalamus, Hypothalamus), welches mit dem emotionalen Zentrum verbunden ist. Es ist für die einfachsten Funktionen des Organismus nach folgendem Schema verantwortlich:

»Mir ist heiß, mir ist kalt, ich bin traurig, ich bin fröhlich, ich will essen…« Diese elementaren Befehle werden dem gesamten Organismus über das Blut weitergereicht – vom Hirn zur Peripherie. Wenn sich also ein Mensch freut oder ärgert, erfahren davon augenblicklich alle Zellen des Organismus. Der Gedanke wirkt auf das emotionale Zentrum, und die Anpassung aller inneren Prozesse geschieht über das Blut. Das heißt, die Emotionen werden ebenfalls über das Blut übertragen.

Und jetzt eine Fangfrage!

Wenn Ihnen was wehtut, wie verhalten Sie sich da?

Merken Sie sich bitte Ihre Antwort.

Mein Lehrer sagte:

»Du musst dich zu einem kranken Organ verhalten wie zu einem Baby.«

Aber ich war doch ledig! Und ich hielt mich für besonders klug. Erst mit den Jahren und mit der Erfahrung erlebte ich die ganze Tiefe des Gefühls, welche damals meine Nieren benötigt hätten.

Das Kind kann selbstständig nur atmen, saugen, schlucken, die Körpertemperatur halten, die Muttermilch verdauen, pissen und kacken. In allem Übrigen ist es vollständig abhängig von uns. Jede Unzufriedenheit, Beschwerde oder Bitte kann es nur durch Weinen ausdrücken.

Ein krankes Organ ist wie dieses hilflose Kind, welches vollständig von uns abhängt. Wenn irgendwas nicht stimmt, kann es seinen Zustand durch Missbehagen, Unwohlsein und Schmerz mitteilen. Das Kind weint, was tun Sie? Jetzt wiederholen Sie die Antwort, die Sie sich gemerkt haben. Das heißt, das Kind weint, und Sie …

Führen wir eine Analyse Ihrer Antwort durch und vergleichen wir unsere Beziehung zum kranken Organ mit der Beziehung zum Säugling. Wenn bei Ihnen etwas wehtut, gehen Sie in die Apotheke und holen ein Schmerzmittel.

Das »Kind« hat begonnen zu klagen – Schmerzen sind aufgetreten, aber uns stört das und lässt uns keine Ruhe. Wir haben Analgin und geben es dem »Kind«. Wir haben den Schmerz runtergeschluckt, man hört keinen »Schrei« mehr, es ist Ruhe im Haus.

Sie wissen, dass das nicht gut ist, aber Sie machen so weiter. So ist es einfacher und geht schneller. Aber das »Kind« ist vollständig abhängig von Ihnen. Es hat auch so schon lange durchgehalten, aber als seine Kräfte versiegten, hat es geschrien – es musste einfach um Hilfe rufen. Sie sagen zu ihm: »Schweig!« Aber das Kind weint trotzdem.

Merken Sie die Absurdität Ihres Verhaltens zu sich selbst?

Ich überprüfe zum Beispiel als Erstes, wenn das Kind schreit, ob es nicht nass ist. Oder vielleicht liegt es unbequem, oder die Windel drückt irgendwo. Vielleicht ist es hungrig, oder der Bauch tut weh oder …

Das heißt, erst suche ich nach einem Grund für das Unwohlsein, und dann beseitige ich ihn, und das Kind beruhigt sich augenblicklich.

Was immer Sie tun, wie auch immer Sie mit Ihrem kranken Organ umgehen, es ist immer das gleiche Verhältnis wie zu einem Säugling, weil das Organ ein Teil von Ihnen selbst ist, Ihre Zukunft, die auch nur von Ihnen abhängt.

Wenn Sie Ihre Augen heilen wollen oder ein beliebiges anderes krankes Organ, müssen Sie mit den Gesetzen der Natur vorgehen und nicht gegen sie: den Grund des »Weinens« finden und ihn beseitigen, dem »Kind« das geben, was ihm fehlt.

Ein entfernter Verwandter, der in unserer Nachbarschaft wohnt, hatte jahrelang keine Kinder. Mit vierzig bekam er einen Sohn. Seine Frau und seine Mutter verwöhnten das Kind dermaßen, dass sie es sogar im Sommer warm kleideten.

Schließlich erkrankte das Kind und starb. Sie bekamen noch

ein Kind, aber auch dieses starb. Es kam fast zur Scheidung. Die Frau beschuldigte den Mann, und der Mann beschuldigte die Frau.

Meine Mutter sagte:

»Ich habe sieben Kinder und 35 Enkel großgezogen. Das nächste Kind nehme ich in meine Obhut.«

Es kam das dritte Kind. Meine Mama betreute es. Sie setzte den nackten Säugling den Sonnenstrahlen aus und dem Wind. Die anderen protestierten und sagten: »Was machen Sie da? Das Kind wird sich erkälten!«

Sie schützte das Kind vor der blinden und, wie die Erfahrung zeigte, tödlichen Liebe der Eltern.

Jetzt ist der Junge 15 Jahre alt. Bis fünf ging er sommers wie winters nackt, weil er sich nichts anziehen ließ. Er zog jede Kleidung wieder aus.

In unserem Haus zieht man die Kinder bis fünf nicht an, und wir leben in den Bergen. An alles kann sich der Organismus gewöhnen.

Also, was muss man diesem »Kind« geben?

Man muss den Organismus und das kranke Organ stählen. Nicht ständig warm einwickeln, denn auch in das wachsamste Auge fällt einmal ein Staubkorn. Und vollwertige Nahrung geben.

Bei den Übungen, wenn Sie das »Kind« beruhigen, gehen Sie zärtlich, liebevoll, gefühlvoll mit ihm um.

Mein Lehrer sagte: »Stelle das Gefühl väterlicher Liebe her!«

Heute ist mir klar: In etwas hatte er sich geirrt. Er hatte schon zu viele Jahre auf dem Buckel und vergessen, was ein lediger junger Mann fühlt.

Ich »verstand« und rief irgendwelche Gefühle und Empfindungen hervor, und die Sache ging voran, freilich sehr langsam. Aber als ich zum ersten Mal das Gefühl der Vaterschaft erlebte, war das etwas Unbeschreibliches.

Ich hatte mich natürlich darauf vorbereitet, bald Vater zu werden, aber trotzdem traf mich das Ereignis unerwartet. Einmal, als ich gerade von einer Dienstreise zurückgekommen war, wurde ich mit den Worten begrüßt: »Ich gratuliere zum Sohn!«

Ich lauschte meinem Herzen – da war gar nichts. Ich dachte: »Seltsam, wo bleibt denn das väterliche Gefühl?« Man drückte mir ein Bündel in die Hand.

Als ich im Auto die Spitzendecke aufschlug, erschrak ich anfangs sogar. Da lag ein roter, runzeliger kleiner Greis.

Mein erstes Gefühl war: »Werden alle Kinder so geboren?«

Wir kamen nach Hause. Ich spürte hin: keine Gefühle. Es fiel mir nur auf, dass niemand mich beachtete. Alle, die junge Mama und meine Eltern standen um diesen Schreihals herum.

»Na ja«, dachte ich, »die väterlichen Gefühle kommen wohl am nächsten Tag.« Aber stattdessen kamen neue Gerüche hinzu. Zwei Wochen später musste ich wieder auf Dienstreise gehen.

Ich kam nach drei Monaten zurück. Das Weinen hatte sich in ein Schreien verwandelt. Der Geruch der Windeln war heftig. Die Nächte waren ohne Schlaf. Mit einem Wort, nichts als Ärger!

Und einmal kam ich nach Hause, ging zu meinem Sohn und entdeckte, dass er aus dem Körbchen, wohin wir ihn gelegt hatten, verschwunden war.

Es stellte sich heraus, dass er zu dieser Zeit bereits begonnen hatte, sich selbstständig zu bewegen, kriechend oder sonstwie. Ich durchsuchte das ganze Haus – von ihm keine Spur. Ich schaute in die Vorratskammer. Da standen noch nicht geschlossene Marmeladegläser – die Frauen des Hauses waren beim Einkochen.

Ich schaute mich um und mir war klar: Mein Sohn war hier gewesen. Zwei Dreilitergläser lagen umgestürzt in einer riesigen Pfütze von Marmelade, die Federn, die für ein Federbett gesammelt worden waren, waren über den ganzen Boden verteilt, eine frische Spur führte unter das Bett, und von dort blicken mich zwei Augen schlau blinkend an. Alles andere war voller Marmelade, Daunen, Federn, Staub und Schmutz, und wie es den Anschein hatte, war dies alles aus sämtlichen Vorratskammern unseres Wohnviertels zusammengetragen. Ich nahm ihn an der Hand und trug ihn ins Bad.

In dem Augenblick, als ich begonnen hatte, ihn zu waschen, kam in mir ein neues, unerklärliches, aber sehr angenehmes Gefühl hoch. Das war gleichzeitig eine zitternde Zärtlichkeit und ein jubelnder Stolz.

Es kann wohl niemand mit Worten elterliche Gefühle beschreiben. Als ich ihn an mich drückte, fühlte ich auf der Brust seine Kniechen und im Gesicht den Atem aus einer frischen Quelle, und mir wurde so wohl ums Herz, so leicht und gelassen, dass ich glaubte, ich fliege.

Ich hatte so ein Gefühl, als wären mir im Rücken Flügel gewachsen: »Das ist mein Sohn!«

Lieber Leser, Sie haben wohl auch zumindest einmal im Leben etwas Ähnliches erlebt.

Und wenn Sie Ihr Kind und seine Größe betrachten, denken Sie darüber nach, wie es ihm wohl einmal gehen wird. Sie sorgen sich über seine Zukunft und sind gleichzeitig stolz.

Also, noch einmal!

Mit den Augen und mit jedem anderen kranken Organ muss man mit der gleichen Zärtlichkeit und Sorge arbeiten, mit der Sie Ihr krankes Kind pflegen. Und gleichzeitig, während Sie Ihren inneren Blick dorthin richten, müssen Sie sich die Zukunft stolz wie die Zukunft Ihres Kindes vorstellen:

Morgen werden Ihre Augen etwas besser sehen als heute. Und das jeden Tag.

Heute geben Sie ihnen eine Art »Vorschuss«, und morgen bekommen Sie unbedingt so einen Dank, von dem Sie nicht zu träumen wagten. Darin liegt auch das Prinzip: anfangs das Gefühl und dann das Ergebnis. Mit jedem Tag besser, besser und besser.

Übungen für die Augen

Im Osten existiert eine alte Methode der Diagnostik von Erkrankungen anhand der Augenbewegungen, nicht nach dem Aussehen der Regenbogenhaut (Irisdiagnose), sondern nach den Bewegungen des Augapfels.

Zum Beispiel bittet Sie der Heilkundige, mit den Augen eine Kreislinie zu »zeichnen«, und schaut, wie Sie das machen.

Es ist nämlich so, dass in Abhängigkeit von der Erkrankung die Augen beginnen, irgendwo »Ecken zu schneiden«, und die Linie wird ungleichmäßig. Das unterstreicht noch einmal, dass alles in unserem Organismus zusammenhängt und voneinander abhängig ist.

Aber der Mensch selbst kann die Richtigkeit seiner Augenbewegungen nicht kontrollieren, deshalb bitten Sie jemand von Ihren Verwandten, Ihnen zu helfen.

Wenn wir die Augenübungen richtig machen, trainieren wir nicht nur die Muskeln, sondern arbeiten mittelbar auch mit den kranken Organen.

Also achten Sie darauf, dass bei der Ausführung der Augenübungen die Augenbewegungen die angegebenen Linien genau »zeichnen«.

Wir machen uns bereit!

Womit beginnen wir jede Arbeit an uns? Erinnern Sie sich?

Also bitte: Richten Sie Ihre Schultern gerade und legen Sie das Muskelkorsett an. Was brauchen Sie dafür? Richtig! Den Rücken aufrecht und ein Lächeln bis zu den Ohren. Dann im Inneren bewusst positive Emotionen hervorrufen. Wie? Das wissen Sie bereits! Gemacht?

Und jetzt können Sie mit der Ausführung der Übungen beginnen. Aber vergessen Sie nicht zu blinzeln!

1. »Blick rauf und runter«

Halten Sie den Kopf ganz gerade, nicht nach hinten lehnen. Der Blick ist nach oben gerichtet (an die Decke), und in Gedanken setzen Sie die Augenbewegungen unter dem Schädel bis zum Scheitel fort, als würden Sie dort hinschauen.

Und jetzt die Augen nach unten und die Aufmerksamkeit in die Gegend der Schilddrüse, als würden Sie dorthin blicken, wo Ihr Hals ist.

Wir machen das 8- bis 10-mal in jeder Richtung.

Warum ist es wichtig, bei der Ausführung dieser scheinbar altbekannten Übungen die Augenbewegungen gedanklich fortzusetzen?

Schon vor langer Zeit war im Osten bekannt, dass sich im Scheitelbereich ein großer Knäuel energetischer Kanäle befindet und am äußeren Ende der Augen Zentren, die mit den Gallenkanälen in Verbindung stehen.

Deshalb wirken wir, wenn wir in Gedanken die Bewegung der Augen fortsetzen, zum Beispiel bis hinter das Ohr, damit auf die Gallenkanäle und die Leber ein. Die Augen sind die Fenster der Leber.

Ich spreche nicht zufällig davon. Hinter der äußeren Einfachheit aller Übungen zur Wiederherstellung der Sehkraft verbirgt sich ein tiefer Sinn, dessen Wurzeln ins Altertum weisen.

Aber wie bei allem, so muss man auch hier die Vorsichtsregeln beachten. Tun Sie nicht zu viel des Guten. Jede Überanstrengung in der Arbeit mit den Augen führt zum entgegengesetzten Ergebnis.

Deshalb möchte ich hier nochmals Ihre Aufmerksamkeit auf die weiter oben beschriebenen Entspannungsübungen für die Augen richten, welche wohltuend auf Ihren ganzen Organismus wirken. Aber erst arbeiten wir ein wenig.

2. »Wanduhr«

Sie schauen nach links: Die Augen blicken an die Wand, aber die Aufmerksamkeit liegt hinter dem linken Ohr.

Wir führen die Übung 8- bis 10-mal in jeder Richtung durch.

3. Nächste Übung

Wir schauen nach links und richten den Blick dann geradeaus, dann schauen wir nach rechts und richten den Blick wiederum nach vorne.

Das wiederholen wir 8- bis 10-mal in jede Richtung.

4. »Zifferblatt«

Wir führen Kreisbewegungen mit den Augäpfeln aus. Der Kopf bleibt unbeweglich. Stellen Sie sich vor Ihren Augen ein großes goldfarbenes Zifferblatt vor. Diese Farbe unterstützt die Wiederherstellung der Sehkraft.

Führen Sie Ihren Blick auf dem vorgestellten Zifferblatt langsam von der Ziffer 12 über die 3 zur 6 und weiter über die 9 zurück zur 12. Zuerst in die eine Richtung, dann in die andere.

Achtung! Die Ziffern 12 und 6 müssen in der Vorstellung besonders markiert werden, damit die Kreislinie gleichmäßiger wird und die Bewegung gleitend erfolgt.

Wir führen die Übung 8- bis 10-mal im Uhrzeigersinn und dann gegen den Uhrzeigersinn aus.

Blinzeln Sie ruhig, überanstrengen Sie die Augen nicht.

Und jetzt die gleiche Übung noch einmal, nur schaut das Gesicht zum Himmel. Die Augen bleiben offen.

Wir machen die Übung wieder 8- bis 10-mal im Uhrzeigersinn und in der Gegenrichtung.

Jetzt halten wir den Kopf gerade, schließen die Augen und machen die gleiche Übung mit geschlossenen Augen.

Im Herzen spüren wir Freude darüber, dass wir beim Öffnen der Augen gut sehen werden. Erzeugen Sie auf diese Weise eine sehnsüchtige Erwartung des Ergebnisses und gleichzeitig den Zustand einer überlegenen Ruhe, eines Gefühls, dass es genau so sein wird, wie Sie das wollen.

5. »Schmetterling«

Die Augen sind offen. Unbedingte Voraussetzung zur Ausführung der Übung: Der Kopf ist unbeweglich, wir arbeiten nur mit den Augen. Die Zeichnung muss möglichst groß werden innerhalb der Grenzen des Sehfeldes, aber überanstrengen Sie dabei die Muskeln der Augäpfel nicht, beobachten Sie ihren Zustand!

Wir führen den Blick wie folgt: in die linke obere Ecke, in die linke untere, in die rechte obere Ecke, in die rechte untere, sodass die Bewegungsfolge einen Schmetterling ergibt.

Und jetzt umgekehrt, in der Gegenrichtung: in die linke untere Ecke, in die linke obere, in die rechte untere Ecke, in die rechte obere.

Wir führen die Übung 8- bis 10-mal in jeder Richtung durch.

Dann entspannen wir die Augen, blinzeln emsig, aber unangestrengt. Ungefähr so, wie ein Falter mit den Flügeln schlägt.

Während der Augengymnastik die Augen nicht zukneifen und auch nicht weit öffnen! All das schafft Anspannung, welche nicht nützlich ist!

6. »Acht«

Die unbedingte Voraussetzung für die Ausführung dieser Übung ist dieselbe wie beim »Schmetterling«.

Jetzt beschreiben Sie mit den Augen gleitend eine liegende Acht oder ein Unendlichkeitszeichen des größtmöglichen Ausmaßes innerhalb des Sehfeldes. Mehrere Male in die eine Richtung und dann in die andere. Blinzeln Sie häufig und ganz leicht.

7. Die gleiche Übung wie oben,

jetzt aber malen wir mit den Augen eine stehende Acht. Bitte keinesfalls überanstrengen!

8. Übung zur Entwicklung des seitlichen Sehens

Hier sind die Schrägmuskeln der Augen gefordert.

Besondere Anmerkung: Diese Übung ist in einer ruhigen Atmosphäre auszuführen. Niemand und nichts darf Sie erschrecken.

Schauen Sie auf Ihre Nasenspitze, indem Sie die Augen schräg nach innen stellen.

Danach blicken Sie geradeaus, aber Ihre Aufmerksamkeit geht auf die Seite und ist darauf gerichtet, irgendwelche Gegenstände mittels seitlichen Sehens zu erspähen.

Und so geht es weiter:

Auf die Nasenspitze, nach vorne – Aufmerksamkeit seitwärts.

Auf die Nasenwurzel, nach vorne – Aufmerksamkeit seitwärts.

Dann auf den Punkt zwischen den Augenbrauen.

Wir wiederholen die komplette Übung 8- bis 10-mal.

Machen Sie die Übungen langsam, aber mit Freude und dem Gefühl der Dankbarkeit für sich. Ist das Lächeln da? Hervorragend! Prüfen Sie den inneren Zustand! Blinzeln Sie wieder, klappern Sie mit den Wimpern und machen Sie die Pfeif-drauf-Übung.

Besonders möchte ich Ihre Aufmerksamkeit darauf lenken, dass die Gymnastikübungen für die Augen in der Reihenfolge ausgeführt werden sollen, wie sie beschrieben sind, in aufsteigendem Schwierigkeitsgrad.

Merken Sie sich!

Eine große Anspannung der Augen führt zur Verschlechterung der Sehkraft. Spüren Sie genau hin, wann Sie sich überfodern, und machen Sie rechtzeitig (je öfter desto besser) Entspannungsübungen.

Betrachten wir
das psychiatro-fiesiologische

Fundament

der Verschlechterung der Sehkraft

Die Augen sind ein Indikator dafür, wie wir die Welt betrachten. Wenn die Sehkraft nachlässt oder verschiedene Probleme mit den Augen auftreten, kann es durchaus sein, dass sich der Mensch innerlich vor irgendetwas in seinem Leben schützen will oder auf einer tiefen unbewussten Ebene ihm etwas an der Umwelt nicht zusagt.

Das kann mit jedem beliebigen Ereignis in Vergangenheit, Gegenwart oder Zukunft zusammenhängen. Wenn Sie jetzt etwas ablehnen oder für die nächste Zeit etwas befürchten, kann sich das auf den Gesundheitszustand der Augen auswirken.

Ein inneres Nicht-Einverständnis mit uns selbst, das Gefühl, dass man »nicht von dieser Welt« ist, der Unwille, jemandem zu verzeihen, ein Zustand des Erdrücktseins, alte Kränkungen, die Unfähigkeit, mit Freude nach vorne zu blicken, die Angst, der Realität ins Auge zu blicken u. Ä. – all das sind versteckte psychologische Gründe für eine Verschlechterung der Sehkraft.

Und jetzt betrachten wir einmal, womit die Verschlechterung der Sehkraft bei Kindern zusammenhängt. Wenn solche Probleme auftauchen, kann man sogleich sagen, dass in dem Haus, wo das Kind wohnt, nicht alles in Ordnung ist.

Wenn die Kinder machtlos sind, die Situation zu verändern, wünschen sie im direkten Sinn, etwas Bestimmtes nicht zu sehen, und versuchen unbewusst, die Aufmerksamkeit zu streuen, die Konturen zu verwischen, damit das Umfeld nicht auf sie drückt.

Ein anderer Grund kann sein, dass jemand in der Familie ist, den das Kind mehr als alle anderen liebt, und diese Person Brillenträger ist. Zum Beispiel ist die Mutter die Schönste, die Klügste auf der Welt, und sie trägt eine Brille. Das Unterbewusstsein des Kleinen beginnt vom Augenblick der Geburt an, alle Informationen aufzuzeichnen.

Es kommt zu einer unbewussten Programmierung, welche auf alle Fälle funktioniert, sobald das Kind das Alter seines Vorbilds erreicht hat. Ein anderer Grund ist die

Altersbedingte Verschlechterung der Sehkraft

Die einzige Krankheit, die etwas mit dem Alter zu tun hat, ist die Altersschwäche. Sie rührt in der Regel von der großen, allumfassenden patriotischen Liebe zur Ewigen Ruhe her!
Aus einer Losung über den Toren des Altersheims, das in jedem von uns vorhanden ist.

In erster Linie kommt die altersbedingte Verschlechterung der Sehkraft vom schlechten Zustand der Wirbelsäule, der Gefäße, der inneren Organe, des Nervensystems, der Ernährung, verschiedenen Infektionen usw.

Viele Erkrankungen der inneren Organe hängen mit dem Zustand der Wirbelsäule zusammen.

Die Wirbelsäule besteht aus Knochenwirbeln, die miteinander verbunden sind. Zwischen ihnen befinden sich die knorpeligen Bandscheiben.

Die Wirbel erfüllen eine Stützfunktion, und die Scheiben dienen als Dämpfer der Achsenbelastung und geben der Wirbelsäule Elastizität und Beweglichkeit. Alles klar?

Dann setzen wir fort.

Vom Rückenmark gehen Nervenstränge aus, die Verzweigungen zu jedem Körperteil und zu allen inneren Organen bilden.

Eine Bandscheibe besteht aus zwei Teilen: Faserring und Gallertkern.

Jeden Tag braucht die Wirbelsäule eine bestimmte nützliche Belastung. Wenn Sie den ganzen Tag sitzen, passiert Folgendes: Das Gehirn arbeitet, die Hände arbeiten, aber die Wirbelsäule bekommt nicht die erforderliche Anzahl von Bewegungen, die entsprechende Elastizität wird nicht unterstützt, und so kommt es zu verschiedenen Ablagerungen. Die Knorpel werden härter.

Der »Müll« wird langsam »zusammengedrückt« und es bildet sich ein »Panzer«, der nicht nur die Bewegungen einengt, sondern auch die Nervenstränge einklemmt. Es kommt zu einer Störung der Stoffwechselprozesse in allen Organen und Geweben.

Bei einer Haltungsstörung kommt es zu einer Umverteilung der Belastung auf die Bandscheibe und als Folge zu einer Verschlechterung in deren Ernährung. Mit anderen Worten, die Bandscheibe kann sich nicht mehr satt essen!

Das führt zu einer Veränderung der Lage der Wirbel zueinander, zu einer Quetschung der Nerven sowie der Blut- und Lymphgefäße.

Je mehr, desto stärker.

Bei einer falschen Haltung wird die normale Zirkulation der Hirn-Rückenmark-Flüssigkeit sowohl in der Wirbelsäule als auch im Schädel gestört. Die entsprechenden Bereiche von Hirn und Rückenmark beginnen schlechter zu arbeiten.

Die schlechte Ernährung der Bandscheibe führt zu einer fortschreitenden Verringerung der Elastizität des Faserrings. Er kann dem Druck nicht mehr standhalten. Es kommt zu Rissen im Faserring, durch welche aufgrund des Drucks der Gallertkern auszutreten beginnt. Das führt zu einem Bandscheibenvorfall!

Wenn der Vorfall nach hinten geht, kann es zu einer Quetschung des Rückenmarks in diesem Bereich kommen, das bedeutet Betäubung der Sensibilität, Beschränkung der Beweglichkeit, starke Schmerzen.

Als Folge der Störungen entstehen in der Wirbelsäule auf den ersten Blick harmlose, alltägliche Erkrankungen wie Osteochondrose, Hexenschuss, Radikulitis, Ischias, Muskelentzündung, Kyphose und Skoliose. Ganz zu schweigen von vegetativer Gefäßdistonie, Migräne, Bluthochdruck, zeitweiligen Störungen der Hirndurchblutung, Schiefhals, verschiedenen Arthrosen, Zwischenrippenneuralgie und zahlreichen Erkrankungen der inneren Organe und Systeme.

Durch Versorgungsstörungen des Hirns und des Rückenmarks kommt es außerdem zu unerwünschten Schwankungen des Hirndrucks.

Diese Liste kann man endlos fortsetzen.

Es kommt fast ein Krimi dabei heraus, oder?

Nun denn, mein Krümmling und Bückling, wollen wir uns die Osteochondrose vom wissenschaftlichen Standpunkt ansehen?

Freudig darf ich Ihnen mitteilen, dass so ein Standpunkt noch gar nicht existiert! Ein Paradox? Ja, das ist wirklich so, mein Lieber.

Es gibt unterschiedliche wissenschaftliche Standpunkte bezüglich Osteochondrose, welche versuchen, ihre jeweilige Exklusivität zu untermauern und zu beweisen. Aber jeder von ihnen hat ein Existenzrecht.

Das Unglück ist nur, dass keiner von ihnen einen Weg zu ihrer vollständigen Heilung zeigt. Das sagt eine ganze Menge, nicht wahr?

Wenn wir die Natur einer Erkrankung genau kennen, sind wir in der Lage, sie zu heilen oder gleich zu vermeiden! So aber behandeln wir – bedauerlicherweise – immer nur die Symptome.

Da es keine einheitliche Ansicht zu diesem Problem gibt, bringe ich auch meine se-e-ehr klugen Überlegungen auf diesen Basar der Meinungen!

Die Theorie aus dem Hause Norbekov

Wissen Sie, was die chemische Zusammensetzung des Salzes ist, welches in den Gelenken und andernorts und besonders bei Ihnen im Hirngewebe abgelagert ist? Ich leugne nicht, dass das auch bei mir der Fall ist, nachdem ich schon so viele Jahre mit Ihnen Kontakt habe!

Mit einfachen Worten gesagt – das ist Harn.

Verstehen Sie jetzt die ganze Tiefe der russischen Volksweisheit »Die Osteochondrose ist ihm in den Kopf gestiegen«? Davon sind auch die Augen betroffen, und in der Folge entsteht Weitsichtigkeit.

Die Wirbelsäule hat einen Panzer aus Muskeln, welcher über eine natürliche Fähigkeit zur Ausdehnung verfügt, aber auch zur Austrocknung, falls der Besitzer ein Idiot ist.

Das ist nur eine der Gesetzmäßigkeiten des Auftretens von Weitsichtigkeit, aber in Wirklichkeit hängen auch die andern Erkrankungen, wie Sie wohl bereits begriffen haben, im gleichen Maß mit einem schlechten Zustand der Wirbelsäule zusammen.

Schon die geringsten Störungen des Gewebsstoffwechsels im Gehirn bringen zahlreiche Probleme mit sich.

Wenn wir Übungen zur Wiederherstellung der Biegsamkeit der Wirbelsäule machen, erhöhen wir ihre Elastizität. Dadurch nehmen die Bandscheiben ihre normale Form an. Und durch die Wiederherstellung des Stoffwechsels normalisiert sich auch die Zusammensetzung des Knochengewebes, was zu einer Wiederherstellung seiner Stützfunktion führt.

Werden die inaktiven Kapillaren zur Arbeit herangezogen, stellt sich die normale Blutzirkulation wieder her sowie die Lieferung der erforderlichen Substanzen an die Zellen und der Abtransport der verarbeiteten Substanzen.

Allmählich wird durch die Wiederherstellung des normalen Muskeltonus die richtige Lage der Wirbelsäule zurückgewonnen, und die gestärkten Muskeln und Sehnen können sie wieder in dieser Lage halten. Dadurch werden auch die normale Konfiguration und der normale Tonus der Bandscheiben wiederhergestellt sowie die normale Breite der Zwischenwirbelspalten, und eine Quetschung von Nervenenden und Gefäßen kann nicht mehr stattfinden. Und somit funktionieren die entsprechenden Organe und Systeme wieder so, wie es sein soll.

Genau deshalb ist es erforderlich, jeden Tag Gelenkgymnastik zu machen. Dann nimmt unser Beinahe-Krimi sogar ein sehr gutes Ende!

Gelenkgymnastik

»mit Schmackes«

Können Sie jetzt spontan einen Spagat machen? Sie können es nicht. Aber wenn Sie anfangen zu trainieren, werden sich die entsprechenden Muskeln schrittweise dehnen, und mit jedem Tag wird es leichter und leichter, tiefer und tiefer in den Spagat zu gehen.

Und eines schönen Tages – hops! Selbst wenn Sie neunzig sind, machen Sie eines Tages Ihren Spagat!

Achtung! Eine verknöcherte, unbewegliche Wirbelsäule, der Gang eines Hippopotamus bzw. Nilpferdes – das sind alles Erscheinungen Ihrer Lebensweise.

Es sind die Anzeichen Ihrer Bequemlichkeit! In jedem Alter kann die Elastizität der Gelenke und der Wirbelsäule regeneriert werden. Auch mit neunzig bleibt die Fähigkeit erhalten, die Wirbel und Bandscheiben zu erneuern. Es genügt der Wille dazu und etwas Arbeit und die Bereitschaft, die Gelenke, nicht die Gehirnwindungen etwas zu bewegen.

Wenn Ihr Körper nicht arbeitet, bekommt er auch keinen »Lohn«.

Zum Beispiel, wenn Sie die rechte Hand in die Tasche stecken und sie ein halbes Jahr nur in der Tasche tragen, fangen die Muskeln an, sich zurückzubilden, während die Muskeln der anderen Hand sich vergrößern, weil auf sie die doppelte Belastung entfällt.

Das heißt, dass unser Körper jeden Tag eine Analyse durchführt und sich an die Bedingungen anpasst, die wir selbst optimal gestalten können.

Das bedeutet: Das, was wir jetzt machen werden, ist keine Gymnastik, das sind speziell zusammengestellte Übungen, die auf die Normalisierung der Funktion der Wirbelsäule und der Gelenke ausgerichtet sind. Das führt zur Beseitigung aller möglichen Leiden, sowohl aus der Zahl der oben aufgezählten als auch von solchen, die hier nicht genannt wurden.

Vergessen Sie nicht, Ihre Größe zu messen. Sie werden wachsen (im Schnitt zwischen 1 und 3 cm) – und zwar durch die Wiederherstellung des normalen Abstands zwischen den Wirbeln.

Die Hauptsache sind nicht die Übungen selbst, sondern Ihr innerer Zustand, in welchem Sie die Übungen ausführen.

90 Prozent der Aufmerksamkeit sind auf die Herstellung der inneren Stimmung zu legen und nur 10 Prozent auf die Technik der Ausführung.

Die richtige Stimmung rufen wir durch eine gezielte Willensanstrengung hervor.

Merken Sie sich: Von nichts kommt nichts, das ist sonnenklar. Falls Ihre Stimmung heute schlecht ist – dann ist das genau der Sumpf, in dem jede Ihrer Handlungen ertrinkt. Womit fangen wir also an?

Wir haben die Haltung bereits korrigiert und ein Lächeln aufgesetzt. Vorwärts!

Es ist Zeit, die Hausaufgaben zu kontrollieren. Nehmen Sie die Liste mit den positiven und negativen Charaktermerkmalen zur Hand.

Wie bitte? Sie haben sie noch gar nicht geschrieben?

Sie haben sich eine kräftige Schelte verdient!

Was soll's! Ich gebe Ihnen die letzte Chance! Schreiben Sie sie jetzt. Nicht heute, sondern sofort (siehe Anhang 1)!

Massage der Ohrmuscheln

Jede der folgenden Bewegungen muss man mindestens 8- bis 10-mal erst in der einen, dann in der anderen Richtung ausführen.

In der Beschreibung werden Sie auf Hinweise wie »einige Male« stoßen oder einfach auf die Formulierung »zuerst in die eine, dann in die andere Richtung«.

Das habe ich bewusst gemacht, damit das mechanische Zählen der Wiederholungen nicht Ihre ganze Aufmerksamkeit verschlingt.

Die Hauptsache ist, zu wissen, wohin Ihre Gedanken und Seelenkräfte zu richten sind. Sie ahnen es schon – auf den inneren Zustand, auf die Bildung der positiven Charakterzüge, welche Ihrer Meinung nach unzureichend entwickelt sind. Auf keinen Fall darf ein Automatismus entstehen. Das ist der Weg nach Nirgendwo.

An der Oberfläche der Ohrmuscheln sind heutzutage 170 biologisch aktive Punkte bekannt, deshalb wirken wir bei ihrer Massage indirekt auf den gesamten Organismus ein.

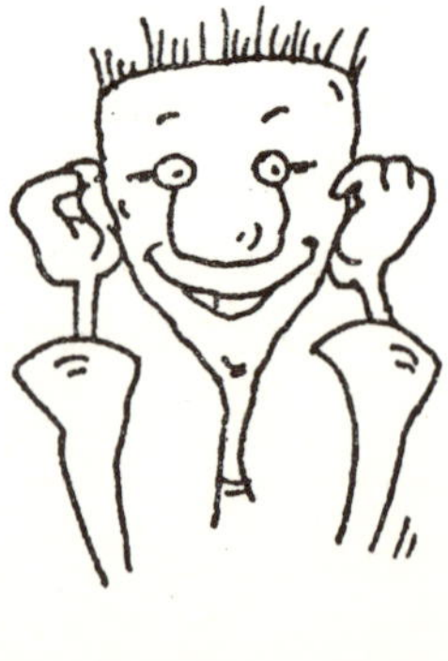

Stimmung! Wir schieben die Haare nach hinten, nehmen unsere Ringe ab, die Hörgeräte, soweit vorhanden, und machen uns an die Ohren ran an der Basis der Ohrmuschel (Daumen hinter dem Ohr).

Genau so!

Und jetzt werfen Sie einen Blick in den Spiegel. Sie sehen den schrecklichen Gesichtsausdruck eines Menschenfressers. Was, haben Sie die Hauptsache schon vergessen?

Die Hauptsache ist die Stimmung, VERFLIXT UND ZUGENÄHT! Schon wieder haben Sie diesen Raubtierausdruck im Gesicht…

Also dann, die Haltung, das Lächeln!

Machen Sie sich bereit! Los gehts!

Übung Nr. 1

Mit Humor ziehen wir die Ohrmuscheln nach unten und gleichzeitig nach hinten, hinter die Schulter, und zwar so, als wollten wir den inneren Teil des Ohres nach außen ziehen. In jede Bewegung legen wir Freude!

Eine leichte Entspannung wechseln wir mit einer stärker ausgeprägten Anspannung ab.

Dann eine analoge Bewegung nach oben und dabei leicht nach hinten.

Ich bitte Sie nur, die Vorsichtsregeln zu beachten! Reißen Sie die Ohren nicht ab!

Übung Nr. 2

Und jetzt nehmen Sie sich die Mitte der Ohrmuschel vor. Wir ziehen auf die Seite und ein Stück nach hinten vom äußeren Gehörgang aus. Mit jeder neuen Bewegung ziehen Sie die Ohren so weit wie möglich, noch weiter, noch weiter…

Wenn im Inneren die Empfindung einer Ausdehnung entsteht, dann machen Sie alles richtig. Und? Sind die Ohren noch am Platz? Ausgezeichnet!

Übung Nr. 3

Jetzt machen wir Kreisbewegungen, ohne die Position der Hände zu verändern.

Brennen die Ohren schon? Sehr gut! Die Schultern gerade! Wir stellen bewusst Freude her und sind stolz darauf, dass wir an uns selber arbeiten. Richten Sie die Aufmerksamkeit in die Ohrengegend. Machen Sie die Übung mit Gefühl. Ihre Beziehung zu sich selbst zahlt sich immer aus.

Übung Nr. 4

Wir verändern die Art, wie wir die Ohrmuschel anfassen. Wir drücken die Handfläche mit dem Daumenballen dicht an die Ohren, sodass im Inneren das Gefühl eines Vakuums entsteht. (Die Hände dreht man am bequemsten so, dass die Finger nach hinten zeigen.)

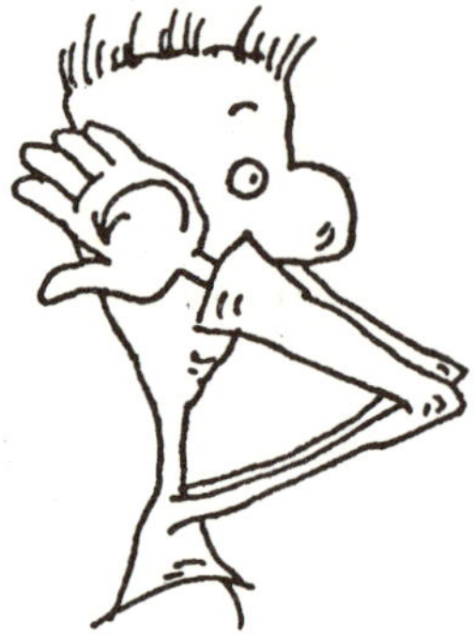

Wir führen Kreisbewegungen in beiden Richtungen aus.

Während der Übung stellen Sie ein Gefühl her, dass Sie allmächtig sind und all Ihre Anweisungen zu erfüllen sind. Erinnern Sie sich an die »OKTAVE«? Stimmung!!! Schaffen Sie das Gefühl, dass Sie ein starker Mensch sind. Halten Sie das innere Bild fest!

Übung Nr. 5

Vorsicht! Wenn Ihr Trommelfell beschädigt oder gar nicht vorhanden ist, dürfen Sie diese Übung nicht machen!

Ohne die Lage der Hände zu ändern, drücken wir die Hände noch dichter an die Ohren und ziehen sie so heftig weg, dass in den Ohren ein Knall entsteht. Dabei richten wir die ganze Aufmerksamkeit auf die Ohren.

Wie ist der Erfolg?

Für die Antwort auf diese Frage schlage ich den Norbekov-Test für die richtige Ausführung der Übung vor, welchen Sie selbstständig mithilfe eines Lineals durchführen können:

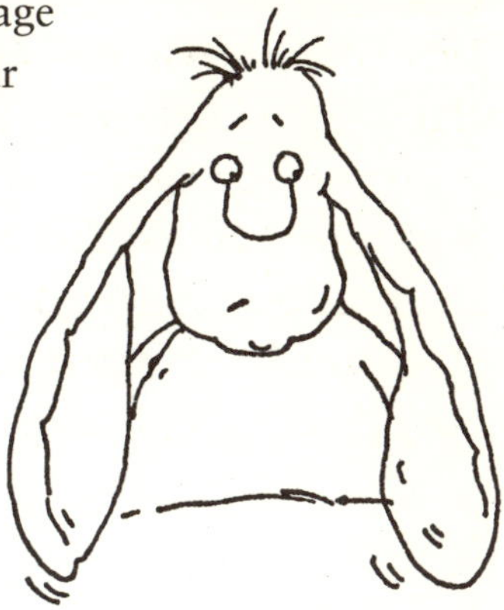

Wenn am Ende jeder zehnten Übung die Ohren weniger als 20 cm gewachsen sind, heißt das, dass Sie die Übung nicht gewissenhaft ausführen.

Übungen für die Arm- und Beingelenke

Hände

Jede Bewegung wiederholen wir 8- bis 10-mal!

Übung Nr. 1

Wir ballen die Fäuste und lassen sie locker (ein paar Mal, Sie wissen schon in etwa, wie oft), rhythmisch, so schnell wie möglich.

Die Übung wird in zwei Varianten ausgeführt: Zuerst setzen wir den Akzent auf das Zusammenpressen der Finger zur Faust (Greifbewegung) und dann auf das Öffnen (wegwerfende Bewegung), wobei die Finger vollständig auszustrecken sind.

Schaffen Sie die Empfindung, dass Sie ein MENSCH in Großbuchstaben sind, der schönste von allen und der mit dem stärksten Willen! Fühlen Sie im Inneren dieses Bild. Ein Lächeln im Gesicht.

Übung Nr. 2

Mit jedem Finger schnipsen wir der Reihe nach, als würden wir jemandem liebevoll einen Schnipser an den Kopf verpassen.

Übung Nr. 3

Der Reihe nach legen wir die Finger zur Faust zusammen, erst vom kleinen Finger zum Daumen und dann vom Daumen zum kleinen Finger. Anschließend schütteln wir die Hände aus und entspannen die Muskeln.

Übung Nr. 4

Wir richten die Aufmerksamkeit auf das Handgelenk.

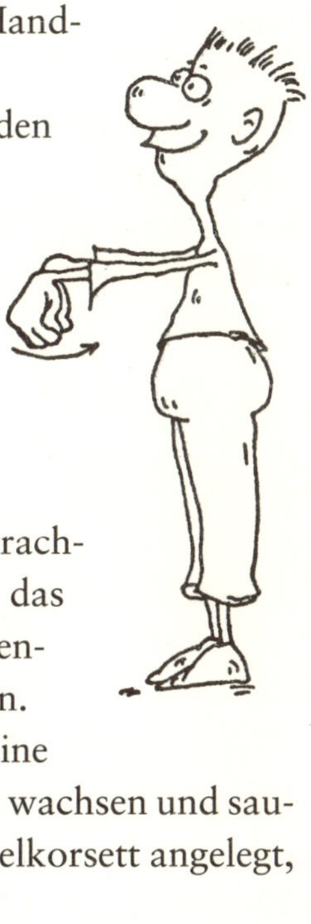

Die Arme halten wir parallel zum Fußboden nach vorne. Die Hände biegen wir nach unten, sodass die Handflächen auf unsere Brust schauen, und die Fingerspitzen biegen wir in unsere Richtung. Wir machen einige federnde Bewegungen – abwechselnd Anspannung und Entspannung.

Mit unserer inneren Aufmerksamkeit betrachten wir den Bereich der Anspannung, d. h. das Handgelenk. Analog machen wir die Gegenbewegung: Wir biegen die Hände nach oben.

Mit Willensanstrengung rufen wir noch eine Portion von Selbstachtung hervor, lassen sie wachsen und saugen sie ein. Die Schultern gerade, das Muskelkorsett angelegt, Stimmung, ein Lächeln!

Übung Nr. 5

Die Arme sind nach vorne gestreckt, parallel zum Fußboden. Wir drehen die Handflächen nach außen, nach wie vor parallel zum Fußboden. Das ist die Ausgangsposition.

Wir führen einige federnde Bewegungen (kleine Schwingungen) mit den Händen durch – quasi noch weiter nach außen. Dann wechseln wir die Ausgangsposition.

Jetzt drehen wir die beiden flach auf den Fußboden schauenden Hände nach innen und wiederholen die Übung – diesmal nach innen.

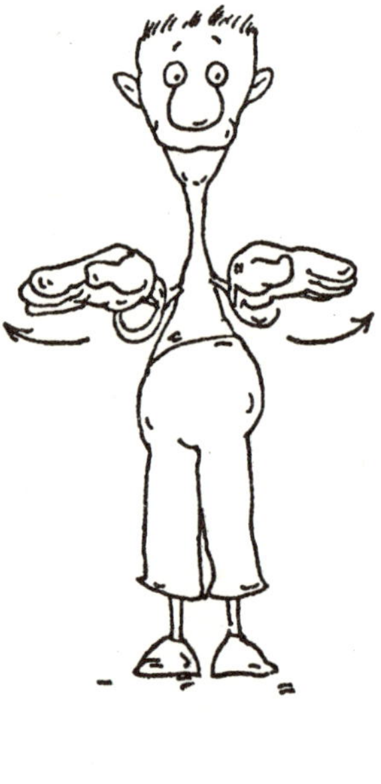

Übung Nr. 6

Die gleiche Ausgangsposition. Wir fühlen Stolz. 90 Prozent der Bemühungen konzentrieren wir auf die Herstellung der Stimmung. Ein Lächeln, Freude, eine angenehme Mattigkeit im ganzen Körper – wir haben sie uns verdient!

Jetzt drehen wir die Hände, zur Faust geballt, in einem möglichst großen Kreis im Gelenk, erst in die eine, dann in die andere Richtung.

Ellbogengelenke

Übung Nr. 7
Die Oberarme als Verlängerung der Schultern parallel zum Boden, die Arme sind in den Ellbogen abgewinkelt, die Unterarme hängen frei herunter, die Hände deuten eine Faust an.

Wir führen Drehbewegungen mit den Unterarmen um die Ellbogengelenke durch, erst in eine, dann in die andere Richtung. Achten Sie darauf, dass Schultern und Oberarme nicht bewegt werden.

In Gedanken setzen Sie sich eine Krone auf den Kopf. Stimmung! Fügen Sie irgendein neues Gefühl hinzu und verstärken Sie es mit Willensanstrengung. Wir setzen die Übungen, wie abgebildet, fort.

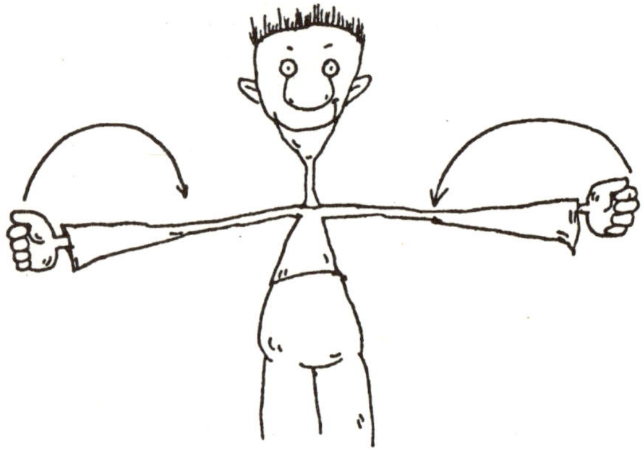

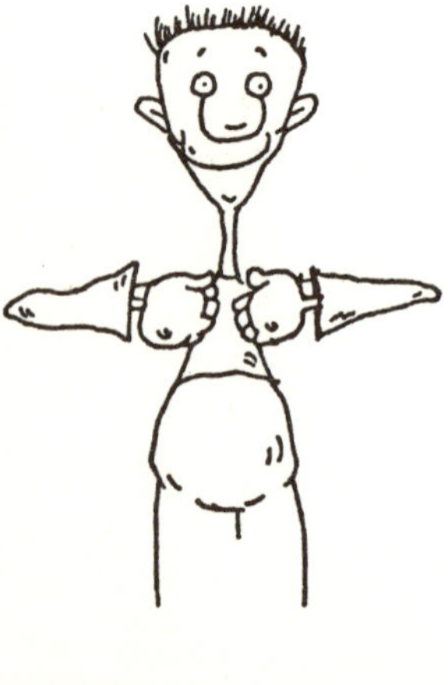

Schultergelenke

Übung Nr. 8

Den ausgestreckten Arm, der frei am Rumpf herunterhängt – Hand deutet eine Faust an –, drehen wir vor unserem Körper. In der Hand entsteht ein Gefühl der Schwere und ein stechendes Kribbeln, von dem einströmenden Blut wird die Hand rot.

Wir beschleunigen die Drehgeschwindigkeit schrittweise.

Wir trainieren abwechselnd beide Schultergelenke. Jeden Arm drehen wir zuerst im Uhrzeigersinn und dann in der Gegenrichtung.

Welches Gefühl lösen Sie in Ihrem Inneren aus?

Übung Nr. 9
Den Kopf gerade. Die Schultern ziehen wir nach vorne, sodass sie sich irgendwann treffen müssten. Wir fühlen eine angenehme Anspannung.

Wir lassen etwas locker und wiederholen die Übung mit neuer Kraft und etwas mehr Druck, wieder locker lassen etc.

Übung Nr. 10
Ohne die Ausgangsposition zu wechseln, ziehen wir die Schultern nach hinten, bis sich die Schulterblätter hinten (fast) treffen. In jede Richtung (nach vorn und hinten) wiederholen wir die Übung ein paarmal.

Übung Nr. 11
Danach ziehen wir die Schultern nach oben, bis wir bei den Ohren angelangt sind, lassen leicht locker und ziehen sie wieder bis zu den Ohren.

Analog wechseln wir die mit jedem Mal weiter ansteigende Anspannung mit einer leichten Entspannung ab, wenn wir die Schultern so weit wie möglich nach unten ziehen.

Dann ziehen wir die Schultern noch einmal nach oben und beenden die Übung.

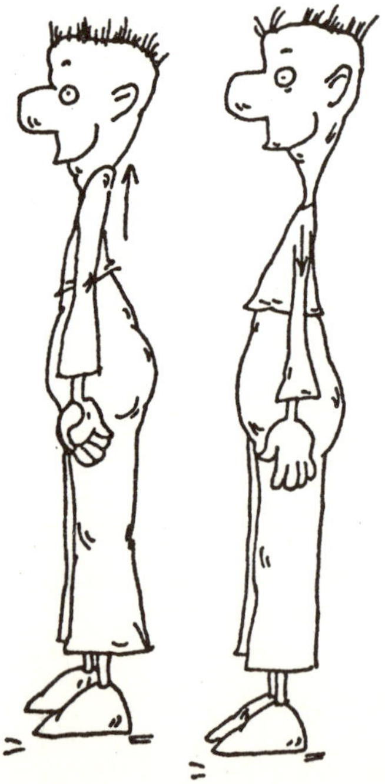

Übung Nr. 12

Kreisbewegungen mit den Schultern nach vorne und dann nach hinten machen wir nach dem gleichen Schema. Der Kreis ist so groß wie möglich. Haben Sie die Technik der Übung intus? Jetzt fügen Sie eine Emotion hinzu, schaffen Sie in Ihrem ganzen Körper Frühling. Bravo!

Übung Nr. 13

Der Kopf ist gerade. Die Arme sind am Rumpf entlang gestreckt. Wir drehen sie, dass die Handflächen nach außen schauen, als würden wir die Hände in den Boden »schrauben«.

Überprüfen Sie sich! An der Arbeit müssen das Handgelenk, das Ellbogen- und das Schultergelenk beteiligt sein.

Wenn die Drehung nicht mehr weiter geht, geben wir noch etwas Extraanspannung – wir »ziehen die Schraube nach« –, und dann folgt eine leichte Entspannung. Noch eine zusätzliche, etwas kräftigere Anspannung – »straffer ziehen« – und dann die Entspannung. Wir machen mehrere derartige Bewegungen, dann drehen wir die Hände in die Gegenrichtung und machen eine analoge Übung.

Achtung!

Bei allen Übungen muss der Wechsel von zusätzlicher Anspannung und einer leichten Entspannung von Männern nach dem Prinzip des »Schrauben-Festziehens« ausgeführt werden und von Frauen nach dem Prinzip des »Auswringens der Wäsche« – jedoch schmerzlos.

Und noch eine sehr wichtige Regel: Wie muss man atmen?

Merken Sie sich:

Auf jede Anspannung folgt ein Ausatmen und auf jede Entspannung ein Einatmen! Und halten Sie niemals den Atem an!

Übung Nr. 14

Wir schütteln die Hände aus und entspannen die Muskeln.

Übung Nr. 15

Die Hände sind vor der Brust zu einem Schloss verkettet. Der Körper ist aufrecht, die Position ist fest. Es bewegen sich nur Kopf und Schultern, alles andere ist unbewegt.

Zuerst richten wir nur den Blick nach rechts, dann drehen wir auch den Kopf nach rechts, zuletzt zieht die rechte Hand die linke nach rechts.

Wir drehen Kopf und Schultern, bis es nicht mehr weiter geht, und spannen noch einmal die Muskeln an, als wollten wir die Bewegung fortsetzen. Dann lassen wir den Druck nach, ohne die Position zu ändern, und verstärken die Anspannung noch einmal.

Nach einigen solchen Anspannungs- und Entspannungswechseln drehen wir Kopf und Schultern allmählich nach links (die linke Hand zieht die rechte) und führen die Übung analog durch.

Welchen Seelenzustand stellen Sie her?

Die Füße

Übung Nr. 16

Jetzt richten wir die Aufmerksamkeit auf das Sprunggelenk. Die Übung führen wir anfangs mit dem einen Fuß, dann mit dem anderen aus.

Wir winkeln das eine Bein leicht im Knie an, wobei wir den anderen Fuß belasten – das ist die Ausgangslage. Wir vollführen eine federnde Bewegung, indem wir die Fußspitze von unserem Gesicht weg dehnen. Wir machen das einige Male, dann biegen wir die Ferse nach vorne und drehen die Fußspitze zu uns, und zwar bei gestrecktem Bein.

Übung Nr. 17

Die gleiche Ausgangsposition wie oben.

Wir drehen den Fuß so nach innen, dass, wenn wir den Fuß auf den Boden setzen, er mit seinem äußeren Rand die Bodenoberfläche berührt. Dabei entsteht eine Spannung an der äußeren Seite des Sprunggelenks.

Wir machen einige federnde Bewegungen mit dem Fuß nach innen und bemühen uns dabei, ihn jedes Mal ein Stück weiter zu drehen, weiter, weiter.

Man kann das Bein leicht auf die Seite heben und die Übung ausführen, wie auf dem Bild gezeigt.

Welchen Charakterzug trainieren Sie jetzt? Vergessen Sie das nicht.

Übung Nr. 18

Der Fuß ist nach außen gedreht (die Ausgangslage ist der in der vorhergehenden Übung entgegengesetzt). Die Übung wird analog ausgeführt.

Übung Nr. 19

Abwechselnd führen wir mit jedem Fuß langsame Kreisbewegungen durch, mehrmals in jede Richtung. Die Bewegungen sind so, als würden wir mit dem großen Zeh auf einer Wand einen Kreis mit möglichst großem Radius zeichnen.

Achten Sie darauf, dass das Bein dabei absolut unbeweglich bleibt, es bewegt sich nur der Fuß.

Kniegelenke

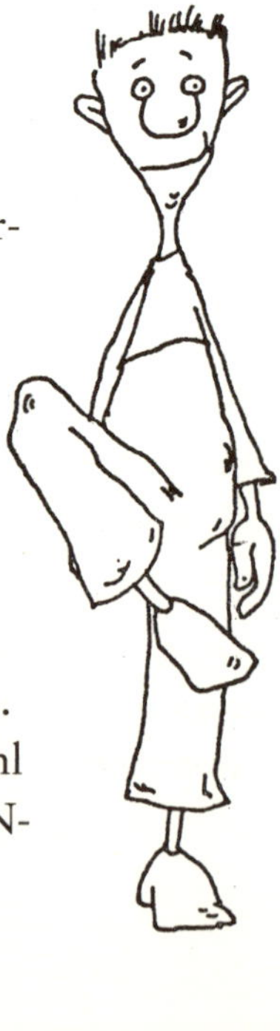

Übung Nr. 20

Das Bein ist im Knie abgewinkelt, der Oberschenkel parallel zum Boden, die Hand hält den Oberschenkel fest, der Unterschenkel hängt frei und entspannt. Wir führen Kreisbewegungen mit dem Unterschenkel im und gegen den Uhrzeigersinn durch – mehrere Male in jeder Richtung und der Reihe nach mit dem einen und dem anderen Bein. Wir stehen aufrecht, die Schultern sind gerade. Lassen Sie durch den ganzen Körper das Gefühl strömen, dass Sie ein MENSCH, eine PERSÖNLICHKEIT sind.

Übung Nr. 21
Die Beine sind etwas breiter auseinander als die Schultern, die Füße stehen parallel (die Spitzen weisen leicht nach innen), die Hände liegen auf den Kniescheiben. Der Rücken ist gerade, wir blicken nach vorn, lassen den Kopf nicht hängen. Wir führen Kreisbewegungen mit den Knien durch, erst ein paarmal nach innen, dann nach außen (die Hände helfen den Knien bei der Bewegung). Am Ende jeder Bewegung werden die Knie völlig gestreckt.

Nicht übel, das Knirschen!

Übung Nr. 22
Die Beine zusammen, Hände auf die Knie. Rücken gerade, Blick nach vorne, Kopf nicht senken. Wir führen Kreisbewegungen mit den Knien durch, erst in die eine Richtung, dabei strecken wir völlig die Knie am Ende jeder Bewegung. In die Gegenrichtung wird die Übung analog ausgeführt.

Übung Nr. 23
Die Beine zusammen, die Knie durchgestreckt. Wir beugen uns mit ausgestrecktem Rücken mit den Händen bis zu den Knien. Mit federnden Bewegungen der Arme drücken wir auf die Knie und versuchen dabei, sie noch besser zu strecken. Wir führen mehrere solche Bewegungen aus. Dabei halten wir den Blick nach vorne gerichtet.

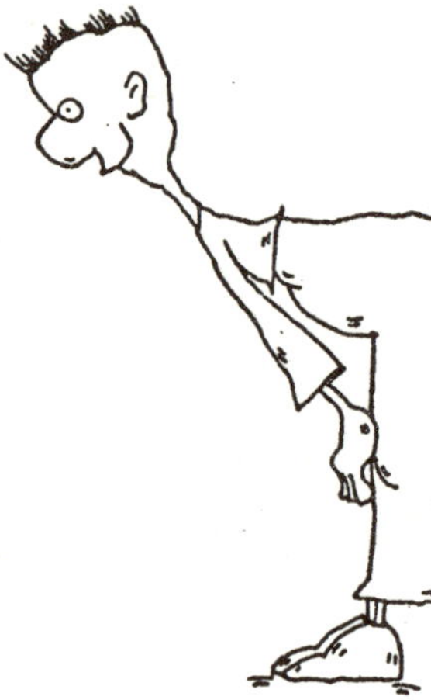

Hüftgelenke

Übung Nr. 24
Wir heben das im Knie abgewinkelte Bein hoch und halten den Oberschenkel parallel zum Boden. Der Rumpf ist unbewegt.

Wir drehen den Oberschenkel so weit zur Seite, wie es geht, und versuchen dann, den Schenkel noch weiter zu bewegen. Wir machen einige derartige federnde Bewegungen. Das Gleiche machen wir mit dem anderen Bein in die andere Richtung.

Stellen Sie die Empfindung innerer Kraft her!

Übung Nr. 25
Die Ausgangslage ist analog zu der vorhergehenden Übung. Wir drehen den Oberschenkel nach rechts, so weit es geht, und führen ihn zurück in die Ausgangslage. Dabei machen wir zusätzliche Schwungbewegungen mit dem Oberschenkel nach oben und nach unten. Wir wiederholen die Übung mit dem anderen Bein.

Ich erinnere an das allgemeine Prinzip: Wir versuchen bei jeder Bewegung noch ein wenig weiter zu kommen und wechseln dabei mit minimaler Amplitude zwischen Anspannung und Entspannung.

Übung Nr. 26
Die gleiche Ausgangsposition. Wir drehen den rechten Oberschenkel so weit wie möglich nach rechts. Das ist die Ausgangslage. Mit der Kniescheibe »zeichnen« wir an der Wand Kreise – mehrere in jeder Richtung. Analog mit dem linken Bein.

Übung Nr. 27
Wir gehen auf gestreckten Beinen, erst auf den ganzen Fuß gestützt, dann auf die Fersen, auf die Zehenspitzen, auf die Innenseite der Füße und auf die Außenseite der Füße gestützt. Man kann dabei sogar den Schritt beschleunigen!

Die Knie gestreckt lassen! Die Schultern nicht bewegen, die Spannung fühlen wir in den Hüftgelenken und in der Kreuzgegend.

Rufen Sie die Empfindung hervor, dass Sie ein lebensfroher Mensch sind. Halten Sie diese Empfindung, solange Sie die Übung ausführen.

Klappt es? Bravo!

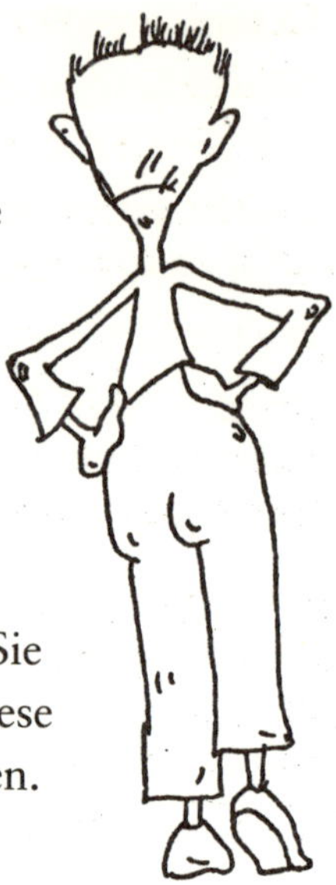

Übungen für die Wirbelsäule

Wir arbeiten konsequent mit jedem Abschnitt der Wirbelsäule:
der Halswirbelsäule,
der oberen Brustwirbelsäule,
der unteren Brustwirbelsäule
und der Lendenwirbelsäule.

Vor dem Beginn der Übungen atmen wir tief durch die Nase ein und langsam durch den Mund aus. Wenn Sie Knoblauch oder Zwiebel gegessen haben oder am Vorabend ordentlich einen gebechert haben, können Sie die Atemübung direkt vor Ihrer Schwiegermutter machen.

Ein Atemzug beim Ausatmen muss mindestens 2- bis 3-mal so lang sein wie beim Einatmen.

Mit jedem Atemzug nehmen wir das körperlich spürbare Gefühl der Jugend, der Frische, der Schönheit auf. Ganz bewusst schaffen wir ein Bild von Kraft, von Selbstsicherheit, ein

Gefühl, dass wir aus eigener Stärke jeden unserer Wünsche erfüllen können.

Stellen Sie sich Ihre Augen gesund vor, sodass Sie sogar nur schwer erkennbare Konturen scharf sehen. Schaffen Sie zielbewusst den inneren Zustand des Sieges über das Leiden. Betrachten Sie Ihre Krankheit von der Seite, und begleiten Sie sie ruhig, aber fest und entschlossen aus Ihrem Körper hinaus.

Die Hauptsache ist, dass Sie sich das nicht nur wie eine Behauptung einreden, sondern dass Sie in Ihrem Körper eine diesen Gedanken entsprechende innere Empfindung herstellen. Mit anderen Worten, Sie sollen eine körperlich spürbare Reaktion des Organismus auf die Bilder und Gedanken hervorrufen.

Nicht nur die Muskeln kann man trainieren, lieber Leser! Man kann alle Seiten des Charakters formen, die für die Entwicklung des eigenen Potenzials erforderlich sind, für die Realisierung des Traums. Was mit Willenskraft trainiert wird, das entwickelt sich: Trainieren Sie Ihre Muskeln, und die Muskeln entwickeln sich, Trainieren Sie Ihre Ausdauer, und die Ausdauer wächst.

In jeder Bewegung ist ganz bewusst ein Gefühl herzustellen, eine Empfindung, ein Erleben irgendeines positiven Charaktermerkmals aus Ihrer Liste. Dann verwurzeln sich diese Merkmale mit der Zeit in Ihrem Inneren und werden zu Ihrem Wesen.

Also, fangen wir an. Schaffen Sie im Inneren einen freudigen Zustand, und in welchem Tempo Sie auch arbeiten, innen muss Ruhe herrschen. Womit beginnt die Ruhe sich einzufinden? Erinnern Sie sich? Mit dem Muskelkorsett.

Richten Sie Ihre Schultern gerade! Haltung! Ein leichtes Lächeln! Entspannen Sie alles: die Lider, das Gesicht, den Nacken, die Schultern, die Brust, den Bauch, die Pobacken, die Beine ... nur bei den Muskeln der Harnblase wäre das vorläufig noch unerwünscht!

Einatmen – Friedlichkeit
Ausatmen – Ruhe
Einatmen – Versöhnlichkeit
Ausatmen – Entspanntheit
Einatmen – Stille
Ausatmen – Ausgeglichenheit ...

Haben Sie sich eingestimmt? Wunderbar! Los gehts!

Der Halsbereich

Die Arbeit mit der Halswirbelsäule normalisiert den Hirndruck, verbessert die Sehkraft, das Gehör, das Gedächtnis und erhöht die Arbeitsfähigkeit.

Mit der Zeit regeneriert sich das Gleichgewichtsorgan im Ohr, optimiert sich der Zustand der Schilddrüse, normalisiert sich der Schlaf, verschwindet das Taubwerden der Hände und verbessert sich insgesamt die Versorgung des Gehirns.

Übung Nr. 1

Der Körper gerade, das Kinn hängt auf die Brust. Wir beugen die Halswirbelsäule und rutschen mit dem Kinn auf der Brust nach unten Richtung Nabel. (Wenn Sie den Nabel erreicht haben, dürfen Sie zurückgehen!)

Wir wechseln Anspannung mit leichter Entspannung ab. Mit jeder neuen Anspannung bemühen wir uns, die Bewegung fortzusetzen, wir legen noch etwas an Bemühung zu, dann folgt wieder leichte Entspannung. Wir machen mehrere solcher Bewegungen.

Bitte nicht über die Schmerzgrenze gehen! Im Nackenbereich sollte das Gefühl einer angenehmen Spannung entstehen. Und im Körper stellen Sie willentlich eine Welle der Zuversicht in Ihre Kräfte her und versuchen, sie so lang wie möglich zu halten.

Achtung!

Wenn Ihnen die Ausführung dieser Übung sehr schwer fällt oder Sie Probleme mit der Halswirbelsäule haben, dann ersetzen Sie diese Bewegung durch Ziehen von Kopf und Nacken nach vorne.

Übung Nr. 2

Der Körper ist gerade, den Kopf werfen wir nicht zurück, sondern neigen ihn sanft nach hinten, das Kinn schaut zur Decke. Wir ziehen uns am Kinn nach oben.

Dann halten wir die Bewegung eine Sekunde lang an, lassen etwas Spannung nach, aber entspannen uns noch nicht und ziehen uns wieder am Kinn in die Höhe.

Wir machen mehrere solcher Bewegungen, ohne dabei die Vorsichtsregeln zu vergessen.

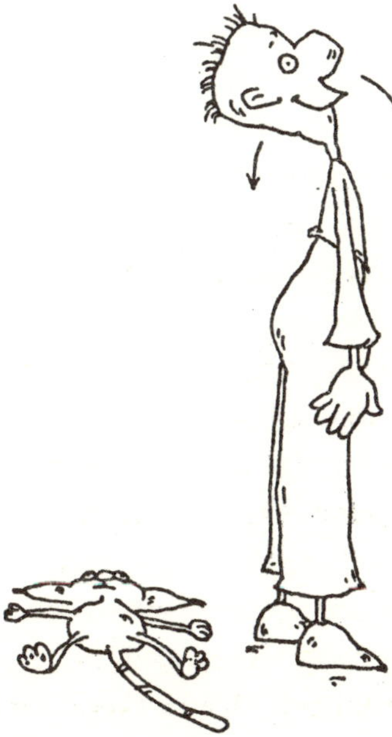

Übung Nr. 3

Die Wirbelsäule ist ständig gerade. Die Schultern sind bei der Übung absolut unbeweglich.

Wir neigen den Kopf nach rechts (nicht drehen!), und ohne große Anstrengungen versuchen wir, mit dem Ohr die Schultern zu erreichen.

Regen Sie sich nicht auf, wenn Sie das Ziel nicht auf Anhieb erreichen. Und übertreiben Sie Ihre Bemühungen nicht! Mit der Zeit wird Ihnen das immer besser gelingen.

Dann neigen wir den Kopf zur linken Schulter und üben in analoger Weise.

An welchem Charakterzug arbeiten Sie jetzt? Ha? Verpassen Sie nicht die Möglichkeit, für eine Arbeit gleich mehrere Auszeichnungen zu bekommen.

Übung Nr. 4

Wir stehen aufrecht. Der Kopf ist gerade, wir blicken nach vorn.

Um die Nase herum, wie um eine unbewegliche Stütze, beginnen wir den Kopf zu drehen: Dabei geht das Kinn nach rechts oben und der Scheitel nach links unten, die Augen blicken nach oben.

Wir wiederholen das Ganze in der anderen Richtung.

Erinnern Sie sich, wie das ein kleiner Hund macht, wenn er etwas Interessantes sieht oder wenn er auf Ihre Worte reagiert.

Diese Übung führen wir in drei Varianten durch: Kopf gerade (wir schauen geradeaus), Kopf hängend (wir sehen auf den Fußboden), Kopf leicht nach hinten geneigt (wir blicken an die Decke). Seien Sie vorsichtig!

Übung Nr. 5

Wir stehen gerade. Der Kopf ist in einer Linie mit der Wirbelsäule.

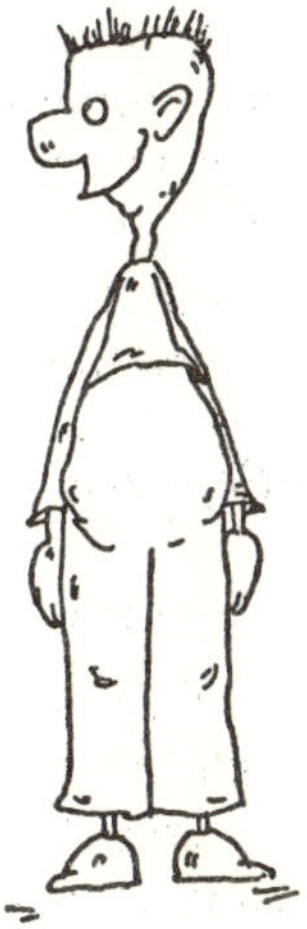

Langsam führen wir den Blick nach rechts und lassen dann den Kopf folgen, so weit wie ohne Anspannung möglich. Das ist die Ausgangslage.

Nun bemühen wir uns zu sehen, was hinter dem Rücken ist, und versuchen ein paarmal mit zusätzlichen Bemühungen den Drehwinkel zu vergrößern. Aber wir werfen den Kopf nicht zurück! Das Kinn ist etwa im Bereich der Schulter.

Wir machen einige solcher Bewegungen in eine Richtung und dann das Gleiche in die andere Richtung. Eine übergroße Anspannung ist nicht zulässig! Vergessen Sie nicht zu atmen!

Übung Nr. 6

Kreisbewegungen mit dem Kopf fassen alle vorhergehenden Übungen für die Halswirbelsäule zusammen.

Der Kopf rollt langsam und frei, ohne dass wir die Nackenmuskeln überspannen. Das Kinn ziehen wir zur Brust, dann strebt das Ohr zur Schulter, der Hinterkopf zum Rücken, das andere Ohr zur Schulter, das Kinn zur Brust. Einige Male in die eine Richtung, dann in die andere. Machen Sie diese Übung mit besonderer Vorsicht und Achtsamkeit. Achten Sie auf Ihre Empfindungen.

Wenn Sie Probleme mit der Halswirbelsäule haben, machen Sie die Übung nach folgendem Schema: Wir neigen das Ohr in

Richtung rechte Schulter, das Kinn ist nach unten gerichtet, dann rollen wir den Kopf langsam zur linken Schulter und wieder zurück. Das heißt, wir machen einen unvollständigen Kreis mit dem Kopf, ohne den Kopf nach hinten zu beugen.

Die Arbeit mit der Wirbelsäule im oberen und unteren Brustbereich verbessert den Zustand des Kreislauf- und des Atemsystems, beseitigt die Schmerzen bei Zwischenwirbelneuralgie, optimiert den Zustand der Organe der Bauchhöhle, der Nieren und der Bauchspeicheldrüse und beseitigt Taubheit in den Beinen.

Obere Brustwirbelsäule

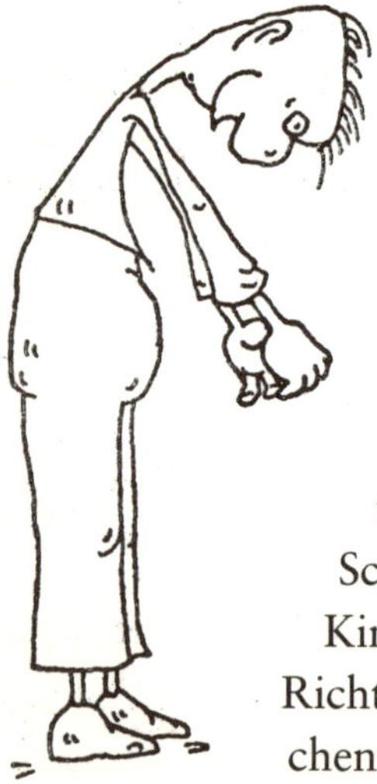

Übung Nr. 1

Wir stehen mit geradem Rücken (keinerlei Verbeugungen!). Das Kreuz ist steif.

Die Schultern nach vorn, die Arme gerade, die Finger sind ineinander verhakt. Das Kinn ist an die Brust gedrückt.

Mit den Händen ziehen wir nach unten, aber mit dem Nacken nach oben. Die Schultern kommen einander entgegen. Das Kinn bleibt an der Brust, aber wir ziehen es in Richtung Nabel. Die Atmung nicht unterbrechen!

Der obere Teil der Wirbelsäule nimmt die Form eines Bogens an. Stellen Sie sich vor, dass Sie einem Igel ähneln, der auf dem Rücken Nahrungsvorräte trägt. Wir wiederholen diese Übung einige Male mit minimaler Amplitude der Bewegungen.

Übung Nr. 2
Wir machen die Übung analog zu der vorstehenden in die andere Richtung.

Die ausgestreckten Hände, die wir hinter dem Rücken verhaken, ziehen wir nach unten, wir versuchen, die Schulterblätter zusammenzuziehen, ohne die Schultern anzuheben. Den Kopf halten wir gerade, wir werfen ihn nicht nach hinten!

In dieser Lage biegen wir den oberen Teil des Rückens durch, das Brustbein strebt in die Höhe.

Seien Sie vorsichtig. Übertreiben Sie Ihren Eifer nicht!

Übung Nr. 3
Wirbelsäule gerade, das Kreuz ist unbewegt. Die Arme sind in den Ellbogen abgewinkelt. Wir heben eine Schulter, die andere lassen wir sinken (wie zwei Waagschalen mit unterschiedlichen Gewichten), der Kopf neigt sich in die Richtung der nach unten gehenden Schulter, die Augen blicken nach oben. Im oberen Bereich der Brustwirbelsäule fühlen wir eine angenehme Spannung und Dehnung.

Ohne die Lage zu verändern, wechseln wir die Anspannung mit einer leichten Entspannung ab, und mit jedem Mal versuchen wir, die Wirbelsäule noch ein wenig mehr zu biegen. Achten Sie darauf, den Körper weder nach vorne, noch nach hinten zu beugen.

Das Gleiche führen wir in der anderen Richtung aus. Atmen Sie?! Gut! Halten Sie den Atem nicht an!

Welches Charaktermerkmal formen Sie mit dieser Übung?

Wir fahren fort.

Übung Nr. 4

Achtung!

Wenn Sie einen Bandscheibenvorfall haben, dürfen Sie nicht den ersten Teil der Übung, die Kompression der Wirbelsäule, sondern nur den zweiten Teil, die Ausdehnung der Wirbelsäule, ausführen.

Wirbelsäule gerade, Becken und Steißbein schieben wir nach vorne und fixieren sie in dieser Position.

Der Kopf ist unbewegt, die Arme hängen am Rumpf hinunter.

Wir lassen die Schultern sinken und ziehen die Hände in Richtung Fußboden. Wir fühlen eine Anspannung in der oberen Brustwirbelsäule, und mit jeder Wiederholung nach einer leichten Entspannung vergrößern wir die Anspannung noch ein wenig.

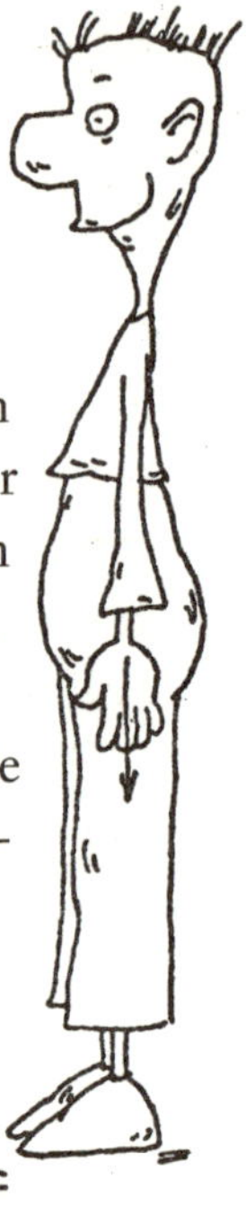

Stellen Sie sich vor, man hätte Ihnen einen schweren Sack auf die Schultern gelegt. Die Wirbelsäule wird unter seinem Druck zu einer komprimierten Feder. Wir halten und halten diese Last und legen noch etwas zu. Helfen Sie sich durch Bewegen der Schultern nach unten.

Betrachten Sie in Gedanken die gesamte Wirbelsäule von oben nach unten und verteilen Sie die Belastung gleichmäßig.

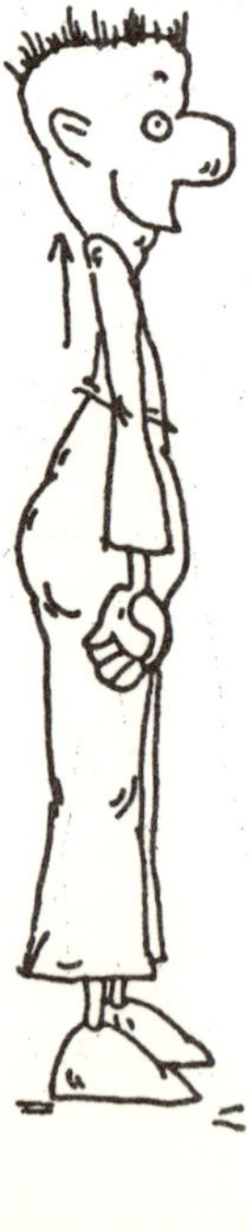

Achten Sie darauf, dass der Druck nicht zu groß ist.

Jetzt werfen Sie den Sack ab. Ein Gefühl von Leichtigkeit, ein Gefühl des Fliegens.

Die Schultern maximal nach oben ziehen, mit dem Scheitel streben wir zur Decke, die Wirbelsäule dehnt sich aus.

Einige Male wechseln wir die Aufwärtsbewegung der Schultern mit einer leichten Entspannung ab.

Wir stellen uns vor, wie alle Wirbel gerade rücken und ihren Platz einnehmen.

Woran denken Sie? Erinnern Sie sich? Was trainiert wird, das entwickelt sich!

Und nicht nur im Körper, auch in der Seele.

Übung Nr. 5

Wir führen Kreisbewegungen mit den Schultern durch und verbinden damit die beiden oben beschriebenen Übungen, so gut es geht. Wir beginnen mit Kreisbewegungen nach vorne. Dann machen wir exakt das Gleiche in der Gegenrichtung.

Dadurch wird die obere Brustwirbelsäule gelockert und aktiviert.

Übung Nr. 6

Achtung! Die Wirbelsäule ist die Drehachse.

Beine in Schulterbreite, die Füße sind parallel zueinander an den Fußboden »geklebt« (die Fußspitzen schauen leicht nach innen), die Hände liegen auf den Schultern, die Ellbogen schauen zur Seite, wir blicken geradeaus. Eins nach dem andern verdrehen wir Augen, Kopf, Schultern und Brust. Bauch, Hüften und Beine bleiben unbewegt.

Der rechte Ellbogen zieht nach rechts und zieht den linken Arm nach sich. Wenn Bauch und Hüfte der Bewegung nach rechts folgen, ist dies ein Fehler. Versuchen Sie, ohne die erreichte Pose von Kopf, Schultern und Brust zu ändern, Bauch und Hüfte in ihre Ausgangslage zurückzuführen.

Die Anspannung erfolgt nur im Schultergürtel und in der oberen Brustwirbelsäule. Nachdem Sie in der Drehung einen (vorläufigen) Endpunkt erreicht haben, versuchen Sie sich noch ein wenig weiter zu drehen.

Wir führen einige federnde Bewegungen durch, die jedes Mal mit ein wenig zusätzlicher Anspannung und neuer

Entspannung verbunden sind. Mittels der neuen Anstrengung versuchen wir, den Drehwinkel zu vergrößern.

Analog führen wir die Übung nach links durch. Haben Sie die technische Seite der Übung im Griff? Dann legen Sie das Wesen hinein. Ausgezeichnet!

Untere Brustwirbelsäule

Übung Nr. 1

Wir gehen ebenso vor wie in der Übung Nr. 1 für die obere Brustwirbelsäule. Aber wir arbeiten jetzt die Wirbelsäule vom Hals bis zur Lende durch.

Das Steißbein drücken wir nach vorn und fixieren diese Lage, das heißt, das Becken muss von nun an unbewegt bleiben.

Mit den Armen umfassen wir (in unserer Vorstellung) etwas Großes und Rundes vor uns.

Den Kopf neigen wir nach unten.

Die Wirbelsäule biegt sich von der Schädelbasis bis zur Lende zu einem Bogen.

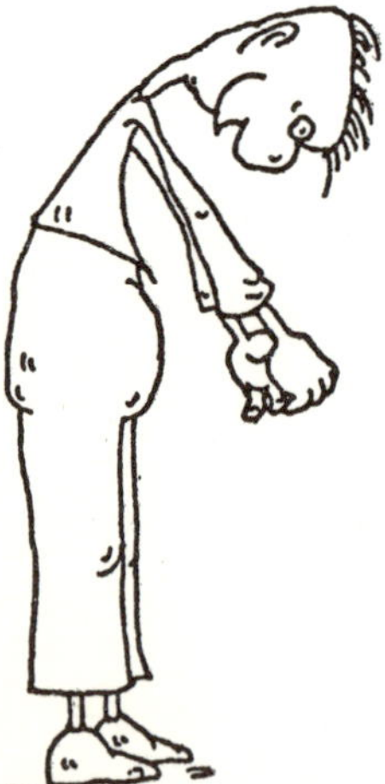

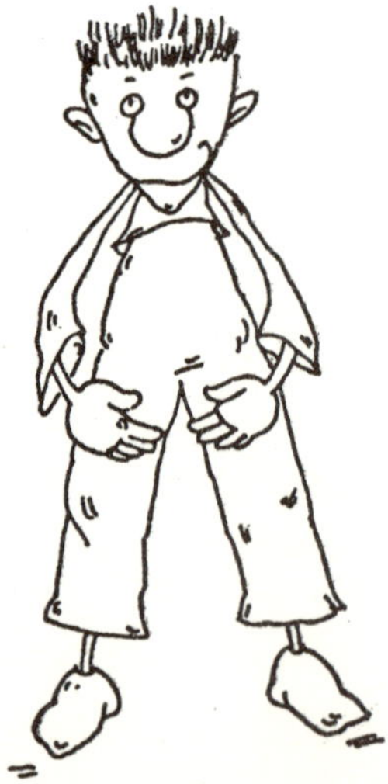

Legen Sie Druck nach. Lassen Sie etwas locker und geben Sie nochmals Druck.

Überprüfen Sie Ihre Haltung! Keine Beugungen! Seien Sie achtsam.

In dieser Lage bewegen Sie die Arme, fühlen Sie dabei, wie die Rückenmuskeln spielen, wie sie hin und her rollen.

Übung Nr. 2

Eine Bewegung, die der vorhergehenden entgegengesetzt ist. Mit dem Scheitel ziehen wir nach oben und etwas nach hinten, aber wir werfen den Kopf nicht zurück. Die Hände sind hinter dem Rücken nach oben gedreht und zeigen nach hinten. Die Schulterblätter führen wir zusammen. In der Lende krümmen wir uns nicht.

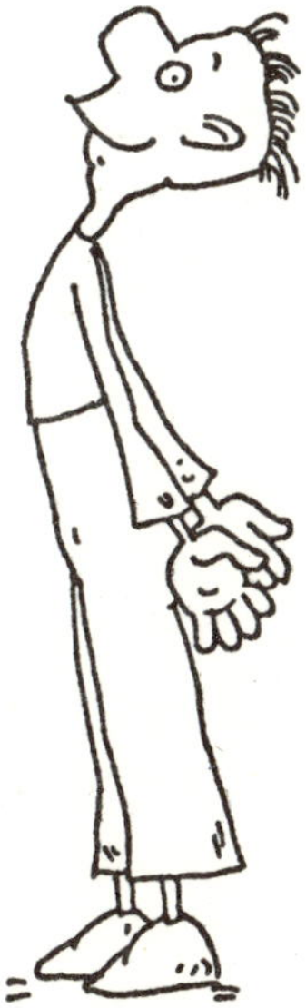

Übung Nr. 3

Die Füße zusammen. Den rechten Arm winkeln wir hinter dem Kopf ab, der Ellbogen zeigt an die Decke, der Blick zielt ebenso nach oben. Die linke Schulter geht nach unten.

Indem wir die rechte Seite dehnen, ziehen wir die Achsel nach oben und führen ein paar federnde Bewegungen aus, wobei sich Anspannung mit leichter Entspannung abwechselt. Die Wirbelsäule nimmt die Form eines Bogens an. Keine Beugungen!

Wir wechseln den Arm und machen das Gleiche mehrere Male nach rechts.

Übung Nr. 4

Mit den Schultern machen wir langsame Bewegungen im Kreis mit einem maximalen Kreisumfang. An der Bewegung nehmen nicht nur die Schultern teil, sondern auch der Kopf und die ganze Wirbelsäule bis zum Steißbein. Das machen wir so:

Wir stehen gerade, die Beine in Schulterbreite, die Knie leicht geknickt.

Der Kopf ist gerade, wir blicken nach vorn, die Schultern heben wir bis zu den Ohren.

Wir neigen den Kopf nach unten, und die Schultern bewegen wir aufeinander zu. Die Wirbelsäule nimmt die Form eines Bogens an. Achtung! Keine Beugungen!

Die Schultern gehen schrittweise nach unten, den Kopf ziehen wir entsprechend mit.

Die Schultern nach hinten, der Kopf

neigt sich vorsichtig nach hinten, die Wirbelsäule biegt sich nach vorne durch.

Und jetzt verbinden wir all diese Bewegungen zu einer einzigen fortlaufenden Bewegung und verteilen die Belastung auf die gesamte Wirbelsäule bis zum Steißbein.

Erinnern Sie sich an den Anblick der Räder einer fahrenden Dampflok.

Wir führen die Übung mehrere Male nach vorne aus, und in die Gegenrichtung (nach hinten) machen wir es analog.

Übung Nr. 5

Körper gerade, die Beine zusammen. Das Kinn drücken wir an die Brust. Die Fäuste über der Lende – in der Nierengegend.

Wir versuchen, die Ellbogen hinter dem Rücken so nah wie möglich aneinanderzubringen. Zu diesem Zweck machen wir einige Federbewegungen mit den Ellbogen aufeinander zu. Die Wirbelsäule biegen wir dabei nach vorne durch, als würden wir vom Nacken zum Steißbein eine Bogensehne spannen (die Ellbogen sind die Pfeile).

Wir machen eine analoge Übung nach vorne, jetzt sind die Beine allerdings in Schulterbreite, die Knie leicht angewinkelt, und während wir die Wirbelsäule nach hinten durchbiegen, versuchen wir, mit der Nasenspitze die Knie zu erreichen.

Die Wirbelsäule biegt sich wie ein Bogen. Achten Sie darauf, dass Sie im Kreuz nicht gebeugt sind.

Übung Nr. 6
Die Beine breiter als die Schultern, die Füße »kleben« am Boden parallel zueinander, die Fußspitzen zeigen leicht nach innen, die Hände greifen nach den Schultern, die Ellbogen sind zur Seite gedreht, Becken und Oberschenkel sind fixiert, wir blicken gerade vor uns hin.

Wir führen die Augen nach rechts, dann folgen gleitend nacheinander Kopf, Schultergürtel, Brust und Bauch. Wir drehen den oberen Teil der Wirbelsäule von den Schultern bis zu der Stelle, wo theoretisch die Taille sein müsste.

In dieser Lage führen wir einige Federbewegungen durch, sodass jede folgende Bewegung zu einer kleinen Vergrößerung des Drehwinkels führt. Beachten Sie: Becken, Oberschenkel und Füße müssen unbeweglich bleiben! In die andere Richtung analog.

Ich erinnere daran: Die Wirbelsäule ist die Drehachse.

Lenden und Kreuzbereich

Wenn wir in diesem Bereich der Wirbelsäule arbeiten, verbessert sich der Zustand des Urogenitalsystems, löst sich der Blutstau in den Organen des kleinen Beckens, verringert sich der Schmerz bei Radikulitis, Ischias und anderen Erkrankungen und wird die Sexualität regeneriert.

Achtung! Wenn Sie Rückenprobleme im Lenden- oder Kreuzbereich haben, dann führen Sie alle Übungen sehr vorsichtig aus, mit kleinen, sanften Bewegungen!

Verteilen Sie die Belastung auf die gesamte Wirbelsäule!

Übung Nr. 1

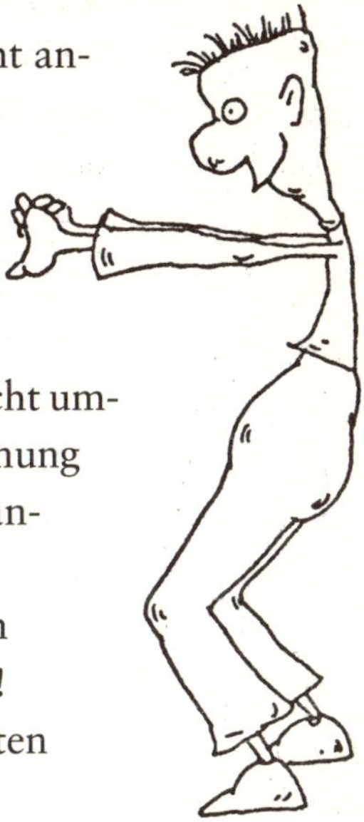

Beine in Schulterbreite, in den Knien leicht angewinkelt, das Becken nach vorne, der Oberteil des Rumpfes ist unbeweglich.

Nun versuchen wir, das Steißbein nach vorne und oben zu ziehen, mit dem Schamhügel streben wir zur Stirn (nicht umgekehrt!), die dabei entstehende Anspannung wechseln wir mit einer leichten Entspannung ab.

Wir machen das einige Male. Beachten Sie, dass es zu keinen Beugungen kommt! Die Wirbelsäule krümmt sich nach hinten wie ein Bogen.

Übung Nr. 2

Steißbein und Becken nach hinten, Beine schulterbreit, in den Knien leicht angewinkelt, die Fußspitzen deuten leicht nach innen, der obere Rumpf ist unbewegt. Kopf gerade!

Mit dem Steißbein ziehen wir Richtung Nacken. Wir machen einige Federbewegungen mit abwechselnder Anspannung und Entspannung. Achten Sie auf die Empfindungen im Lenden-Kreuzbereich.

Eine aufkommende Verspannung beheben wir mit Übung Nr. 1.

Übung Nr. 3

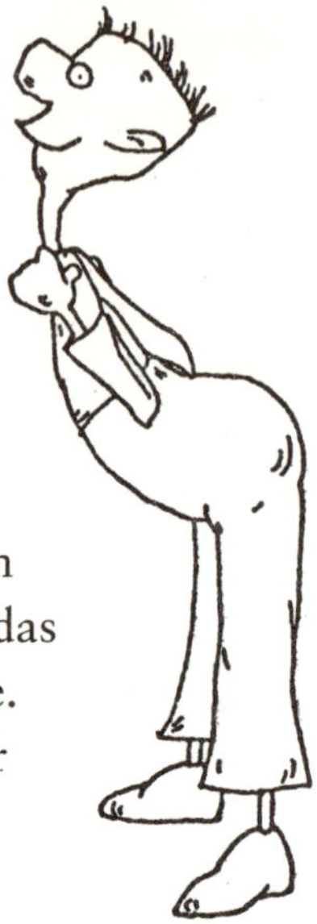

Beine schulterbreit, die Knie kann man leicht anwinkeln. Der Körper ist gerade, aber um ca. 45° nach vorne geneigt.

Wir versuchen, mit dem Steißbein Richtung Nacken zu ziehen (nicht umgekehrt!) und biegen uns dabei im Kreuz durch.

Den Kopf nicht nach hinten werfen. Wir machen 8 bis 10 solcher Bewegungen. Dann übertragen wir in dieser Lage einige Male das Körpergewicht von einem Bein auf das andere.

Die Anspannung im Steißbein beheben wir mit Übung Nr. 1.

Übung Nr. 4

Die Knie leicht gebeugt, der gerade Körper ist etwas nach hinten geneigt. Kopf gerade!

Mit dem Steißbein streben wir zum Nacken. Dabei werfen wir den Po nach hinten und der Bauch geht nach vorn.

Mit unserem inneren Blick tasten wir uns die ganze Wirbelsäule entlang. Wenn wir eine Stelle finden, wo die Spannung zu groß ist, verteilen wir die Last gleichmäßig auf die gesamte Wirbelsäule.

In dieser Position lassen wir uns immer tiefer sinken, wobei wir das Körpergewicht abwechselnd von einem Bein auf das andere verlagern. Wir wiederholen die Übung mehrere Male und achten darauf, dass kein Druck im Kreuz entsteht.

Übung Nr. 5

Kreisbewegungen mit den Hüften erst 8- bis 10-mal in die eine, dann in die andere Richtung. Der obere Körperbereich ist unbewegt, die Beine sind in den Knien leicht angewinkelt.

Übung Nr. 6

Körper aufrecht, Beine hüftbreit auseinander, die Hüfte bewegen wir nach rechts vorne, das heißt, wir verlagern das Körpergewicht nach rechts. Das ist die Ausgangslage.

Wir machen einige federnde Bewegungen mit der Hüfte zur Seite, um sie noch weiter nach rechts zu schicken.

Dann fixieren wir die erreichte Ausgangsposition und dehnen die linke Seite aus: Die linke Hand am Hinterkopf, die rechte an der Hüfte, Blick seitlich nach unten, den Körper neigen wir nach rechts. Dann verlagern wir das Gewicht, ohne die Neigung zu ändern, auf das linke Bein und dehnen die linke Seite noch etwas stärker.

Analog machen wir die Übung mit der linken Hüfte und dehnen dazu die rechte Seite: Wir streben mit dem rechten Ellbogen zur Decke und machen eine leichte Neigung nach links.

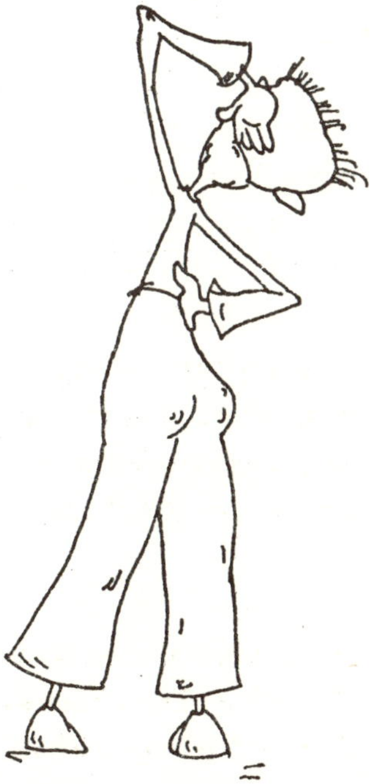

Übung Nr. 7

Beine in Schulterbreite (die Fußspitzen leicht nach innen), der rechte Arm geht steil nach oben, der linke hängt nach unten. Mit der Hand versuchen wir, die Decke zu berühren. Mit jedem Mal ziehen und ziehen wir mehr und biegen dabei leicht die Wirbelsäule.

Die gleichen Bewegungen wiederholen wir mit dem linken Arm.

Übung Nr. 8

Wir entspannen den ganzen Körper und nehmen eine Massage der feinen Blutgefäße (Kapillaren) vor. Zuerst heben und senken wir die Fersen, dann schütteln und klopfen wir nacheinander die Muskeln von Unterschenkeln, Oberschenkeln, Gesäß, Bauch, Brust, Armen und Nacken.

Achtung! Der Kopf nimmt an der Übung nicht teil, weil das bei all jenen nicht angezeigt ist, die unter grünem Star, Netzhautablösung, hohem Blutdruck oder Nierenproblemen leiden.

Das Ganze andersrum: Stellen Sie sich vor, wie das ein Hund macht, wenn er aus dem Wasser steigt und sich ausschüttelt. Und jetzt dürfen Sie sich ausruhen und durchatmen, wie wir das zu Beginn der Übungen für die Wirbelsäule gemacht haben.

Drehungen für die ganze Wirbelsäule

Zur Erinnerung: Die Wirbelsäule ist die Achse sämtlicher Bewegungen. Der Kopf befindet sich in einer Linie mit der Wirbelsäule! Die Belastung auf die gesamte Wirbelsäule gleichmäßig verteilen. Die Bewegungen sollten fließend sein, lassen Sie keine Schmerzempfindungen zu! Atem nicht anhalten!!!

Übung Nr. 1

Beine etwas über Schulterbreite auseinander, die Füße »kleben« am Boden parallel zueinander, die Fußspitzen weisen leicht nach innen. Die Knie sind etwas angewinkelt, die Hände auf den Schultern.

Wir beginnen eine fließende, langsame, schrittweise Drehung des Körpers nach rechts. Augen, Kopf, Schultern, Brust, Bauch, Hüften, Becken, Beine, alles außer den Füßen. Das ist die Ausgangslage.

Dann legen wir Kraft zu, schaffen Anspannung und drehen uns noch weiter. Eine leichte Entspannung und neuerliche Anspannung, das Ganze mehrere Male. Nach jeder Anspannung atmen wir langsam aus. Danach kehren wir in die Ausgangslage zurück.

Achtung!

Wenn Schmerz auftritt, reduzieren Sie bitte die Belastung!

Übung Nr. 2

Die Beine etwas mehr als schulterbreit, die Füße »kleben« am Boden parallel zueinander, Fußspitzen leicht nach innen, der Körper ist in einem Winkel von 45° nach vorn geneigt, Rücken gerade, Hände auf den Schultern.

Wir beginnen eine Drehung des Rumpfes um die Wirbelsäule nach rechts: Augen, Kopf, Nacken, Schultern, Brust drehen sich zur Decke, dabei zeigt der rechte Ellbogen nach oben. Der Wechsel zwischen Anspannung und leichter Entspannung erlaubt eine beständige Erhöhung des Drehwinkels. Wenn Sie einige solcher Wechsel vollzogen haben, kehren Sie fließend und langsam in die Ausgangslage zurück.

Erst danach dürfen Sie den Körper wieder gerade richten! In gleicher Weise machen wir die Übung auf der linken Seite.

Übung Nr. 3
Beine etwas mehr als schulterbreit, die Füße »kleben« am Boden parallel zueinander, Fußspitzen leicht nach innen, Rücken gerade und nach hinten geneigt, Kopf in einer Linie mit der Wirbelsäule, Kinn zur Brust, Hände auf den Schultern.

Die Übung wird analog zu Übung Nr. 2 durchgeführt, aber bei der Drehung des Körpers nach rechts zieht der führende Ellbogen nach unten, und die Augen schauen über die Schulter auf die linke Ferse. Bei der Drehung nach links mit nach hinten geneigtem Rumpf blicken wir über die Schulter auf die rechte Ferse.

Übung Nr. 4
Beine etwas mehr als schulterbreit, die Füße »kleben« am Boden parallel zueinander, Fußspitzen leicht nach innen. Der Kopf ist in einer Linie mit der Wirbelsäule. Der Oberkörper wird weit nach rechts geneigt (**nicht nach vorn oder nach hinten beugen!!**), Rücken gerade, Ellbogen seitlich anheben, Hände auf die Schultern.

Der rechte Ellbogen ist der führende und bewegt sich nach hinten und nach oben.

Den Blick führen wir nach rechts, Kopf, Schulter und Brust drehen wir dem Blick folgend um die Achse der Wirbelsäule in Richtung Decke. Das Kinn hängt locker. Achten Sie darauf, dass die Neigung des Körpers nach rechts dabei erhalten bleibt!

Aber das ist noch nicht alles!

Ohne die Lage des Rumpfes zu ändern, drehen wir den Oberkörper nach links in umgekehrter Folge.

Dabei wird der linke Ellbogen zum führenden, er geht nach hinten und nach unten und der rechte entsprechend nach oben. Wir blicken über die Schulter auf die rechte Ferse.

Dann drehen wir uns langsam zurück in die Ausgangslage. Haben Sie sich nicht zu einem Widderhorn verdreht? Bravo!

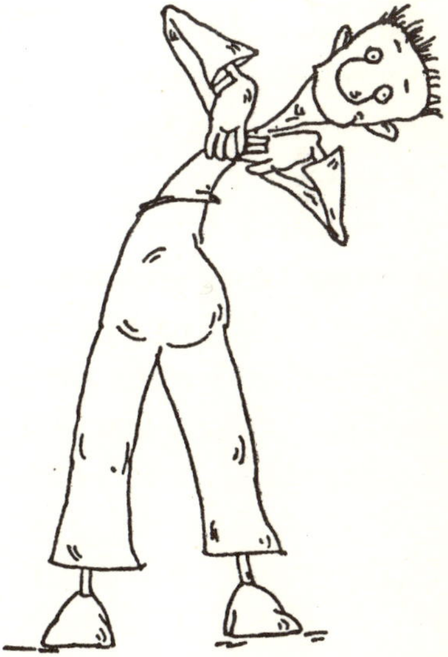

Übung Nr. 5

Um diese Übung richtig auszuführen, müssen wir bei der Beschreibung der vorher erklärten Drehung überall das Wort »rechts« durch »links« und umgekehrt ersetzen. Seien Sie bitte achtsam und vorsichtig.

Wenn Sie aber überzeugt sind, dass Sie die Übung richtig machen, dann nehmen Sie einen möglichst teuren und zerbrechlichen Gegenstand und machen die Übung an einer Wand, wobei Sie diesen Gegenstand mit dem Kopf an die Wand drücken.

Und? Nichts zerbrochen?

Sehr gut. Das heißt, Sie haben alles richtig gemacht.

Wenn es beim ersten Mal nicht geglückt ist, üben Sie so lange, bis nichts mehr kaputtgeht.

Und noch was… Diese Übungen kann man auch mit einem Stock auf den Schultern machen.

Übung Nr. 6

Wir machen einige ruhige tiefe Atemzüge, wie wir das vor Beginn der Übungen für die Wirbelsäule gemacht haben.

Wir atmen durch die Nase ein und heben gleichzeitig die ausgestreckten Arme seitlich hoch. Wir halten den Atem an und lassen die Arme seitlich sinken, aber atmen immer noch nicht!

Dann heben wir die Arme von vorne über den Kopf und atmen durch den Mund aus. Wir halten den Atem an, lassen die Arme seitlich sinken und atmen die Restluft aus.

Und jetzt eine Atemübung zur Einstimmung in den Tag

Wir strecken den Rücken, der Scheitel zieht nach oben, die Augen sind geschlossen, die Hände legen wir auf eine vorgestellte kühle Wasseroberfläche und stimmen uns ein. Wir bewegen die Hände langsam zum Gesicht, und zusammen mit ihnen erhebt sich die Kühle, die Frische, die Vitalität, dann lassen wir die Hände langsam sinken und stellen uns vor, wie wir gleichzeitig den ganzen Körper reinigen.

Ein- und Ausatmen wird in dieser Übung nicht mit der Bewegung der Arme koordiniert. Wir öffnen ruhig die Augen und bewahren diesen Zustand den ganzen Tag.

Die Gymnastik ist beendet.

Sind Sie zufrieden mit Ihrer Arbeit? Wie ist Ihre innere Stimmung? Gut? Wunderbar! Jetzt sollten Sie sich im Lauf des Tages unter Halten dieser Stimmung von der Seite betrachten.

Oh, wie Sie sich verändert haben, wie positiv Sie sich entwickelt haben!!!

Ein Programm von Pflichtübungen

Wie wird man ein verliebter Marsbewohner mit Stielaugen?

Ich erinnere daran, dass alle Übungen ohne Brille ausgeführt werden!

Diese Übung kann man sowohl sitzend als auch stehend am Fenster ausführen. Entscheiden Sie selbst, wie Sie sie machen wollen. Hinter dem Fenster sollten nahe und ferne Objekte sichtbar sein.

Auf die Fensterscheibe kleben Sie knapp unter Augenhöhe ein kleines Bild im Format 3x3 oder 4x4 cm. Es sollte eine lustige Zeichnung mit deutlichen Konturen sein.

Hinter dem Fenster wählen Sie das erste Objekt, das Sie nicht deutlich sehen.

Achtung! Sobald Sie dieses Objekt deutlich gesehen haben, wählen Sie ein anderes in einer Entfernung, in der Sie es nicht deutlich sehen. Aber der Abstand zwischen dem Bild am Fenster und Ihren Augen (20–25 cm) verändert sich nicht!

Jetzt beginnen wir, den Akkomodationsapparat der Augen zu trainieren. Die Arbeitszeit beträgt 10 Minuten. Aber denken Sie nicht an die Zeit!

Am besten ist es, wenn man dazu eine leichte, ruhige, angenehme Musik auflegt.

3–5 Sekunden lang blicken wir auf die Zeichnung, dann wechseln wir den Blick auf das gewählte Objekt hinter dem Fenster, wobei wir über das Bild im Fenster hinwegsehen und 3–5 Sekunden auf das Objekt sehen, um dann fließend den Blick auf das Bild zurückzuführen. So wechseln wir zehn Minuten hin und her.

Diese Übung ist zweimal täglich auszuführen zu einer hellen Tageszeit, aber die Zeitdifferenz zwischen den beiden Malen darf nicht geringer als zwei Stunden sein.

Haben Sie die richtige Stimmung? Ausgezeichnet! Halten Sie sie so lange wie möglich!! Aber achten Sie darauf, dass die Augen nicht aus der Umlaufbahn fliegen! Wenn Anspannung auftritt, so blinzeln Sie leicht, klatschen Sie mit den Wimpern auf Ihre Wangen!

Und überhaupt muss man diese Übung mit der Pfeif-drauf-Übung (S. 243 ff.) beginnen und abschließen.

Können Sie in die Sonne schauen? Bitte ohne Witz! Es ist eine se-e-hr ernste Frage!

Schon seit dem Altertum verstanden es die Menschen im Osten, jedes Augenleiden mithilfe der Sonne zu heilen. Aber wie?

Es ist nützlich, mit beiden Augen in die Sonne zu schauen, bis die Tränen kommen, ohne zu blinzeln, **aber unter strenger Beachtung bestimmter Regeln.**

Merken Sie sich! Mit geöffneten Augen in die Sonne schauen kann man nur beim Sonnenaufgang und beim Sonnenuntergang, wenn auf der Linie des Horizonts MAXIMAL DIE HÄLFTE DER SCHEIBE zu sehen ist – das ist äußerst wichtig!

Zu jeder anderen Zeit ist es sehr gefährlich, in die Sonne zu schauen! Auf keinen Fall darf man unbeweglich in die Sonne blicken, den Blick starr auf eine Stelle gerichtet.

Alle Vögel leben und sterben mit hundertprozentiger Sehkraft, weil sie als Erste das Morgenrot begrüßen und tagsüber nicht in die Sonne blicken. In der Natur ist alles harmonisch.

1. Stellen Sie sich so in den Schatten, dass eine Hälfte des Gesichts im Schatten und die andere in der Sonne ist, die Beine etwas mehr als schulterbreit auseinander, die Augen geschlossen.

Machen Sie leichte Drehungen mit dem Rumpf, damit das Gesicht mal in der Sonne und mal im Schatten ist.

Die Atmung ist ruhig. Beim Drehen des Kopfes zur Seite sagen Sie in Gedanken: »Die Sonne kommt!« Beim Drehen des Kopfes zur Schattenseite sagen Sie in Gedanken: »Die Sonne geht!« Das ist sehr wichtig, damit Sie nicht mit Ihrem (inneren) Blick an der Sonne »kleben«, denn nicht einmal mit geschlossenen Augen sollte man direkt in die helle Sonne blicken.

Die Dauer der Übung erhöhen Sie schrittweise von einer Minute auf bis zu fünf Minuten.

Danach machen Sie unbedingt die Pfeif-drauf-Übung (S. 243 ff.). Die Entspannung sollte mindestens zweimal so lang sein wie die Übung selbst.

Die Arbeit muss auf jeden Fall mit einer anhaltenden Erholung abgewechselt werden (je länger, desto besser).

2. Jetzt verlassen wir den Schatten und treten in die Sonne. Die Übung kann man tagsüber *vor* 11 oder *nach* 15 Uhr (je nach Jahreszeit) ausführen. Stellen Sie die Beine bequem hin und beginnen Sie, mit dem Körper leichte Drehungen um die Achse auszuführen.

Die Brille haben Sie abgenommen, die Augen sind geschlossen. Der Kopf ist leicht erhoben, sodass Ihnen die Sonne direkt auf die geschlossenen Lider scheint.

Wir machen eine weite Drehung des Rumpfs nach rechts, dabei heben wir die linke Ferse leicht vom Boden ab. Der Kopf folgt den Bewegungen des Körpers.

Analog drehen wir den Körper nach links und heben dabei

die rechte Ferse an. Drehen Sie sich nicht zu heftig. Diese Übung sollte Entspannung im ganzen Körper hervorrufen.

Während der Drehungen sprechen Sie in Gedanken die Sätze: »Die Sonne geht an mir vorbei nach links… dann nach rechts… wieder nach links«, und so weiter, immer in der Richtung, die Ihrer Drehung entgegengesetzt ist.

Erinnern Sie sich von der vorhergehenden Übung her, warum man während der Übung so denken sollte?

Wieder folgt eine Entspannung mit der Pfeif-drauf-Übung.

3. Besondere Anmerkung: Wenn die Sonne im Zenit steht, darf die folgende Übung nicht ausgeführt werden!

Wir stehen weiter in dem besonnten Bereich. Stellen Sie sich stabil hin. Ein Auge verdecken Sie mit der Hand (es bleibt geöffnet).

Jetzt setzen wir das Gesicht der Sonne aus und machen die gleichen Drehungen wie in der vorigen Übung, wobei wir häufig, aber ganz kurz mit beiden Augen blinzeln. Während wir die Drehungen vollführen und häufig mit beiden Augen blinzeln, betrachten wir den Himmel.

Dann mit dem anderen Auge analog. Zuletzt schließen wir beide Augen mit den Lidern und führen die gleiche Übung durch.

Diese Übung endet mit einer langen Entspannung mithilfe der Pfeif-drauf-Übung.

Und? Hab ich Ihnen die Pfeif-drauf-Übung schmackhaft gemacht?! Lesen Sie sie noch einmal!

Können Sie

mit den Augen atmen?

Bevor Sie sich an die Übung machen, lesen Sie bitte sorgfältig ihre Beschreibung.

Schaffen Sie in sich ein Bild der Jugend!

Setzen Sie sich auf einen Stuhl, machen Sie es sich bequem. Die Hände auf den Schenkeln, Rücken gerade. Der ganze Körper und die Gesichtsmuskeln sind entspannt. Im Körper und in der Seele herrscht Ruhe. Wir atmen nur durch die Nase. Und jetzt gehts los.

Beobachten Sie, wie Sie durch die Nase atmen. Beim Einatmen fühlen Sie in der Nase und im Rachen etwas Kühles, beim Ausatmen Wärme.

Auf alle Fälle ist die eingeatmete Luft kälter als die ausgeatmete. Nun wollen wir lernen, diese kleine Temperaturschwankung mit den Augen wahrzunehmen.

Sie atmen weiter durch die Nase ein und aus, aber Ihre Aufmerksamkeit richten Sie in die Augengegend. Versuchen Sie, mit den Augen die Bewegung der Luft und die Schwankung der Temperatur zu ertasten. Man kann diese Übung mit offenen oder mit geschlossenen Augen machen, machen Sie sie so, wie sie Ihnen leichter fällt.

Eine solche Atmung bringt hervorragende Ergebnisse, besonders, wenn Sie sich Ihre Augen als gesund vorstellen.

Beim Einatmen fangen die Augen an, klar zu sehen, alles wird schärfer, und mit jedem Ausatmen verzieht sich der Schleier, verschwinden die Tupfen, lösen sich Anspannung und Müdigkeit auf, das heißt alles, was Ihren Augen Unwohlsein beschert.

Merken Sie sich: Die Empfindung des Kühlen (beim Einatmen) schenkt den Augen all das Beste, und die Empfindung der Wärme (beim Ausatmen) trägt alles fort, was Sie behindert. Mit den Augen »atmen« kann man, solange man will und wo immer man will. Also: »Atmen« Sie mit den Augen, solange es Ihnen Spaß macht!

Wie der Fakir Iwanowitsch die Empfindungen bewegt

Seien Sie vorsichtig, wenn Sie in Gedanken die Empfindungen bewegen!

Erinnern Sie sich, als wir fünf Finger vor unser Gesicht gehalten haben und ohne Unterbrechung auf einen davon geblickt haben (siehe S. 174)? Dieser Finger begann augenblicklich zu »reagieren«, er zeigte eine deutlich höhere Sensibilität. Er erwärmte sich, es kam ein Gefühl der Schwere hinzu und ein Kribbeln.

Warum? Weil sich die Gefäße durch unsere Aufmerksamkeit erweiterten oder verengten. Anders ausgedrückt, wir haben mit diesem Finger einen engeren Kontakt hergestellt, wie etwa: »Hallo, Fritz, hier spricht Franz. Hörst du mich?«

Wenn keine Antwort erfolgt, sagen Sie noch lauter:

»Hallo, Fritz, verdammt, hörst du mich?«

Und früher oder später wird Fritz antworten:

»Hallo Franz, hier Fritz, ich höre dich gut!«

Worauf auch immer Sie Ihre Aufmerksamkeit lenken, der Mechanismus der Kontaktherstellung ist immer der gleiche. Er ist auch auf die Augen anwendbar.

Ich möchte allerdings besonders hervorheben, dass der Fokus der Aufmerksamkeit einen begrenzten Radius hat. Dazu ein kleines Experiment.

Treten Sie an den Spiegel und blicken Sie auf Ihre Brust. Jetzt versuchen Sie, ohne die Blickrichtung zu ändern, mittels peripherem Sehen (also Sehen im Randbereich Ihres Sehfeldes) Ihr Gesicht zu sehen. Frage: Ist das Gesicht genauso scharf wie die Brust? Nein!

Das Sehfeld und der Fokus der Aufmerksamkeit haben einen begrenzten Radius. Wenn Sie also die Aufmerksamkeit auf eine bestimmte Zone richten, kommt es genau dort zu Veränderungen, erhöht sich der Zustrom von Blut, erweitern sich die Kapillaren und entsteht ein Wärmegefühl oder ein Pulsieren, weil sich dort die Gefäße erweitert haben und die Rezeptoren erwacht sind.

Wenn Sie Kühle fühlen, ist das ein Anzeichen dafür, dass sich die Gefäße verengt haben. Die Kühle muss man ebenso hervorrufen wie die Wärme. Sie fixiert das Ergebnis.

Wir werden nun gedanklich die Empfindungen von Wärme, Kribbeln und Kälte vom Nacken zu den Augäpfeln und zurück lenken. Das ist eine unkomplizierte Übung, aber mit einigen Feinheiten, die unbedingt beachtet werden müssen. Studieren Sie die Übung gut, bevor Sie sich an die Ausführung machen.

Setzen Sie sich bequem hin, ziehen Sie das Muskelkorsett an, schließen Sie die Augen. Wir beginnen mit der Empfindung von Wärme.

Stellen Sie sich vor, dass Sie mit dem Rücken zur Sonne sitzen und ihre Strahlen Ihnen sanft den Nacken kraulen. Eine Zeitlang sammeln wir die Wärme im Nacken.

Achtung! Auf keinen Fall lassen wir es zur Empfindung von Hitze kommen! Die Wärme soll sich auch nicht im ganzen Kopf verteilen.

Wir sammeln also die Wärme zu einem »Kügelchen« im Nackenbereich. Dann lassen wir sie los, verstreuen sie und verlieren sie.

Wir sammeln nochmals das Gefühl von Wärme und verstreuen es. Es reicht, das 2- bis 3-mal zu machen.

Danach sammeln wir die Wärme wieder in ein Kügelchen und ziehen sie langsam auf der Gedankenebene vom Nacken zu den Augäpfeln und von dort zurück in den Nacken.

Achtung! Vorsichtsregel! Das Empfindungsbündel darf die Augäpfel nicht »berühren«!

Wir machen einige solcher Durchgänge in die eine und in die andere Richtung. Dabei sehen wir quasi mit unserem Gedankenblick die Bewegung des warmen Kügelchens aus der Perspektive des Nackens.

Wenn Sie die Übung mit geschlossenen Augen gemacht haben, wiederholen Sie sie analog mehrere Male mit geöffneten Augen. Und? Hat es geklappt?

Wenn die Antwort positiv ist, dann UND NUR DANN dürfen Sie zur Übung mit der Kälteempfindung weitergehen.

Wie kann man eine Empfindung von Kälte herstellen? Wir halten die Aufmerksamkeit im Bereich des Nackens und versuchen einfach, die Bewegung der Luft, einen leichten Zug zu erspüren, und rufen zusätzlich noch ein Gefühl von Leichtigkeit hervor.

Und? Geklappt?

Ein Schmatz für Sie! Sie sehen: Alles hängt von Ihrer Aufmerksamkeit ab.

Jetzt, wo Sie gelernt haben, die Kühle zu ertasten, sammeln wir in der Nackengegend ein kühles Kügelchen und machen eine analoge Übung zu der vorhergehenden.

Eine kleine Ergänzung, die unbedingt beachtet werden muss. Versuchen Sie, bei der Wärmeempfindung und entsprechend auch bei der Empfindung der Kühle ein Kribbeln zu spüren. Wie macht man das?

Erinnern Sie sich zum Beispiel daran, wie Sie aus eisiger

Kälte in die warme Stube gekommen sind und begonnen haben, »aufzutauen«. Was fühlen Sie dabei? Merken Sie sich diese Empfindung, und dann übertragen Sie sie gedanklich in die Nackengegend und arbeiten nach der oben beschriebenen Methode weiter.

Jetzt gehen wir zum zweiten Teil dieser Übung über und machen die Aufgabe etwas komplizierter. Die Kügelchen aus Wärme mit dem Kribbeln (oder Kügelchen aus Kühle mit dem Kribbeln) werden wir in einer Spirale vom Nacken zu den Augäpfeln und zurückwandern lassen.

Die Drehrichtung der Spirale bleibt Ihnen überlassen – im oder gegen den Uhrzeigersinn.

Ich erinnere daran – alle Empfindungskügelchen, welche wir vom Nacken wegbewegen, dürfen die Augäpfel nicht berühren!

Kontrollfrage: Hat die Übung bei Ihnen geklappt?

Wenn ja – dann merken Sie sich das gut!

Wenn Sie aber zweifeln oder sagen, dass sie mittelmäßig geklappt hat oder überhaupt nicht, dann sage ich nur eins: Jagen Sie bei der Ausführung der Übung die Unzufriedenheit mit sich selbst zum Teufel, in welcher Form auch immer sie auftritt!

Solche »Misserfolge« sind ein Spiegel Ihres Charakters!

Setzen Sie das Training fort, das Ergebnis wird sich schrittweise verbessern. Lernen Sie, sich selbst gegenüber Anerkennung zu empfinden, was immer Sie auch tun. Jetzt kratzen Sie sich am Ohr? Gut. Verschaffen Sie sich auch dafür ein Gefühl der Dankbarkeit an die eigene Adresse!

Das Glück setzt sich aus Kleinigkeiten zusammen, aus kleinen unbedeutenden Freuden. Ein großes Glück fällt nicht wie ein Ziegel vom Himmel, sondern wird mühselig aus kleinen Teilen aufgebaut.

Empfehlungen

für die selbstständige Arbeit

Lieber Leser! Jetzt sind Sie mit Wissen ausgestattet. Was bleibt, ist das Training bis zur vollständigen Adaptierung des Organismus an die normale Sehkraft. Freilich muss man dabei sowohl alle Vorsichtsregeln (siehe S. 250ff.) beachten als auch die Übungen mit der richtigen inneren Einstellung und Erfolgserwartung durchführen.

Erinnern Sie sich, wie Sie als Kind auf Ihren liebsten Feiertag gewartet haben, wie Sie die Tage, ja die Stunden gezählt haben, bis er endlich da war? In der Seele eine ungeduldige, sehnsüchtige Erwartung, die angenehme Mattigkeit durch die Vorahnung von etwas Heiligem und Freudigem! Sie haben sich in leuchtenden Farben vorgestellt, wie alles ablaufen wird und wie Ihnen ganz anders wird! Und vor dem Eintreten der eigentlichen Feier haben Sie sie schon viele Male durchlebt.

Und danach, wie warm wurde es Ihnen ums Herz bei jeder Erinnerung! Haben Sie es vor sich, spüren Sie es?

Schaffen Sie in Ihrem Herzen so einen Festtag nach Ihrem Wunsch!

Hüten Sie sich davor, die Übungen mit Widerwillen auszuführen, als müssten Sie sich selbst einen Gefallen tun. So bekommen Sie keinerlei Nutzen, ja, Sie können sich sogar Schaden zufügen. Denn die Gedanken sind materiell!

Was Sie säen, werden Sie auch ernten.

Es ist Morgen. Innen Leichtigkeit und Freude darüber, dass ein neuer Tag angebrochen ist, dass sich neue Möglichkeiten eröffnet haben, viel Gutes für sich und die Umgebung zu tun.

In der ersten Zeit werden Sie kolossale Anstrengungen aufbringen müssen, um in die Rolle des glücklichen und gesunden Menschen zu schlüpfen. Erarbeiten Sie sich die Gewohnheit, glücklich und gesund zu sein. Mit jedem Tag werden Sie sich weniger und weniger zwingen müssen, weil diese Rolle schrittweise Ihr inneres Wesen wird.

Was Sie trainieren, das entwickelt sich.

Alle Übungen machen Sie nach dem Prinzip der »OKTAVE« (siehe S. 200 ff.) und im Bild der Jugend. Verschmelzen Sie mit diesem Bild in eins.

Trinken Sie jeden Morgen auf nüchternen Magen ein Glas abgekochtes warmes, aber nicht zu heißes Wasser.

Stellen Sie sich vor, wie dieses Wasser durch Zellen und Gefäße des ganzen Organismus dringt, diesen reinigt und ihn biegsam und elastisch macht.

Duschen Sie zweimal täglich, morgens und abends, waschen Sie die Toxine und Schlacken ab, um deren nochmaliges Eindringen durch die Poren in die Haut zu verhindern.

Zur Verstärkung des Effekts kann man nach der Dusche den Körper mit einem heißen feuchten Frottiertuch abreiben.

Nach den Morgenprozeduren nehmen Sie ein leichtes Frühstück ein, hungrig sollten Sie keine Übungen machen. Aber Sie sollten das Maß kennen, überessen Sie sich nicht, sonst wird es schwer, die Übungen zu machen.

1. *Gelenkgymnastik »mit Schmackes«* (siehe S. 276 ff.) Die erste Zeit, etwa eine Woche lang, werden Sie etwa 35 Minuten für ihre Ausführung brauchen. Wenn Sie alle Übungen beherrschen, werden sie nicht mehr als 15–20 Minuten in Anspruch nehmen. Die Hauptsache ist, sich zu erinnern, dass Sie 90 Prozent Ihrer Bemühungen auf die bewusste Herstellung der Eigenschaften richten, welche Sie in sich realisieren wollen. Eine mechanische Ausführung der Übungen bringt gar nichts.

2. *Übung »Wie wird man ein verliebter Marsbewohner mit Stielaugen?«* (siehe S. 324 ff.): zweimal täglich à 10 Minuten.
3. *Augenübungen* (siehe S. 264 ff.): Man kann sie mehrmals täglich machen, das ist sehr nützlich. Aber einmal täglich zehn Minuten müssen unbedingt sein! Am besten vor der Arbeit mit der Tabelle (siehe Anhang 2 und 3).
4. *Entspannungsübungen »Die Energie auf die Augen richten«* (siehe S. 245 f.); *Pfeif-drauf-Übung* (siehe S. 243): Je öfter, desto besser, aber Minimum 10 Minuten pro Tag. Die Entspannung fördert eine schnelle Wiederherstellung der Sehkraft und ist sehr nützlich für das gesamte Nervensystem.
5. *Arbeit mit der Tabelle – Korrektur der Sehkraft* (siehe S. 223 f.): zweimal täglich: morgens und in der zweiten Tageshälfte.

   Planen Sie Ihre Übungszeiten so, dass Sie die Möglichkeit haben, vor der Arbeit mit der Tabelle die Augen- und die Entspannungsübungen (»Die Energie auf die Augen richten«; Pfeif-drauf-Übung) zu machen. Vergessen Sie nicht, sich die Hände zu waschen. Das ist mein Ernst!

   Machen Sie drei Durchgänge zu je 30 Sekunden bei einer »Sitzung«.

   Wir ziehen das Muskelkorsett an. Wir heben unsere Stimmung, schaffen bewusst im Herzen eine freudige Erwartung des Ergebnisses.

   Erste Runde: Das sind die ersten 1,5 Minuten, die in Abschnitte zu je 30 Sekunden aufgeteilt werden. Wir arbeiten mit beiden Augen. Dann machen wir die Pfeif-drauf-Übung zur Entspannung.

   Wir heben die Emotionen so lange an, bis Sie bei der Arbeit mit der Tabelle die ersten »Aufblitzer« einer Verbesserung der Sehkraft bemerken. Wir halten die Stimmung auf diesem Niveau!

Zweite Runde: Wir üben der Reihe nach mit jedem Auge je 30 Sekunden (die Arbeitszeile wird dabei für jedes Auge einzeln nach dem allgemeinen Schema ausgewählt).
Danach wieder unbedingt die Pfeif-drauf-Übung! Und die letzten 30 Sekunden arbeiten wir noch einmal mit beiden Augen.
Wieder geben wir den Augen und dem ganzen Nervensystem Entspannung und Erholung (Pfeif-drauf-Übung).
Dritte Runde: Wir drehen uns so, dass das Licht in einem anderen Winkel auf die Tabelle fällt, und wieder arbeiten wir mit beiden Augen weiter, wie wir das in der ersten Runde gemacht haben.
Zum Abschluss der drei Runden machen wir eine Entspannungsübung und stellen in unserem Herzen Dankbarkeit an die eigene Adresse her.

6. *Arbeit mit der Sonne* (siehe S. 325 ff.): jeden Morgen vor 9 bis 11 Uhr (je nach Jahreszeit), maximal 10 Minuten.
7. *Atmung mit den Augen* (siehe S. 328 ff.): Machen Sie diese Übung so oft wie möglich.
8. *Die Verlagerung der Empfindungen* von Wärme, Kribbeln und Kälte vom Nacken zu den Augäpfeln wird nur zweimal wöchentlich und nicht länger als 10 Minuten geübt (siehe S. 330 ff.).

Die Arbeit zur Wiederherstellung der Sehkraft kann man auf den ganzen Tag verteilen, wenn man für die Übungen eine günstige Zeit aussucht, aber unter Beachtung der Vorsichtsregeln, der besonderen Bedingungen und der anderen Anmerkungen. Deshalb sollten Sie, bevor Sie einen individuellen Übungsplan aufstellen, alle Übungen noch einmal aufmerksam durchlesen.

Und noch ein kleiner Rat.

Wenn Sie anfangen, die Arbeit an sich zu planen, tauchen

sehr häufig, wie vom Himmel gefallen, die unterschiedlichsten hindernden Umstände auf. Sie wissen schon, dass das die Ränke des inneren Schweinehundes sind. Überlisten Sie ihn! Legen Sie sich nicht zu starr auf Zeit und Ort der Übungen fest.

Was heißt das?

Viele Übungen kann man leicht im Gehen ausführen, sei es bei der Hausarbeit oder unterwegs. So kann man mit Nutzen für sich die Zeit erzwungenen Wartens oder in öffentlichen Verkehrsmitteln verbringen.

Zum Beispiel die Augenübungen (»Schmetterling«, »Acht«, »Zifferblatt« u.a., siehe S. 267f.) oder einige Entspannungsübungen kann man an einer Haltestelle, im öffentlichen Verkehrsmittel oder beim Warten im Vorzimmer des Chefs machen (»Atmung mit den Augen«, siehe S. 328; und besonders die Pfeif-drauf-Übung!).

Wenn Sie duschen, stellen Sie sich selber unter einem Wasserfall als Bild der Jugend vor.

Man muss keine spezielle Zeit oder Bedingungen suchen, um das Muskelkorsett zu tragen, noch dazu, wo Sie in diesem schlafen sollen! Das ist natürlich ein Witz, aber mit einem Funken Wahrheit.

Ansonsten ist alles klar? Also, an die Arbeit!

Sie wollen doch ohne »Krücken«, »Nasenkneifer«, »Seheisen« und andere Hilfsmittel nicht nur dienstags und samstags von 10 bis 18 Uhr, sondern immer gut sehen, nicht wahr?

Deshalb arbeiten Sie ständig an sich, ändern Sie sich selbst, und die Welt um Sie herum wird sich ebenfalls verändern.

Von ganzem Herzen, der Autor.

Zum Abschluss

Lieber Leser!

Das Buch ist zu Ende, aber der Weg zur Selbsterkenntnis hat erst begonnen. Sie haben erst die erste Stufe der Leiter kennengelernt, die in die Welt Ihrer unbegrenzten Möglichkeiten führt.

Sie haben sich mit Fragen auseinandergesetzt, die mit den »Hämorrhoiden« zwischen den Ohren zusammenhängen, mit anderen Worten, mit Problemen Ihres Körpers. Wenn Sie diese erste Stufe erfolgreich gemeistert haben, stehen Sie an der Schwelle neuer Entdeckungen Ihrer selbst als Persönlichkeit. Haben Sie einen Hang dazu, zieht es Sie in diese Richtung? Ja?

Ausgezeichnet! Alle Wege liegen vor Ihnen. Aber nur noch eine Warnung.

Wir leben in einer Welt »hinter dem Spiegel«. In einer Welt, wo die Lüge, der Betrug, der Diebstahl, die Feigheit, die Arroganz, der Verrat das Gesicht des Guten angenommen haben. Wo verlogene Werte die Menschen leiten. Wo die Ehrlichkeit, die Redlichkeit, die Güte verlacht werden und beinahe als »Makel« gelten. Und trotzdem hat immer jeder Einzelne die Wahl!

Diejenigen, die für Ruhmsucht, leichtes Geld und Machtstreben zu allem bereit sind, haben ihre Wahl schon getroffen.

Ich finde es immer lächerlich und zugleich traurig, wenn irgendeine Maria Iwanowna Jogaunterricht gibt, Iwan Iwanowitsch sich als Experte für Kultur des Ostens ausgibt und Vorträge hält, und Pjotr Petrowitsch die Menschen im östlichen Kampfsport unterrichtet.

Diese Menschen nehmen von allem, mit dem sie in Berührung kommen, nur die äußere Form auf, das, was an der Oberfläche liegt, was leichter zugänglich ist, aber das Wesen …

Das Wesen interessiert sie vielleicht auch, aber nur das Wesen nach ihrem Verständnis. Für ein tiefes Begreifen fehlt diesen Menschen die Geduld oder die geistige Erfahrung oder wohl beides und zudem das Streben, sich zu dem Wesen durchzuarbeiten. Es ist einfacher zu greifen, was nahe liegt, und mit großem Getöse das in der Welt zu verbreiten, was man mit dem Verstand fassen kann, nicht aber mit der Seele.

Wir wollen solche Menschen nicht verurteilen. Darin äußert sich ihre Schwäche. Nur ein schwacher Mensch kann selbst nichts hervorbringen, so beginnt er, etwas bereits Existierendes zu verändern, zu »verbessern«.

Lassen Sie sich nicht betrügen und noch tiefer in das »Land hinter dem Spiegel« verführen. Lernen Sie, die Spreu vom Weizen zu trennen!

Was glauben Sie, warum Omar Chajjam und Firdusi als Weltklassiker gelten?

Denn wenn man Omar Chajjam liest, kommt man zu dem Schluss, dass er ein ewiger Trunkenbold und Weiberheld gewesen ist. Stimmt's nicht?

In Wirklichkeit ist das nur die äußere Hülle, unter der die Mehrheit der Menschen nichts anderes erkennt.

Omar Chajjam war ein glänzender Astronom, ein herausragender Mathematiker, ein großer Heilkundiger, ein begnadeter Schriftsteller und ein weiser Philosoph. Er verbarg die Wahrheit, wie er selber sagte, hinter sieben Siegeln und vierzig Schlössern, damit sie die erbitterte Herde der Menschen nicht für das Böse benutzen konnte.

Das Entschlüsseln eines Vierzeilers von Omar Chajjam nimmt etwa 300 Schreibmaschinenseiten ein. Können Sie sich vorstellen, wie viel Information in vier Zeilen enthalten ist?

Es ist bei weitem nicht jedem gegeben, sich darin zurechtzufinden! Die äußere Form verbirgt die Wahrheit vor oberflächlichen Menschen, die nicht bereit sind, sie ohne Verfälschung anzunehmen, vor denen, die über ein primitives Denken verfügen, das heißt ein Denken auf der Ebene des Magen-Darm-Traktes.

Ich weiß genau, lieber Leser, dass das nicht auf Sie zutrifft.

Sie haben ein Buch über ein Lern- und Gesundungssystem gelesen. Auf seiner Grundlage ist die Herausgabe einer Reihe von Büchern geplant, welche Erkrankungen anderer Bereiche des Organismus beinhalten.

Sie haben einen riesigen Berg von Information durch sich hindurchgelassen und haben schon auf diese Weise eine Menge für sich getan. Das heißt, Sie sind schon ein anderer Mensch! Vor Ihnen sind viele Wege, aber Sie wissen bereits: Um etwas zu erreichen, muss man handeln! Viel Glück auf Ihrem Weg!

Anhang 1

Hier ist die fertige Liste der positiven und negativen Charaktereigenschaften. Ein Geschenk von den Hörern meiner Kurse! Sie ist natürlich nur willkürlich ausgewählt und bei weitem nicht vollständig.

Achtsamkeit
Adrettheit
Aktivität
Altruismus
Anteilnahme
Arbeitsfähigkeit
Arbeitsliebe
Aufgewecktheit
Aufmerksamkeit
Aufrichtigkeit
Ausdauer
Ausgeglichenheit
Bedächtigkeit
Begeisterungsfähigkeit
Beharrlichkeit
Behendigkeit
Beobachtungskraft
Bescheidenheit
Beständigkeit
Charme
Dankbarkeit
Duldsamkeit
Edelmut
Ehrlichkeit
Eleganz
Emotionalität
Enthusiasmus
Entschlossenheit
Erlesenheit
Ernsthaftigkeit
Fähigkeit zu träumen
Fähigkeit zuzuhören
Fantasie
Feinfühligkeit
Findigkeit
Fleiß
Freigebigkeit
Freundlichkeit
Furchtlosigkeit
Ganzheitlichkeit
Gastfreundschaft
Geduld
Gelassenheit
Gewandtheit
Gewissenhaftigkeit
Glaube
Großmut
Großzügigkeit
Grundsatztreue
Güte

Hartnäckigkeit
Herzlichkeit
Hingabefähigkeit
Höflichkeit
Humor
Intelligenz
Kommunikativität
Kompromissfähigkeit
Kontaktfreudigkeit
Konzentrationsfähigkeit
Kreativität
Kühnheit
Lebensfreude
Lebenslust
Liebesfähigkeit
Mäßigkeit
Menschlichkeit
Mitgefühl
Mitleid
Mut
Natürlichkeit
Offenheit
Optimismus
Pünktlichkeit
Reinlichkeit
Ruhe
Sanftmut
Scharfsinn
Selbstachtung
Selbstständigkeit
Sensibilität
Sinnlichkeit
Sorgenfreiheit
Sorgsamkeit
Stabilität
Stetigkeit
Strenge
Taktgefühl
Tapferkeit
Tatkraft
Toleranz
Treue
Umgänglichkeit
Unabhängigkeit
Uneigennützigkeit
Verantwortungsgefühl
Verlässlichkeit
Verschwiegenheit
Versöhnlichkeit
Verständigkeit
Verständnisbereitschaft
Wahrhaftigkeit
Weiblichkeit
Weisheit
Weitsicht
Wille
Wissbegierde
Wohlwollen
Zärtlichkeit
Zauberhaftigkeit
Zielstrebigkeit
Zufriedenheit
Zurückhaltung

Angst
Ängstlichkeit
Apathie
Beleidigtheit
Bequemlichkeit
Beschränktheit
Blutrünstigkeit
Boshaftigkeit
Dummheit
Egoismus
Egozentrismus
Eifersucht
Eitelkeit
Ekelhaftigkeit
Faulheit
Feigheit
Frechheit
Gefräßigkeit
Geiz
Geschäftigkeit
Geschwätzigkeit
Gleichgültigkeit
Griesgrämigkeit
Grobheit
Hass
Hochmut
Hochnäsigkeit
Hysterie
Inkonsequenz
Intoleranz
Jähzorn
Kleinlichkeit
Labilität
Maßlosigkeit
Missgunst
Misstrauen
Mutlosigkeit
Nachlässigkeit
Nervosität
Neugierde
Niveaulosigkeit
Nörgelsucht
Passivität
Rückständigkeit
Ruhmsucht
Schlampigkeit
Schwäche
Sentimentalität
Starrsinn
Sturheit
Trägheit
Überheblichkeit
Unachtsamkeit
Unaufmerksamkeit
Unentschossenheit
Ungeduld
Unhöflichkeit
Unordentlichkeit
Unsicherheit
Unverschämtheit
Unzufriedenheit
Verantwortungslosigkeit
Verbitterung
Verdrießlichkeit
Verklemmtheit
Verlogenheit

Verschlossenheit
Verschwendungssucht
Verzagtheit
Wichtigtuerei
Willenlosigkeit
Zerstreutheit
Zögerlichkeit

Was? In Ihnen meldet sich der Wunsch, mit dieser Liste zu arbeiten?

Ich gratuliere! Sie sind wieder einmal reingefallen. Die Prüfung auf »Verödung des Charakters« geht weiter.

Obsiegt schon wieder der innere Schweinehund?

Verstehen Sie? Mit einer fertigen Liste, wie großartig sie auch sein mag, dürfen Sie auf keinen Fall arbeiten. Für Sie ist sie tot.

Wenn Sie selbst innerlich noch nicht gearbeitet haben, noch nicht in die verborgensten Winkel Ihrer Seele geblickt haben, dann heißt das, dass Sie sich noch kein Ziel gesteckt haben, was für ein Mensch Sie werden wollen.

Und jede Ihrer Handlungen wird zum Automatismus führen.

Sie wissen doch, dass jede Handlung Nutzen oder Schaden oder gar nichts bringen kann. Was wollen Sie für sich?

Sie haben die Wahl!

Merken Sie sich: Ein fauler Mensch verpasst immer das Wichtigste im Leben und ist immer ein Verlierer!

Anhang 2 + 3

Lieber Leser! Die Übungen zur Korrektur der Sehkraft (S. 223 f.) können Sie am besten mit der Tabelle im Anhang 2 machen. Im Anhang 3 finden Sie eine umgedrehte Tabelle. Der Arbeitsvorgang ist der gleiche, wie in dem Buch beschrieben. Wenn Sie nach dieser umgedrehten Tabelle an der Sehkraft arbeiten, wird es für Sie leichter sein, weil Sie sich von unten nach oben bis an die Spitze hinaufarbeiten werden.

Auf Ihren Gipfelsieg!

Anhang 2

ICH SEHE

SEHR GUT!

ICH ERKENNE MICH.

ICH KANN ALLES;

MIR GELINGT ALLES!

DIE STIMMUNG IST GROSSARTIG!

ICH SEHE ZEICHEN, BUCHSTABEN UND WÖRTER!

DEUTLICH SEHE ICH ALLES, WAS ICH BETRACHTE!

ICH ARBEITE AN MIR UND ERKENNE MEINE MÖGLICHKEITEN!

WAS IMMER ICH ANFANGE, MACHE ICH GUT!

Ich danke mir und lobe mich! Ich kann ohne Brille auskommen! Alles gelingt mir!

Verflixt und zugenäht! Ich lese das ohne Brille! Genial!

Anhang 3

Verflixt und zugenäht! Ich lese das ohne Brille! Genial!

Ich danke mir und lobe mich! Ich kann ohne Brille auskommen! Alles gelingt mir!

WAS IMMER ICH ANFANGE, MACHE ICH GUT!

ICH ARBEITE AN MIR UND ERKENNE MEINE MÖGLICHKEITEN!

DEUTLICH SEHE ICH ALLES, WAS ICH BETRACHTE!

ICH SEHE ZEICHEN, BUCHSTABEN UND WÖRTER!

DIE STIMMUNG IST GROSSARTIG!

MIR GELINGT ALLES!

ICH KANN ALLES;

ICH ERKENNE MICH.

SEHR GUT!

ICH SEHE

Inhaltsverzeichnis

Sie sehen jetzt einem faulen Schüler ähnlich, der noch nicht einmal die Aufgaben durchgelesen hat, aber schon die Lösungen aufschlägt!

Wollen Sie den Inhalt des Buches erfahren? Dann lesen Sie es von vorn bis hinten durch. Aus einer Aufzählung der Kapitel werden Sie ohnehin nicht schlauer. Genau deshalb habe ich meinen Lektor gebeten, auf ein Inhaltsverzeichnis zu verzichten. Ich möchte nicht, dass unsere Beziehung gleich mit einem Missverständnis beginnt.

Lesen Sie das Buch, arbeiten Sie an sich und seien Sie erfolgreich. Ihre Fortschritte werden meine Siege sein!

Viel Erfolg!

Hinweis: Wer Russisch kann, findet weitere Informationen zu Mirsakarim Norbekov und seiner Arbeit in Russland unter www.norbekov.com.